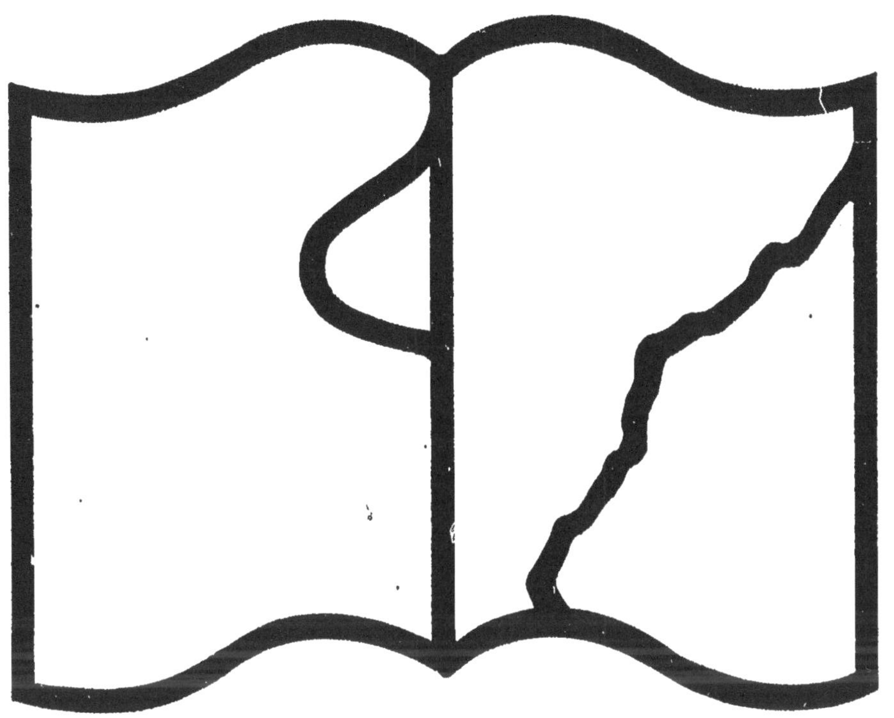

PREMIERS PRINCIPE

DE

L'ÉCONOMIQUE

PAR

Adolphe HOUDARD

MEMBRE DE LA SOCIÉTÉ D'ÉCONOMIE POLITIQUE

PARIS

GUILLAUMIN ET CIE, ÉDITEURS

De la Collection des principaux Économistes, du Journal des Économistes,
du Dictionnaire de l'Économie politique,
du Dictionnaire universel du Commerce et de la Navigation, etc.

Rue Richelieu, 14

EXTRAIT DU CATALOGUE

Typographie Firmin-Didot. — Mesnil (Eure).

PREMIERS PRINCIPES

DE

L'ÉCONOMIQUE

TYPOGRAPHIE FIRMIN DIDOT. — MESNIL (EURE).

PREMIERS PRINCIPES

DE

L'ÉCONOMIQUE

PAR

Adolphe HOUDARD

MEMBRE DE LA SOCIÉTÉ D'ÉCONOMIE POLITIQUE

PARIS

GUILLAUMIN ET CIE, ÉDITEURS

De la Collection des principaux Économistes, du Journal des Économistes,
du Dictionnaire de l'Économie politique,
du Dictionnaire universel du Commerce et de la Navigation, etc

Rue Richelieu, 14

A LA MÉMOIRE

DE

JOSEPH GARNIER

PRÉFACE.

Ce livre s'adresse spécialement à la jeunesse studieuse des Facultés de droit. Il a été composé à son intention. Amené il y a bientôt dix ans à l'étude de l'Économie politique, nous comptions trouver dans les ouvrages ayant cours des notions précises sur les divers sujets qu'embrasse cette science. Notre espérance fut déçue. Ce n'est pas que les ouvrages en question manquent de mérite et ne témoignent souvent de beaucoup de talent et d'érudition, mais tous presque sans exception pèchent par un défaut de méthode et d'esprit scientifique qui ne laisse pas que de frapper les intelligences non préparées et qui motive, sans la justifier, l'opinion commune suivant laquelle, en Economie politique comme en Politique, la variété des doctrines personnelles peut légitimement se faire jour.

Nous sommes d'un avis très différent; sans voir dans l'Économie politique une science originale, ainsi que nous le montrerons tout à l'heure, nous pensons que ses notions fondamentales devraient être fixées d'une manière indiscutable. Comment admettre, par exemple, que les mots richesse, production, valeur, prix, monnaie, aient des acceptions différentes suivant les auteurs? N'est on pas en droit d'exiger que leur définition soit aussi rigoureuse que celle des mots rectangle, losange, carré, cercle, angle, parallèle, tangente, sécante, etc.?

Bien plus, s'il ne devrait pas être permis à chaque auteur d'avoir des définitions spéciales, à plus forte raison devrait-il être interdit de donner des définitions auxquelles on ne demeure pas fidèle, ou encore, de n'en point donner du tout et de disserter néanmoins sur des sujets insuffisamment déterminés.

Tel est cependant le spectacle que nous offrent, au moins pour la plupart, les ouvrages d'Économie politique même les plus en renom.

Le présent travail n'est pas un traité d'Économie politique. C'est un simple essai ayant pour but de fixer les notions économiques essentielles et d'établir scientifiquement les principales théories économiques que l'on rencontre en Économie politique.

Ces notions et théories font l'objet de l'Économique, science de la Richesse, différente de l'Économie politique en ce qu'elle se borne à traiter de la Richesse pour elle-même, tandis que l'Économie politique s'en occupe au point de vue infiniment plus large de la bonne organisation sociale.

On trouvera donc définis dans ce livre : l'Économique, la Richesse, les Biens, l'Homme en tant que bien, la Production, la Valeur en général et ses diverses espèces : valeur d'échange, valeur d'utilité et valeur d'usage, le Prix, les Frais de production et le Prix de revient, la Monnaie. On y rencontrera aussi spécialement examinées les Théories des biens, de la production, de la valeur, des procédés d'acquisition et de la monnaie.

Nous nous estimerions heureux si, parmi ces définitions et théories, quelques-unes méritaient de demeurer à titre définitif dans l'enseignement et si notre tentative de donner aux études économiques une forme scientifique pouvait déterminer d'autres efforts dans le même sens.

Paris, Novembre 1889.

INTRODUCTION.

Avant de commencer l'exposé des premiers principes de l'Économique, nous devons expliquer au lecteur le titre du présent travail, lui faire connaître les motifs qui nous ont déterminé à employer l'expression, l'*Économique*, de préférence à celle plus usitée d'Économie politique. On trouvera dans ces explications mêmes la raison et le but de ce court traité.

A cet effet, il est nécessaire de passer en revue rapidement les diverses phases traversées par l'économie politique depuis son apparition; elles sont caractérisées par les variations qui se sont produites dans l'étendue du champ de ses investigations.

La première période, celle des origines, qui s'arrête à Quesnay, le fondateur de l'école physiocratique, est spécialement intéressante en ce qu'elle a imprimé à l'économie politique une marque indélébile, qui l'a suivie jusqu'à ce jour. L'économie politique, en tant que science, telle que nous la concevons aujourd'hui, n'est pas encore formée, mais un grand nombre de travaux sur des sujets économiques sont publiés, d'où elle est destinée à sortir. Quel est l'objet de ces travaux? Il y est surtout question de monnaies et de finances publiques, et du rôle que l'État doit jouer en ces matières. L'Italie se distingue particulièrement par ses publications monétaires.

« C'est peut-être, dit Blanqui dans son *Histoire de l'économie politique*, le sujet économique sur lequel on ait le plus écrit... Serva publia, en 1613, son ouvrage intitulé : *Petit traité des causes qui peuvent faire abonder l'or et l'argent dans les royaumes*... Montanari fit paraître, en 1680, son *Traité sur les monnaies*, dans lequel on retrouve des réflexions très justes sur les phénomènes de la circulation. Un siècle auparavant, Gaspard Scaruffi, de Reggio, avait adressé au comte Tassoni un *Discours sur les monnaies*, plein de vues très élevées. C'est Sca ruffi qui proposa le premier la marque de l'or et de l'argent... Les autres écrivains italiens d'économie politique, Broggia (*Traité des monnaies*, 1751), Neri (*Observations sur le prix légal des monnaies,* 1751), Carli (*Traité des monnaies*, 1760), Beccaria (*Sur les désordres et les remèdes des monnaies,* 1762), Vasco (*Essai politique sur les monnaies,* 1772) ont répandu les plus vives lumières sur toutes les questions relatives aux monnaies, dont les économistes français ont résumé l'ensemble avec plus ou moins d'ordre et de netteté. Boutterue, Leblanc, Abot de Bazinghen, Dupré de Saint-Maur, Boizard, Poulain, nous ont laissé des écrits plus complets que les Italiens, mais où l'on ne retrouve pas la même hauteur de vues et la même originalité. En Hollande, en Angleterre, en Espagne, la question des monnaies a enfanté des milliers de livres (1). »

(1) *Hist. de l'économie politique*, p. 236 et 237.

Quant aux écrivains financiers, qu'il nous suffise de citer ceux dont le premier volume de la collection des grands économistes comprend les œuvres maîtresses : Vauban avec la *Dîme Royale*, — Boisguillebert et le *Détail de la France*, — Law, — Melon avec l'*Essai sur le commerce*, — Dutot et ses *Réflexions politiques sur les finances et le commerce.*

On voit donc bien qu'avant et pendant l'époque où l'école physiocratique est apparue, ce sont les sujets monétaires et financiers qui ont alimenté les premiers écrits des économistes, c'est-à-dire les sujets d'*économie politique* au sens littéral du mot, d'économie publique ou de la cité, que l'on peut opposer, pour en mieux faire saisir le caractère, à l'*économie domestique*, ou privée ou de la maison.

A l'origine, l'expression d'économie politique répondait ainsi très exactement à ce qu'elle avait pour charge de désigner : *un ensemble d'études sur les questions soulevées par l'administration de la fortune publique.* Mais des changements profonds ne tardèrent pas à se produire, qui la rendirent tout à fait impropre à l'application qu'on continua à en faire dans la suite.

L'étude des questions relatives à la fortune publique devait nécessairement conduire à rechercher, d'une manière beaucoup plus générale et non plus seulement au point de vue de l'État, quelles sont les causes et les sources de la richesse. La question se posa notamment dès qu'on eut la pensée de répartir méthodiquement les impôts. Une fois engagé dans cette voie, il s'agissait désormais de la constitution d'une science, la science de la richesse, et non plus du simple développement de l'économie politique, branche de la politique, qui n'est qu'un art, au moins dans l'état actuel des choses.

Avec Quesnay, qui publie en 1758 son *Tableau économique* et en 1768 sa *Physiocratie, ou Constitution naturelle du gouvernement le plus avantageux au genre humain*, s'ouvre la seconde période de l'économie politique, caractérisée par un essai scientifique sur les sources de la richesse. Quelque imparfaites que soient d'ailleurs les doctrines de l'école des physiocrates, elles n'en forment pas moins la première tentative en vue d'étudier scientifiquement les faits économiques, les faits de richesse.

Il faut arriver à Ad. Smith (*Recherches sur la nature et les causes de la richesse des nations*, 1776), et surtout, à notre avis, à J.-B. Say, avec son *Traité d'économie politique, ou simple exposition de la manière dont se forment, se distribuent et se consomment les richesses*, paru en 1803, pour trouver celle-ci réellement constituée dans sa première forme scientifique, qui lui a été conservée jusqu'à l'heure actuelle par les économistes qu'on a coutume de qualifier d'orthodoxes. C'est en effet J.-B. Say qui, le premier, a distribué les matières économiques dans un ordre vraiment didactique : *formation*, *distribution* et *consommation des richesses*, imprimant à leur ensemble toutes les apparences d'une science.

Nous n'entendons pas contester ici la haute valeur de l'œuvre d'Ad. Smith et le grand rôle qu'elle a joué dans la constitution de l'économie politique, mais il ne faut pas en exagérer l'importance scientifique qui nous paraît exactement appréciée par M. Delatour dans sa belle étude sur l'économiste anglais (1). M. Delatour montre que la *Richesse des nations* n'a pas été composée de prime abord, mais qu'elle est issue d'un travail beaucoup plus considérable sur l'histoire générale de la civilisation, que l'auteur dut renoncer à écrire. Une grande partie des matériaux recueillis pour cet ouvrage fut dès lors utilisée dans la *Richesse des nations* qui embrasse ainsi des sujets n'ayant qu'un rapport assez éloigné avec la richesse, par exemple, la dissertation sur l'organisation du clergé, les origines des armées régulières, et présente de ce chef une certaine lourdeur, une certaine confusion au point de vue scientifique.

« L'ouvrage d'Adam Smith, écrit M. Delatour, exigeait un plan particulier, et voici, en

(1) *Adam Smith, sa vie, ses travaux, ses doctrines*, — A. Delatour. ouvrage couronné par l'Académie des sciences morales et politiques — Guillaumin et Cie, 188[illegible].

quelques lignes, quelle en est la charpente.

« La richesse a pour origine le travail, et le travail croit en énergie par sa division, en étendue par l'extension du marché et le mode d'emploi des capitaux. Or, sans entraves, le mode d'emploi le plus productif est l'agriculture, parce qu'elle entretient, à capital égal, une plus grande quantité de travail. Comment se fait-il donc qu'elle ait été jusqu'alors si négligée et que la première place, qui lui était due, appartienne maintenant au commerce? C'est ce que l'histoire de la civilisation doit nous apprendre, et *c'est là le véritable objet de la Richesse des nations.* »

Aussi l'œuvre d'Adam Smith n'est-elle pas une œuvre didactique; elle est élevée pour soutenir cette idée générale que la richesse a pour origine le travail, comme la physiocratie de Quesnay tendait à établir que la richesse venait de la terre. Ce sont deux œuvres de même nature, malgré la supériorité de la première sur la seconde. Toutes deux ont contribué dans des proportions inégales à constituer l'économie politique, qui n'est arrivée à prendre la forme didactique sous laquelle nous la connaissons que sous la plume de J.-B. Say.

M. Delatour n'exprime-t-il pas la même opinion lorsqu'il écrit immédiatement avant le passage que l'on vient de citer : « De nos jours on classe généralement les lois et les phénomènes de la richesse en quatre groupes, suivant qu'ils ont trait à la production, à la circulation, à la répartition ou à la consommation.

« Cette classification n'a pas été faite par Smith et elle ne pouvait l'être, car, d'une part, elle suppose déjà un certain degré d'abstraction qu'il n'est pas possible d'atteindre à l'origine même de la science, et d'autre part, cette division, très utile dans un traité didactique, n'aurait pu se prêter à une étude historique. »

Et l'auteur, pour apprécier l'œuvre de Smith, fait appel aux divisions actuellement en usage ; de la sorte « nous ferons mieux ressortir, observe-t-il avec raison, la valeur permanente qu'ont conservée, même à notre époque, ces doctrines fondamentales que Smith a mises en lumière et que le temps ni l'expérience n'ont pu ébranler. »

Ainsi, Quesnay tenta le premier d'étudier scientifiquement les faits économiques, Adam Smith fournit les véritables bases de l'économie politique actuelle, et J.-B. Say sut les coordonner, en les distribuant dans l'ordre didactique sous lequel l'économie politique orthodoxe est venue jusqu'à nous.

La science économique s'est trouvée dès lors fondée avec la richesse comme objet. Mais la locution, l'économie politique, ne répondait déjà plus à cet objet. Il ne s'agissait plus seulement de l'étude des questions soulevées par la fortune publique, spécialement par les monnaies et les impôts, mais de la théorie de la richesse en général, et cette disparité entre la désignation de la science et les matières dont elle embrassa successivement l'étude ne fit que s'accentuer dans la suite.

Ce qui différencie, à cette époque, l'économie politique de l'ensemble des études économiques précédemment groupées sous ce nom, c'est qu'elle a désormais pour objet principal la *richesse*, envisagée en dehors des vues politiques qui inspiraient les anciens auteurs.

Ce n'est pas que les considérations politiques soient complètement exclues, mais elles sont reléguées au second plan, et l'on voit déjà apparaître une dualité dans les études qu'embrasse la science nouvelle, la théorie de la richesse d'une part, et l'application de cette théorie à la solution des problèmes économiques d'autre part, dualité qui ira en s'accusant de plus en plus à l'avenir.

A peine constituée sur ces bases, l'Économie politique ne devait pas tarder, en effet, à subir une nouvelle modification. L'étude presque exclusive de la richesse et de ses lois entraînait les économistes à des solutions très rigoureuses lorsqu'ils tentaient de résoudre les questions sociales. Or celles ci se posaient de toutes parts avec les suites de la révolution qui avait détruit les corporations et donné à l'ouvrier la liberté, mais une liberté absolue, sans appui, sans patronage, le plaçant nécessairement dans une situation inférieure vis-à-vis des détenteurs légitimes des moyens de production, déchargés désormais, au nom de l'égalité, de leurs devoirs d'assistance.

Le tableau assurément exagéré de l'enrichissement continu des classes riches et de l'appauvrissement non moins continu des classes pauvres, que semblait amener le progrès industriel sous ce régime de liberté, provoqua une réaction très vive, qui marque le commencement de ce que Blanqui appelle *l'ère sociale* de l'économie politique.

C'est de Sismondi qui l'ouvre par ses *Nouveaux principes d'économie politique, ou De la richesse dans ses rapports avec la population.* Suivant lui, « *le bien-être physique de l'homme, en tant que peut être l'ouvrage de son gouvernement, est l'objet de l'économie politique.* » Cette définition suffit à montrer le profond changement que l'auteur tentait d'introduire. La richesse, objet principal d'étude pour l'école orthodoxe, est supplantée dans les idées de l'école nouvelle par la question du bien-être de l'homme. Plus explicitement, l'économie politique s'occupait bien encore de la richesse, mais non plus pour elle-même, pour prescrire les moyens de l'accroître sans limites. Elle avait pour but la solution des questions sociales, elle prétendait s'inspirer de raisons plus humaines et, disons le mot, plus humanitaires que celles qui poussent à un enrichissement progressif, indéfini. Elle cherchait le bien-être de l'homme de préférence à son enrichissement dans un mode de répartition plus équitable des produits du travail.

Mais de Sismondi n'a pu indiquer ce mode de répartition plus équitable, par la raison fort simple qu'il n'existe pas, ainsi que l'auteur le soupçonnait lui-même. « Je l'avoue, dit-il, après avoir indiqué où est à nos yeux le principe, où est la justice, je ne me sens pas la force de tracer les moyens d'exécution; la distribution des profits du travail entre ceux qui concourent à les produire me paraît vicieuse; mais il me semble presque au-dessus des forces humaines de concevoir un état de propriété absolument différent de celui que nous fait connaître l'expérience. »

L'organisation de la propriété résulte, en effet, de la nature des choses, les formes qu'elle prend sont donc nécessaires, et quasi inéluctables. Les produits du travail se répartissent suivant les règles de la valeur, la loi de l'offre et de la demande, car le travail, c'est-à-dire l'homme, s'échange contre les biens, suivant les règles ordinaires qui président aux échanges. Il n'y a pas de loi économique qui puisse obliger d'attribuer à un incapable ou à un infirme plus qu'il ne fournit lui-même, c'est-à-dire au delà de l'équivalent de son travail. Les produits du travail se répartissent entre les hommes selon leur capacité et leur fortune, en d'autres termes en proportion de ce que chacun engage dans chaque entreprise, et ces produits demeurent aux mains des plus capables et des plus prévoyants qui les ont reçus, ou bien ils leur parviennent après un circuit plus ou moins long. Telle est la loi de répartition des biens, loi nécessaire. Quant à la solution de la question sociale, il faut la chercher non pas dans une réforme de cette loi, mais dans une meilleure règle de l'emploi des produits du travail, fondée sur cette considération que la propriété n'est pas faite pour le profit exclusif du propriétaire, mais pour le profit du propriétaire et de tous ceux qui, dans l'ordre social, dépendent de lui à un titre quelconque, femmes, enfants, domestiques, parents, ouvriers, indigents, etc. Ce n'est pas la science des richesses qui peut conduire à cette conclusion.

D'autres économistes, à l'exemple de de Sismondi, imprimèrent à l'économie politique un cachet social et humanitaire et préconisèrent des remèdes particuliers.

De Villeneuve-Bargemont publia l'*Économie politique chrétienne*, qui nous éloigne encore davantage de la science exclusive des richesses.

Droz, plus modéré, écrit avec beaucoup de raison : « *Ne prenons pas les richesses pour but, elles ne sont que le moyen.* Leur importance résulte du pouvoir d'apaiser les souffrances, et les plus précieuses sont celles qui servent au bien-être d'un plus grand nombre d'hommes. *Le bonheur des États dépend moins de la quantité de produits que de la manière dont ils sont répartis.* Aucun pays n'est aussi remarquable que l'Angleterre sous le rapport de la formation des richesses; en France, leur distribution est meilleure; j'en conclus qu'il y a plus de bonheur en France qu'en Angleterre. En lisant certains économistes, on croirait que les produits ne sont pas faits pour les hommes, mais que les hommes sont faits pour les produits. »

Ch. Comte (*Traité de législation*) démontre par l'histoire « que la plupart des obstacles aux améliorations sociales viennent de ceux mêmes qui en devraient profiter davantage et qui conspirent perpétuellement pour en empêcher l'accomplissement. »

Dunoyer, dans son *Nouveau traité d'économie politique,* reconnaît que les principales causes de la misère viennent du partage inégal qui s'est fait d'abord de la richesse, de l'expropriation originaire des classes les plus nombreuses de la société; mais il fait la part égale entre la classe favorisée et la classe déshéritée de la société en indiquant leurs torts réciproques, les devoirs que chacun omet de remplir à l'égard de l'autre, approchant en cela de la véritable solution en ces matières.

A côté des hommes de science apparaissent les faiseurs de systèmes. C'est Saint-Simon et l'*Industrialisme,* Fourrier et l'*Association en phalanstère fondée sur l'attraction passionnelle*, Owen avec les sociétés coopératives et son établissement de New-Lanark. Puis Cabet, L. Blanc, Proudhon, Pierre Leroux, et, plus près de nous, Lassalle et Karl Marx.

Mais malgré la vogue si grande qu'obtinrent quelques-uns de ces systèmes et les essais d'application qui en furent faits, quelque influence qu'aient eue d'autre part, à une certaine époque, les représentants de l'époque sociale, on ne saurait contester que la situation n'ait guère changé et que les problèmes sociaux n'attendent encore une solution satisfaisante. Aussi l'économie politique orthodoxe, qui, plus que l'économie politique sociale, revêtait une forme scientifique, retrouva-t-elle pendant un certain temps sa faveur jusqu'au moment récent où une nouvelle école, originaire de l'Allemagne, l'école historique, vint s'implanter sur notre sol et y grandir rapidement, grâce au terrain propice que rencontraient ses doctrines dans l'esprit des nouveaux professeurs d'économie politique des facultés de droit (1).

Nous arrivons ainsi à la dernière phase de l'économie politique, dont nous trouvons les caractères remarquablement décrits dans un travail de M. Ch. Gide, paru dans le premier numéro de la *Revue d'économie politique* (janvier-février 1887). Nous ne saurions mieux les faire connaître qu'en citant le propre texte de l'auteur.

M. Ch. Gide, après avoir rappelé la période

(1) L'enseignement de l'economie politique fut introduit officielle ment d une manière générale dans les facultés de droit il y a une quin zaine d'années.

peu éloignée de nous où les principes de l'économie politique avaient regagné presque exclusivement la faveur du public, où ses conseils recevaient même une application éclatante dans les traités de commerce, où d'autre part le socialisme semblait avoir disparu totalement comme doctrine sérieusement soutenue, et montré la rentrée en scène du socialisme et du protectionisme, qu'on était fondé à croire définitivement vaincus, poursuit de la sorte :

« En voyant tant de théories, qu'on croyait définitivement abolies, reprendre vie et tant de privilèges, qu'on croyait définitivement consacrés, remis en question, il s'est produit un certain découragement ou du moins un certain flottement dans les esprits. On s'est demandé si ces défaites successives de la science économique ne tenaient pas à quelque vice de méthode et s'il n'y avait pas là une indication qu'il fallait chercher une autre voie.

« Bon nombre d'économistes ont, en conséquence, pensé qu'il fallait désormais s'interdire toute recherche de prétendues lois économiques et qu'il convenait de se borner à la tâche plus modeste, mais plus sûre, d'étudier les diverses institutions dans leur développement historique. Plus de vues d'ensemble, plus de ces formules générales pour tous les temps et tous les peuples, auxquelles on donne l'ampleur et la souveraineté de lois naturelles; plus de ces axiomes où l'on déduit avec une sérénité imperturbable une chaîne sans fin de théorèmes; — mais l'observation des faits tels qu'ils nous sont révélés dans le passé par l'histoire, dans le présent par la statistique, des conclusions ne dépassant jamais les prémisses, ne s'étendant jamais au delà du milieu ou du temps que l'on a observé, telle est la voie dans laquelle la science devrait désormais chercher la vérité.

« Et c'est ainsi qu'est née cette nouvelle école à laquelle on a donné les noms les plus divers et même les plus contradictoires, école allemande, historique, socialiste, réaliste, mais qui paraît mieux définie par le premier qualificatif, celui d'école historique.

« Ce n'est pas seulement sur la question de méthode que l'école historique s'est séparée de l'école classique, c'est aussi par une conception différente de la nature et de l'objet de la science économique. Les économistes pensent que malgré le conflit des intérêts particuliers, l'ordre social s'établit de lui-même par le simple jeu de certaines lois naturelles qui gouvernent les volontés individuelles et les fait concourir au bien général. Ils sont donc généralement portés à l'optimisme, en ce sens qu'ils considèrent ce monde, sinon comme bon, du moins comme le meilleur possible, et en tout cas comme destiné à s'améliorer de lui-même. L'école nouvelle ne croit pas avoir trouvé dans l'observation des faits passés ou présents une preuve suffisante de cet *ordre naturel*. Elle n'estime pas que ce monde soit le meilleur possible et, pour y faire régner la justice, elle ne compte guère sur des lois qui agiraient indépendamment de la volonté des hommes, mais seulement sur des lois que les hommes prendront la peine de faire eux-mêmes. Il ne faut point croire que cette école, comme son titre d'école réaliste pourrait le donner à penser, se contente d'étudier les faits économiques tels qu'ils sont ; elle se préoccupe aussi de ce qu'ils devraient être et par là elle prête le flanc au qualificatif d'école sentimentaliste qui lui a été quelquefois aussi ironiquement décerné. Il n'y a là en réalité aucune contradiction. En vertu même de sa méthode, elle envisage les faits économiques, tels que la propriété foncière, si on veut prendre celui-là pour exemple, non point comme des faits naturels, mais comme des faits historiques et par conséquent contingents, émanés de la volonté du législateur ou du moins engendrés par un certain milieu social, susceptibles de se diversifier et se diversifiant en effet suivant les temps et les lieux. Quand on croit que les institutions sociales sont dans un perpétuel devenir, on est naturellement amené à se demander ce qu'elles deviendront, à penser qu'elles peuvent être modifiées et à rechercher dans quel sens il convient de les diriger.

« Il en résulte encore, et c'est là le dernier,

mais non le moins caractéristique des traits qui différencient la nouvelle école, il en résulte, dis-je, qu'elle n'oppose point, comme l'école classique, une fin de non-recevoir à l'intervention de l'État. Elle considère l'État au contraire, toujours en restant sur le terrain historique, comme un facteur considérable du progrès; elle croit à l'efficacité et à la nécessité de son intervention : elle affirme que c'est par son entremise qu'ont été réalisées de nos jours la plupart des mesures qui ont eu pour résultat d'améliorer le sort des classes ouvrières, telles que les lois sur le travail des femmes et des enfants, sur la limitation des heures de travail, sur les assurances, sur les logements insalubres, et c'est encore sur lui qu'elle compte pour faire régner une justice relative dans les relations sociales. Voilà ce qui lui a valu un autre qualificatif plus connu, celui de socialisme de la chaire.

« Elle en porte encore un autre, que nous avons fait figurer dans l'énumération de ses titres, celui d'école allemande. C'est à l'Allemagne, en effet, qu'elle se rattache tant par ses origines que par le grand développement qu'elle y a pris. Ses origines dans ce pays sont déjà assez lointaines, on peut les faire remonter à 1850, époque à laquelle Roscher et deux autres professeurs dont les noms sont moins connus en France, Knies et Hildebrand, employèrent la méthode historique, mais ce n'est guère qu'à partir de 1870 qu'elle s'est constituée sous la forme d'école distincte. C'est en 1872 qu'elle se réunit pour la première fois en congrès à Eisenach. C'est en 1870 que Cliffe Leslie l'importa en Angleterre, d'où elle prit l'essor pour faire le tour du monde. L'Italie et les États-Unis ont suivi le mouvement, et il n'est pas téméraire d'affirmer qu'à cette heure elle a rallié par tous pays, sauf en France, une bonne partie des économistes. ».

Nous n'avons pas hésité à citer ce passage tout entier malgré son étendue, car il dépeint avec une précision remarquable la dernière évolution subie par l'Économie politique. Avec la nouvelle école nous sommes loin, on le voit, de l'économie politique originaire, qui traitait des faits relatifs à la fortune publique, de l'économie politique orthodoxe, science exclusive de la richesse, de l'économie politique sociale, science du bien-être de la société; l'économie politique historique s'identifie presque avec l'économie sociale et la sociologie; elle continue bien à traiter de la richesse, mais non plus de la richesse en elle-même; elle entend ne négliger aucun des facteurs sociaux qui dans les faits de richesse interviennent pratiquement pour modifier les résultats auxquels devrait conduire la science exclusive de la richesse.

Mais que constatons-nous? c'est que l'école historique, le socialisme de la chaire n'a pas plus réussi que l'école sociale et l'école économique dans la solution des questions sociales. Certaines améliorations ont été obtenues assurément par les classes ouvrières; mais les relations du travail et du capital sont-elles devenues meilleures? L'antagonisme règne-t-il moins entre eux? Et par conséquent n'est-on pas en droit de prétendre que les conclusions de l'économie politique, malgré ses évolutions successives, ont rencontré dans la pratique un échec à peu près complet.

A quelle cause donc attribuer cette impuissance de l'économie politique à l'égard des questions sociales? La réponse nous fournira la raison d'être du présent travail et nous instruira de la direction dans laquelle il faudra chercher à l'avenir la solution de ces questions, en marquant la dernière transformation que doit subir l'économie politique.

Celle-ci, depuis le moment où elle a pris l'aspect scientifique, a toujours eu comme objet fondamental l'étude de la richesse, et c'est à l'insuffisance de cet objet qu'il faut rapporter son impuissance à résoudre les questions sociales.

Dans la pratique, en effet, il n'existe pour ainsi dire pas de questions purement économiques, où la richesse seule soit en jeu, il n'y a que des questions sociales dans lesquelles entrent en concours de nombreux facteurs autres que la richesse, considérations de famille, d'honneur, de droit, de mœurs, de tradition, de politique, de religion, de milieu, etc., dont il faut tenir le compte qu'ils méritent. Or l'économie politique, science de la richesse, n'étudie pas d'autre élément social, et, de deux choses l'une, lorsqu'elle entreprend de fournir des solutions aux questions sociales que soulève la richesse, ou bien elle s'appuie sur des raisons purement économiques, et donne des solutions qui seraient bonnes si la société était une association d'individus groupés exclusivement dans un but d'enrichissement, mais qui sont trop étroites et trop dures pour la société réellement existante où la richesse, suivant le mot de Droz, n'est pas une fin, mais un moyen; ou bien, elle tente de tenir compte des raisons sociales diverses qui conduisent souvent à sacrifier dans une certaine mesure la richesse pour obtenir un état social plus satisfaisant, et elle s'y essaie avec beaucoup d'incertitude, puisqu'en dehors de la richesse elle n'est pas instruite de tous les autres facteurs sociaux. Les solutions du premier genre appartiennent surtout à l'économie politique orthodoxe ; celles du second genre aux diverses écoles économiques sociales et socialistes ; les premières ont un caractère scientifique uniforme, mais ce sont des solutions abstraites et non pas pratiques ; les secondes ont un caractère pratique, mais elles sont empiriques, et par conséquent diverses comme les auteurs qui les fournissent, parce qu'elles subissent toutes l'influence des différentes dispositions d'esprit de ceux-ci au lieu de dériver d'une étude scientifique de tous les facteurs sociaux, c'est-à-dire de la société entière.

Il est facile de constater désormais que, sous la dénomination d'économie politique, on a toujours compris deux choses, ainsi que l'ont mis en évidence notamment J. Garnier et Ch. Coquelin, deux choses qu'on aurait dû depuis longtemps séparer : *les études relatives à la richesse purement et simplement* et *les études relatives aux questions sociales où la richesse apparaît comme le facteur principal.*

Par suite de cette confusion, les deux ordres d'études se sont fait un tort réciproque. Préoccupés de fournir des solutions aux questions sociales, les économistes n'ont pas pris le temps de fonder la science de la richesse, au point qu'actuellement on n'est pas encore d'accord sur la définition de cette science, sur celles de la richesse et de la plupart des notions fondamentales relatives à l'étude de cette dernière. D'un autre côté, dominés par le rôle important que joue la richesse dans les questions économiques pratiques, les économistes ont cru pouvoir résoudre ces questions à l'aide des seuls principes économiques, négligeant de s'adresser à la science sociale, seule capable d'indiquer avec compétence la solution de ces questions, parce qu'elle a pour objet l'étude de tous les facteurs sociaux et qu'elle peut dès lors tenir compte de chacun suivant son importance réelle.

A quelle conclusion arrivons-nous, en définitive? A celle-ci, c'est qu'il faut opérer la séparation entre les deux catégories d'études précédentes; c'est qu'il convient de reprendre l'étude de la richesse pour en constituer une science, l'*économique*, suivant l'expression de J. Garnier, d'après les règles de la méthode qui exige des définitions bien faites, et qu'il faut rejeter de cette science la prétention de résoudre les questions sociales pratiques qui relèvent de la science sociale; c'est qu'en dehors de la science de la richesse, de l'Économique, science abstraite, doit s'élever une autre science beaucoup plus vaste, la science de la société, *science sociale* ou *sociologie*, encore très informe il y a peu de temps, mais qui, depuis quelques années, a fait de grands progrès (1); c'est qu'enfin l'économie politique, telle qu'on la comprend à l'heure actuelle, et qui tend à embrasser à la fois l'étude de la richesse et celle des questions sociales économiques, ne saurait

(1) Voir *la Science sociale*, revue mensuelle publiée depuis 1886 chez Firmin-Didot et Cie.

subsister, comme science originale, elle ne peut être qu'un dérivé des deux sciences précédentes, qu'on pourrait désigner sous le nom de *science sociale économique* ou *sociologie économique.*

Ces conclusions avaient été déjà prévues par plusieurs économistes, mais peut-être par nul autre avec plus de précision que par Ch. Coque lin dans son article sur l'économie politique du *Dictionnaire de l'économie politique.*

« A quel ordre de travaux appartient l'économie politique? se demande Ch. Coquelin. Est-ce une science? est-ce un art? Il ne faut pas hésiter un instant à répondre que, dans son état actuel, l'économie politique est à la fois l'un et l'autre; c'est-à-dire que, dans la direction des travaux et des études économiques, on donne encore aujourd'hui un nom commun à des choses qui pourraient et devraient être distinctes... A tous égards donc, il faut distinguer entre l'art et la science, et marquer nettement la ligne qui les sépare. C'est ce qu'on a bien su faire dans certaines branches des connaissances humaines... Les mathématiciens, par exemple, distinguent avec soin les mathé matiques pures, ou la science proprement dite, de ses diverses applications. Autant en font les physiciens et les chimistes. Et la distinction n'existe pas seulement dans les livres, elle se traduit même dans l'enseignement, où l'étude de la science et celle des arts qui en relèvent ont des sièges différents.

« Ce qu'on a si bien fait dans tant d'autres directions de nos études, il serait à souhaiter qu'on l'eût fait aussi dans l'ordre des études et des travaux économiques. Mais, il faut bien le reconnaître, il n'en est pas ainsi jusqu'à présent... A l'heure qu'il est, dans l'ordre des études économiques l'art et la science demeurent encore mêlés et confondus... Sous ce nom général d'économie politique, on comprend aujourd'hui deux genres de travaux très différents de leur nature, quoique tendant à bien des égards vers les mêmes fins. Il nous a paru d'autant plus important de signaler cette confusion, qu'elle est, selon nous, *la véritable cause de l'incohérence que l'on remarque dans les définitions de la science.* »

On peut s'étonner qu'après avoir si bien marqué la tâche à remplir, l'auteur ne l'ait pas tentée. Voici, en effet, comment il termine :

« Essayerons-nous pour cela d'opérer dès à présent entre la science et l'art une séparation plus nette en leur imposant des noms différents ? non ; il nous a suffi de marquer nettement la distinction ; le temps et une meilleure intelligence du sujet feront le reste. »

L'heure est-elle venue de séparer la science et l'art, l'Économique pure et l'Économique appliquée (1), l'Économique et la Sociologie éco-

(1) Pour être tout à fait exact, l'Économique appliquée ne se confond pas avec la Sociologie économique. Il faut distinguer l'Économique, qui traite de la richesse, et la Sociologie, qui traite de la société, puis l'Économique pure et l'Économique appliquée, l'une qui pose des principes, l'autre qui étudie la mise en pratique de ces principes. Par exemple, les conditions requises de la monnaie relèvent de l'Économique pure ; la constitution d'un système monétaire, qui doit s'inspirer des conditions prescrites par la théorie, relève de l'Économique appli-

nomique? Nous l'avons cru, et c'est à cette œuvre que le présent travail est consacré. Nous avons cherché à établir les premiers principes de la science de la richesse, en formulant des définitions exactes auxquelles nous nous sommes efforcé de demeurer fidèle, contrairement à l'usage presque constant des auteurs, et en exposant les théories fondamentales de la science.

Nous ne prétendons, en aucune manière, être arrivé sur tous les points à des résultats satisfaisants, et présenter une œuvre irréprochable. Nous serions heureux si quelques parties de

quée. Par contre, l'adoption d'un système monétaire relève de la Science sociale, car un système monétaire ne doit pas être admis seulement dans un but d'enrichissement, mais encore et surtout dans un but social, qui est différent. C'est ainsi qu'étant connues les règles théoriques de la monnaie, et les conditions de réalisation d'un système monétaire conforme à ces règles, on ne saurait conclure de là à l'adoption et à la mise en pratique de ce système, il faudrait encore examiner si cette mise en pratique doit produire de bons ou de mauvais effets sociaux. Dans le travail actuel, il s'agit de séparer l'Économique de la Science sociale et spécialement de la Sociologie économique, désignation exacte de l'économie politique actuelle ; et l'on y traite de l'Économique pure principalement, et accessoirement de l'Économique appliquée, comme on le verra à propos de la monnaie.

notre travail méritaient d'être adoptées dans l'enseignement, et nous espérons que, dans tous les cas, on reconnaîtra l'effort que nous avons fait en vue de fonder, dans les études économiques, un ensemble présentant des caractères vraiment scientifiques.

PREMIERS PRINCIPES

DE

L'ÉCONOMIQUE.

PARTIE PRÉLIMINAIRE.

Ire SECTION.

OBJET ET DIVISION DE L'ÉCONOMIQUE

Définition de l'Économique. — Définition de la richesse. — Mesure de la richesse. — Distinction entre richesse et possession des biens. — Distinction entre richesse et valeur.
Division de l'Économique : production et acquisition des biens.

L'*Économique* est la science de la richesse.

La *richesse* consiste dans la faculté de satisfaire ses besoins. Pour satisfaire ses besoins, l'homme doit user des biens qui leur répondent ; or, l'usage des biens exige qu'il ait la faculté d'en disposer, qu'il les ait à sa disposition; on peut donc définir la richesse en termes plus explicites de la manière suivante :

La faculté pour l'homme de disposer des biens qui répondent à ses besoins.

Afin d'avoir de la richesse une notion parfaitement claire, chacun des termes de cette définition réclame une courte explication.

Par faculté de disposer des biens, on entend habituellement le droit de les céder par vente ou donation : c'est là un sens trop étroit en Économique. Ici, cette faculté comprend deux éléments :

1° *Le droit de se servir* des biens, qui suppose qu'on en est propriétaire;

2° *La possibilité de s'en servir*, qui suppose que les biens sont à portée d'être utilisés, suivant l'usage qu'on en veut faire.

Ainsi une personne, à Paris, propriétaire d'un mobilier à Londres, a la faculté d'en disposer sous ce rapport qu'elle peut le céder, mais elle n'a pas la faculté d'en disposer, sous cet autre rapport qu'elle ne peut en user, en jouir par elle-même. Si ce mobilier était à Paris, elle aurait une faculté plus complète d'en disposer; elle l'aurait davantage à sa disposition et, partant, elle serait plus riche.

Les biens sont toutes les choses utilisables, c'est-à-dire *propres à quelque usage*. Quant aux *besoins*, on entend par là *tout état de manque* qu'éprouve l'homme et qui demande satisfaction.

Les biens répondent aux besoins de l'homme soit *directement*, soit *indirectement;* directement comme le pain qui apaise la faim, un vêtement qui protège contre le froid, une habitation qui abrite contre les accidents de l'atmosphère, un livre qui instruit ou plaît, un cheval qui transporte son maître à ses affaires ; indirectement comme les outils et machines qui servent à fabriquer une foule de biens du premier genre, la monnaie et tous les biens doués de valeur qui peuvent servir à en acquérir d'autres par voie d'échange.

L'homme qui dispose de biens répondant directement à ses besoins, est plus riche que s'il ne possèdait que des biens propres à lui faire obtenir les premiers par un procédé quelconque.

D'après ces considérations, on voit que pour mesurer la richesse d'un individu ou d'un peuple, il faut tenir compte de trois éléments :

1° De la quantité de biens de diverses natures dont il a le droit de se servir, dont il a la propriété.

2° De la possibilité plus ou moins grande qu'il a de s'en servir.

3° De la convenance directe ou indirecte des biens à la satisfaction de ses besoins.

La richesse est donc un fait complexe.

Elle ne consiste pas seulement, comme quelques-uns le croient, dans la possession des biens. A la réduire ainsi, on n'arrive guère à comprendre pourquoi le commerce, les transports, les échanges sont des causes d'enrichissement ; car, loin d'augmenter le nombre des biens possédés par l'homme, ils entraînent avec eux la destruction des biens qu'ils mettent en œuvre. En envisageant, au contraire, la richesse comme nous le faisons, on reconnaît de suite qu'ils accroissent la richesse publique et privée, en contribuant chacun à leur manière, ainsi qu'on le verra plus en détail dans la suite, à accroître la faculté pour l'homme de satisfaire ses besoins.

La richesse ne doit pas non plus être confondue avec la valeur des biens. Être riche ce n'est pas posséder beaucoup de valeur ; la possession de beaucoup de valeur est une manière d'être riche. La valeur, en effet, constitue un bien d'une nature particulière qui, à l'exemple de tous les biens, peut faire l'objet de la richesse, mais ne forme pas son unique objet. Pour faire état de la richesse de quelqu'un, il faut énumérer par nature de biens les quantités dont il dispose, et non pas seulement la valeur de tout l'ensemble.

L'*Économique,* science de la richesse ou de la faculté pour l'homme de disposer des biens qui répondent à ses besoins, *a pour objet de rechercher comment s'acquiert cette faculté,* c'est-à-dire *comment les biens arrivent à se trouver à la disposition de l'homme.*

La faculté de disposer des biens suppose deux conditions remplies, ainsi qu'on l'a vu il n'y a qu'un instant. Il faut :

1° Que les biens soient à la portée de l'homme, de manière qu'il ait *la possibilité de s'en servir;*

2° Que les biens appartiennent à l'homme, de manière qu'il ait *le droit de s'en servir.*

L'acquisition de la richesse est par suite subordonnée à la réalisation de ces deux conditions, et de là, deux divisions principales de l'Économique concernant :

1° L'une, le procédé général en vertu duquel les biens sont mis à la portée de l'homme : *la production des biens;*

2° L'autre, le procédé général en vertu duquel les biens deviennent la propriété de l'homme : *l'appropriation des biens.*

De la production des biens. — *Produire des biens, c'est faire tout ou partie de ce qui est nécessaire pour les mettre à la portée de l'homme, en sorte qu'il puisse s'en servir.*

La production des biens se fait par des procédés différents, suivant les conditions particulières dans lesquelles ils se trouvent. Il est nécessaire d'indiquer dès maintenant ces procédés pour élucider la division de l'Économique qui nous occupe en ce moment.

On peut produire les biens pour soi-même ou pour autrui, c'est-à-dire faire ce qui est nécessaire pour les mettre à sa propre portée ou à la portée d'autrui.

Plaçons-nous d'abord dans la première hypothèse, évidemment la plus simple. On distinguera suivant que les biens existent tout formés ou qu'au contraire ils n'existent pas tout formés.

Quand un bien existe tout formé, la première chose à faire pour le mettre à sa portée, c'est de s'en saisir, de s'en emparer, d'en prendre possession.

La *prise de possession* des biens, qui n'implique ici en aucune façon constitution du droit de propriété, mais simple détention, est un premier procédé de production.

Quand un bien n'existe pas tout formé, on doit, pour le mettre à sa portée, commencer par lui donner l'existence, en le créant à l'aide des biens qu'on détient.

La *création* des biens est un deuxième procédé de production. Comme la prise de possession, elle n'entraîne aucunement par elle-même constitution du droit de propriété sur les biens créés, car ils peuvent l'avoir été avec des biens appartenant à autrui et pour le compte d'autrui, ainsi que cela se voit dans le travail à façon. Par contre, il en suit détention des biens créés.

Une fois les biens entre nos mains, il faut considérer s'ils se trouvent dans le lieu où nous nous proposons de les utiliser, ou encore s'ils ne s'y trouvent pas.

Dans le premier cas, on constate que la prise de possession et la création suffisent à mettre les biens à notre portée; dans le second cas, au contraire, on voit qu'ils ne seront à notre portée, de manière à pouvoir en faire usage, qu'en les transportant où nous en avons besoin.

Les *transports* sont un troisième procédé de production.

Considérons maintenant la production des biens pour autrui. Il est facile de remarquer que, pour mettre un bien à la portée d'autrui, il faut d'abord le mettre à sa propre portée, et, par conséquent, suivant le cas, en prendre possession ou le créer, et le transporter.

Une fois les biens à notre portée, il faut pour les mettre à la portée de nos semblables, les leur faire connaître tout d'abord, les leur offrir, leur en divulguer l'existence, les qualités spéciales, la convenance avec leurs besoins. C'est là le but essentiel du commerce.

Le *commerce* constitue donc un quatrième procédé de production des biens.

Enfin lorsque les biens ont rencontré amateurs, sont connus des gens qui en ont besoin, ou même avant et dans le même but, il faut, pour les mettre à leur portée, transporter encore ceux de ces biens qui sont susceptibles de l'être dans les lieux où ils sont ou seront demandés. Les transports apparaissent ainsi de nouveau comme procédé de production.

En définitive, nous nous trouvons en présence de quatre procédés de production :

1° Prise de possession.

2° Création.

3° Commerce.

4° Transports.

De l'appropriation des biens. — On devient propriétaire des biens en se les procurant à l'aide des biens *dont on est déjà propriétaire.* Tel est le principe.

Comme la production, l'appropriation des biens se réalise par des procédés différents, selon les circonstances dans lesquelles ils se trouvent.

On distinguera encore à ce point de vue, suivant que les biens existent tout formés ou qu'ils n'existent pas tout formés ; et, dans le premier cas, suivant qu'ils n'appartiennent à personne ou qu'ils appartiennent à quelqu'un.

On s'approprie un bien tout formé, qui n'appartient à personne, en s'en emparant, en en prenant possession, au moyen des biens dont on est propriétaire.

La *prise de possession* est un premier procédé d'appropriation des biens.

On s'approprie un bien, qui n'existe pas tout formé, en le créant, au moyen des biens dont on est propriétaire.

La *création* des biens est un deuxième procédé d'appropriation.

Enfin on s'approprie un bien tout formé appartenant à quelqu'un en l'acquérant de qui le possède, au moyen des biens dont on est propriétaire, ce qui se fait par un échange.

L'*acquisition* est un troisième procédé d'appropriation des biens.

On voit de suite que la prise de possession et la création des biens sont en même temps des procédés de production et d'appropriation des biens. Il serait certes intéressant de traiter de ces deux procédés d'abord au point de vue de la mise des biens à la portée de l'homme et ensuite au point de vue de la constitution du droit de propriété. Mais l'étude de ce droit et de ses sources ne rentre pas spécialement dans l'objet de l'Économique, elle dépend plutôt de la science sociale ou sociologie. L'Économique se borne à admettre ce droit en principe, sans le discuter, à l'accepter comme un fait.

On observera de plus qu'envisagées en elles-mêmes, la prise de possession et la création des biens ne diffèrent pas suivant qu'elles sont pratiquées simplement en vue de mettre des biens à la portée de l'homme ou dans le but de l'en rendre propriétaire.

D'un autre côté, on sait qu'ordinairement les biens sont mis à la portée de l'homme non pas par les gens mêmes qui s'en serviront pour satisfaire leurs besoins, mais par d'autres qui font profession de les mettre à la portée d'autrui. Plus exactement, chaque individu, en dehors du bien spécial à la production duquel il se consacre et dont la plus grande partie est destinée à être cédée à autrui, se procure tous les autres biens par des acquisitions ; et, s'il est vrai que pour mettre un bien à la portée d'autrui il faut tout d'abord le mettre à sa propre portée, ce dernier fait est en quelque sorte masqué par le premier qui l'embrasse.

La prise de possession et la création des biens méritent donc d'être étudiées plutôt comme procédés de production que comme procédés d'appropriation.

On est dès lors amené par ces considérations à ne traiter de ces deux procédés que dans la partie de l'Économique relative à la production des biens et à réserver exclusivement la deuxième partie, qui a trait à l'appropriation des biens, au procédé habituel d'appropriation des biens produits, à l'*Acquisition des biens*, par voie d'échange, que l'on étudie habituellement sous le titre : Circulation des biens, en raison de la transmission de la propriété des biens de personne à personne, qui résulte des échanges et semble faire circuler les biens eux-mêmes dans la société.

Malgré l'usage à peu près constant de cette désignation, nous ne l'emploierons pas à cause de son inexactitude. Nous ne nous en servirons que comme sous-titre pour satisfaire les esprits que sa suppression complète pourrait gêner, et nous dirons : *Acquisition des biens*, locution beaucoup plus précise, qui ne saurait prêter à aucune ambiguïté.

On trouvera plus tard un autre motif justificatif de cette répartition des matières de l'Économique dans le fait que la prise de possession, la création, le commerce et le transport des biens se réalisent par un procédé général commun, qui consiste à tirer parti des qualités spéciales des biens employés à cet effet, tandis que dans l'acquisition, par voie d'échange, on utilise leur qualité générale, commune, leur valeur d'échange.

L'Économique comprend ainsi deux parties, qui concernent :

1° *La* PRODUCTION DES BIENS, *procédé général, en*

vertu duquel les biens sont mis à la portée de l'homme.

2° L'ACQUISITION DES BIENS, *procédé spécial, en vertu duquel les biens produits deviennent la propriété des gens qui en ont besoin.*

Cette classification des matières de l'Économique fournit immédiatement l'explication de la controverse qui règne entre les économistes politiques sur le point de savoir s'il faut séparer l'étude de la circulation de celle de la production, ou, au contraire, la réunir à cette dernière. Ces deux sujets doivent être distincts, mais groupés dans un même chapitre, celui de l'acquisition de la richesse.

La plupart des auteurs, désignant la première partie de l'économie politique sous le titre : Production de la richesse, et n'ayant de ces deux termes qu'une notion très peu claire, sont amenés à réunir ou à séparer les deux sujets en question, selon le sens qu'ils attachent confusément à cette locution, soit, production des biens, ce qui les porte à faire une place distincte à la circulation ; soit, acquisition de la richesse, ce qui les pousse au contraire à absorber la circulation dans la production.

Il n'est peut-être pas inutile de remarquer que l'acquisition des biens et l'acquisition de la richesse ne constituent pas un même phénomène : c'est une conséquence de la distinction entre les biens et la richesse et une corrélation de ce fait que la richesse ne consiste pas exclusivement dans la possession des biens.

En outre des deux parties relatives à la production et à la circulation des biens, les traités d'économie politique en comprennent généralement deux autres concernant la répartition et la consommation des biens. Nous renvoyons à notre introduction pour connaître les motifs qui nous font exclure de l'Économique le sujet de la répartition. Au point de vue économique la répartition se fait suivant les lois de la valeur ; son étude sous d'autres rapports rentre dans la science sociale. Quant à la consommation des biens, elle occupe si peu de place dans les traités, qu'on était en droit de se demander s'il ne conviendrait pas mieux d'en parler d'une manière accessoire pour montrer ce que devient la richesse, une fois constituée, acquise, selon les règles de la science. Tel a été notre avis ; aussi ce que nous avons à dire à ce sujet fera-t-il l'objet d'un *épilogue*, où l'on trouvera, sommairement exposées, les causes de perte de la richesse et la raison d'être de tout le mouvement économique.

Avant d'aborder les deux parties capitales de la production et de l'acquisition des biens, on consacrera une seconde section de cette partie préliminaire aux biens eux-mêmes, afin d'en déterminer exactement la nature.

IIe SECTION.

DES BIENS

CHAPITRE I.

DÉFINITION ET ÉNUMÉRATION DES BIENS.

Définition des biens. — Distinction entre les mots utilisable et utile — Distinction entre biens et richesses. — Énumération des biens. — L'homme est-il un bien ?

Définition. — Les biens sont les *choses utilisables*, c'est-à-dire propres à quelque usage.

Nous disons *utilisable* et non pas *utile*. Le mot utile a en effet deux sens qui, en économie politique, prêtent à des confusions continuelles surtout dans le sujet de la valeur d'échange. Il signifie tantôt approprié à quelque usage, tantôt approprié à quelqu'un. Une différence notable sépare ces deux acceptions, car un bien est toujours approprié à un certain usage, par définition même, tandis qu'il n'est pas toujours approprié à une personne déterminée ; il n'est approprié qu'aux gens qui en ont besoin. On doit donc employer deux mots distincts, utilisable et utile, pour exprimer ces deux idées différentes.

Les biens ou choses utilisable sont souvent appelés *richesses*. Il y a lieu de distinguer entre ces deux expressions *la* richesse et *une* richesse et d'en bien marquer la différence, car la double acception de ce mot, suivant qu'il est employé avec l'article défini ou l'article indéfini, est la source de confusions nombreuses dans les ouvrages des économistes politiques.

L'expression : la richesse, répond à une idée de relation entre l'homme et les biens, c'est la faculté de disposer des biens. L'expression : une richesse, s'applique, au contraire, à l'une des choses sur lesquelles peut précisément s'exercer cette faculté, et, par conséquent, à l'une des choses qui sont l'objet même de la richesse. Pour éviter toute ambiguïté, le moyen le plus sûr est d'appeler seulement biens, les choses utilisables, et de n'employer le mot richesse que dans le sens de faculté de disposer des biens.

Énumération des biens. Les biens sont d'espèces nombreuses et variées. Tout ce qui est utilisable, c'est-à-dire tout ce qui est susceptible de servir à quelque usage est, en effet, un bien.

Le soleil est un bien. Il sert à guider les pas de

l'homme pendant le jour, à réchauffer ses membres, à faire naître, croître et mûrir les fruits de la terre, à sécher et blanchir la toile, à vaporiser l'eau qui s'élève dans l'atmosphère sous forme de nuages portant au loin l'humidité nécessaire au sol.

L'air est un bien. Il sert à réparer le sang de l'homme et des animaux, à revivifier les plantes, à former une foule de substances et produits chimiques, à créer dans la combustion la chaleur nécessaire au plus grand nombre des industries.

Le vent, l'air en mouvement, est un bien dans certains cas. Il peut servir à actionner des moulins, à pousser des nuées bienfaisantes au milieu des continents, à renouveler l'atmosphère corrompue des agglomérations humaines.

Les nuages sont des biens. Ils servent à féconder le sol, à entretenir les cours d'eau. Nombre de contrées arides les envient.

Les rivières, les fleuves, les lacs, les mers, les canaux sont des biens. Ils peuvent servir à fertiliser le sol par l'humidité qu'ils répandent autour d'eux. Ils sont, en outre, des voies de communication et même des agents de transports.

Les routes, les chemins de fer, sont des biens. Ils peuvent servir comme les cours d'eau à faciliter les communications et les transports.

Une chute d'eau est un bien, comme le vent,

quand elle peut par exemple servir à actionner un moulin.

Les montagnes et les vallées, les accidents de terrain sont des biens, lorsque par leur disposition ils peuvent servir à la fertilité d'un pays : les montagnes notamment forment des réservoirs où l'eau de l'atmosphère s'accumule pour se distribuer lentement dans les vallées qu'elle féconde ; elles sont propres, suivant leur exposition, à des cultures spéciales comme celles de la vigne et de l'olivier ; elles peuvent servir encore à préserver les plaines contre des vents trop froids ou trop brûlants ; les vallées sont spécialement appropriées à la culture, grâce aux terres d'alluvion qui viennent s'y déposer.

La terre végétale est un bien. Elle peut servir à la croissance d'une foule de plantes aux usages les plus variés.

Les forêts sont des biens. Elles peuvent servir à régler l'écoulement des eaux dans les vallées, qui sans elles seraient ravagées par les torrents.

Les prairies naturelles et artificielles sont des biens. Elles peuvent servir à l'élève du bétail.

Les bois et toutes les matières végétales si diverses sont des biens. Ils sont susceptibles d'une foule d'applications : construction des habitations, des embarcations ; confection des objets mobiliers, des tissus ; fabrication des substances tinctoriales et pharmaceutiques.

La pierre, le sable, l'ardoise, la terre à poterie et les autres matériaux qui forment des amas ou gisements plus ou moins considérables dans la nature sont des biens. Ils peuvent servir à la construction des édifices.

La houille est un bien. Elle peut servir à chauffer les habitations, à faire cuire les aliments, surtout à vaporiser l'eau des machines employées par l'industrie.

Les métaux, tels que le fer, le cuivre, l'étain, le plomb, le zinc, l'argent, l'or, sont des biens. Ils peuvent servir à des usages de toutes sortes, à la construction des machines, à la confection des ustensiles de ménage, à la couverture des habitations, à la fabrication des pièces de monnaie.

En somme, le plus grand nombre des substances solides et liquides qui se rencontrent dans la nature ou que l'homme crée lui-même par l'industrie, sont des biens, en raison des usages variés auxquels elles sont propres.

Les animaux sauvages et domestiques de la terre, de l'atmosphère et des eaux, sont pour la plupart des biens. Ils peuvent servir à l'alimentation ou être employés comme moteurs animés, ainsi le cheval, le bœuf, le chameau, l'éléphant; ou comme gardiens, le chien.

Les matières animales : peaux, plumes, crins, laines, cornes, os, graisses, etc., sont aussi des biens. Elles peuvent servir à une foule d'usages.

Les maisons, bâtiments et constructions de tous genres, ports, quais, etc.; les machines et outils de toutes sortes; les meubles, tissus, livres, armes, objets d'art, etc., etc., et en définitive toutes les choses créées par l'homme en vue d'un usage déterminé sont des biens, en tant qu'elles peuvent servir aux usages mêmes auxquels elles sont destinées.

Les connaissances humaines, les sciences, les conceptions littéraires, scientifiques, artistiques, les inventions, les types et modèles d'objets fabriqués, toutes ces choses que, dans beaucoup d'ouvrages d'économie politique, on désigne insuffisamment sous le nom de biens immatériels, sont des biens en raison des usages extrêmement variés auxquels elles sont propres. Il est bien difficile, en effet, d'imaginer les progrès dans les lettres, les sciences et les arts, sans la mise à profit de ces connaissances, conceptions et inventions de toute nature.

Et l'homme, demandera-t-on, est-ce un bien? Assurément, car il n'y a peut-être rien au monde de plus utilisable que l'homme même. Quelle substance, quel objet, quelle machine, quel animal est propre à des usages plus nombreux et plus variés? L'homme ne trouve-t-il pas en lui-même et dans les autres hommes, grâce à leurs qualités et facultés physiques, intellectuelles et morales, le moyen le plus parfait d'accomplir une foule d'opérations utiles? L'homme est donc un bien. Mais, pour avoir une intelligence entière de ce fait, il convient d'examiner et d'analyser de près la nature de l'homme. On évitera ainsi des inexactitudes de langage, et des difficultés sans nombre dans l'étude des questions économiques et sociales.

CHAPITRE II.

NATURE DE L'HOMME.

Définition de l'homme. — Détermination de la personne humaine par la machine corporelle à laquelle elle est liée. — De la diversité des hommes. Subordination mutuelle de la personne et de la machine humaine. La personne et la machine humaine sont des biens — L'homme n'est pas simplement un bien, une marchandise. — Grande variété des hommes en tant que biens. — Qu'il ne faut pas dire : l'homme est propriétaire de ses facultés, mais propriétaire de sa personne et de sa machine.

L'homme est un être composé d'une *personne consciente et libre, élément immatériel,* capable de sentir, de penser et d'agir, et d'un *corps, élément matériel,* machine animale complexe, formée de divers organes à fonctions spéciales, instrument imposé à la personne comme condition de manifestation et d'exercice de toutes ses facultés.

Chez l'homme, c'est du corps que la personne revêt à son entrée dans la vie ; c'est de lui qu'elle reçoit ses qualités et facultés diverses, bonnes ou mauvaises, fortes ou faibles ; c'est lui qui les détermine et les limite, avant toute modification ultérieure de l'éducation; car toutes sont en puissance en elle, mais toutes ne se manifestent pas également, parce qu'elles trouvent dans le corps des conditions d'état et d'exercice plus ou moins favorables ou défavorables.

Considérez l'eau pure qui jaillit du pied de la montagne; elle descend la vallée jusqu'à la mer, ignorante des accidents du sol qu'elle rencontrera sur la route, remplissant toutes les cavités, rejetée à droite, rejetée à gauche, coulant lentement et paisiblement dans les plaines, où elle répand la fécondité et le bien-être, fuyant rapidement et ravageant tout sur une pente trop raide, conservant sa pureté ou devenant trouble suivant les sols qu'elle traverse, et constituant par l'ensemble de son cours un fleuve, tel qu'il est avec ses qualités et ses défauts. Elle pouvait être différemment; toutes les formes, tous les états, tous les mouvements étaient en puissance en elle; le sol a déterminé sa manière d'être et de se comporter.

Ainsi de la personne humaine dans le corps humain. La personne c'est l'eau pure qui jaillit du pied de la montagne, le corps c'est le sol avec tous ses accidents et son organisation spéciale, l'homme c'est le fleuve. L'homme est naturellement bon ou mauvais, pur ou impur, calme ou violent, sensible ou insensible, intelligent ou inintelligent, actif ou inactif, suivant que la personne trouve dans le corps des conditions favorables ou défavorables à la manifestation de ces qualités et facultés, à ces manières d'être et de se comporter.

De là la diversité des hommes qui, semblables par essence, dans leurs personnes, envisagées en elles mêmes, présentent néanmoins des différences individuelles de qualités et de facultés, dues à des conditions corporelles d'état et d'exercice variées.

Chez l'homme la personne se trouve en quelque sorte moulée sur le corps, elle en suit tous les contours, elle en prend toute la conformation; et cet accollement, cette pénétration ou, qu'on nous passe le mot, cette adhésion de la personne et du corps est si complète, que nul des deux ne peut être et agir d'une certaine manière sans que l'autre soit et agisse de la même manière, sans l'entraîner au même état et au même acte dans la mesure de la force en jeu, force personnelle ou force corporelle.

Leur union est si intime qu'aucune sensation, aucun sentiment, aucune idée, aucune pensée, aucune action de la personne ne saurait être sans un état spécial, sans une opération particulière du corps; et réciproquement tout état, toute opération du corps qui correspond à une sensation, à un sentiment, à une pensée, à un acte de la personne, les détermine fatalement. C'est ce qu'une foule d'exemples, entre lesquels on n'a que l'embarras du choix, démontrent d'une manière complète.

Un homme déguste du vin, qui est bon ou mauvais; il n'en sait rien. Il en boit et éprouve une sensation agréable ou désagréable; qu'est-ce à dire? sinon que la personne reçoit une impression qu'elle n'a pas faite, mais qu'elle subit et qui lui vient de l'action du vin sur sa langue et son palais, parties du corps auquel elle est liée.

Un homme, apercevant un de ses semblables, éprouve un sentiment d'attraction ou de répulsion. Est-il la cause de ce sentiment? Non pas. Son œil a reçu une impression qui a formé une image, d'où est résultée pour la personne une attraction ou une répulsion instinctive, comme on le dit justement. Ce sentiment lui a été imposé par son corps, affecté d'une manière spéciale dans l'un de ses organes.

Un objet frappe la vue d'un homme, l'image qui se forme de cet objet sur la rétine de l'œil fait naître chez la personne l'idée de cet objet. La personne ne l'a ni voulue ni cherchée, cette idée, elle l'a reçue nécessairement de l'action des choses extérieures sur l'organe corporel que sont ses yeux.

Cette idée en amène une autre, et la personne a l'idée de la relation qui existe entre elles, un raisonnement se fait sans qu'elle ait eu besoin d'y prendre part, et comment se fait-il, sinon encore par pur mécanisme cérébral correspondant à la réalisation de ce raisonnement?

Un grand bruit éclate soudain près de quelqu'un, qui instinctivement se rejette en arrière. Quelle est la cause de ce mouvement, sinon l'action du bruit sur le corps, sur la machine humaine, qui a entraîné avec elle dans son recul la personne unie à lui? La preuve en est que celle-ci n'a pu empêcher le mouvement de s'accomplir et que pour l'empêcher, si elle en avait eu le temps, si le bruit et son effet avaient été moins soudains, elle eût dû faire effort, réagir, c'est-à-dire opposer une force contraire à la force qui voulait l'entraîner, opposer sa force personnelle à sa force corporelle.

Ainsi de tous les états et opérations du corps qui correspondent à des états et à des actes de la personne, les produisant nécessairement par la force des choses et au hasard des circonstances. Ainsi naissent dans la personne humaine des idées, des sentiments, des jugements, des inventions même, et aussi des rêves, des hallucinations qu'elle n'a pas cherchées; ainsi s'accomplissent tous les mouvements instinctifs ou habituels.

La personne ne survient qu'après coup, en prenant conscience d'elle-même et seulement pour constater ce qui s'est passé en elle ou ce qu'elle a accompli sans en avoir conscience; ou bien encore, présente à ce qui s'est passé, elle a assisté en spectatrice passive à la production d'états et d'opérations dans lesquels elle n'a pris aucune part, si ce n'est celle qui consiste à les laisser se produire.

Tout donc a eu lieu, soit à son insu, soit avec son consentement tacite, sans intervention directe, effective, elle a été modifiée et entraînée, comme dans une machine faite de cuivre auquel serait allié un peu d'argent, celui-ci suit exactement tous les mouvements du premier, participe rigoureusement à tous ses états.

Lorsque la personne est ainsi passive, par inconscience ou par acquiescement, l'homme ressemble tout à fait à une telle machine. Comme le métal précieux est entièrement associé aux états et aux mouvements du métal vil, la personne participe passivement aux états et aux opérations du corps.

Mais la personne peut faire acte de volonté, car elle est libre, et ne plus se laisser aller au gré des circonstances, en se contentant de se regarder agir sous l'impulsion de son corps. Elle peut intervenir dans le jeu de ce dernier et, par suite, dans ses propres états et actes, au moyen de la force dont elle dispose. Elle est apte à diriger cette force de manière à contrarier ou à favoriser les états et les mouvements de son instrument corporel, suivant qu'il est engagé dans une voie mauvaise ou que, se trouvant en bon chemin, il manque de l'énergie nécessaire pour atteindre par lui-même et sans secours un but déterminé.

De même pourrait faire le métal précieux, allié au cuivre, dans la machine dont nous parlions, s'il était conscient et libre. Il aurait la faculté d'entraver ou de seconder les divers mouvements que le cuivre le force à accomplir, mû lui-même par des forces extérieures, ou encore de déterminer lui-même des mouvements spéciaux.

Cette action de la personne sur son corps et l'impossibilité pour elle d'être et d'agir sans lui dans la vie sont prouvées par une foule d'exemples, où l'on retrouve constamment un effort, inconcevable sans une résistance extérieure à vaincre, et où l'effort prolongé, excessif, cause des détériorations du corps inexplicables sans une subordination mutuelle de la personne et de la machine humaine.

Elle est encore et surtout mise en évidence par ce fait que, malgré ses efforts mêmes, la personne ne réussit pas toujours à diriger et à conduire ses facultés comme elle l'entend. Des sensations et des sentiments, des pensées, des mouvements et des actes s'imposent à elle sous l'action de forces externes ou internes, qui font échapper sa machine animale et partant elle-même à sa direction ; à chaque instant, elle est obligée de se reprendre, de se ressaisir, comme l'on dit, parce que sa machine l'entraîne, comme la vache entraîne la fille de ferme, le cheval le garçon d'écurie.

Citons quelques exemples ; ils formeront la contre-partie des précédents.

Nous verrons ici la personne chercher à tirer parti de l'instrument qu'elle a reçu en venant au monde lui imprimer une direction effective, capable d'en modifier le fonctionnement.

Chaque homme se reconnaît pour une personne consciente et libre, douée de sensibilité, d'intelligence et d'activité, mais il constate des différences de délicatesse et de puissance entre ses qualités et facultés et celles d'autrui. Il lui arrive souvent de regretter de ne pouvoir sentir et agir aussi facilement que plusieurs de ses semblables. Il est alors porté à faire effort pour suppléer à cette insuffisance naturelle et, quelle que soit sa volonté à cet égard, un moment survient toujours où il ne peut aller au delà, où il ne peut obtenir mieux. S'il persiste à vouloir franchir cette limite, l'effet déjà pénible de son effort se change en souffrance aigue et peut déterminer la maladie et la mort. Tel est le fait général. Il montre à la fois la possibilité pour la personne de se perfectionner dans une certaine mesure, et néanmoins sa subordination constante aux conditions physiques du corps, lui interdisant tout développement incompatible avec ces conditions.

S'il s'agit, par exemple, pour un individu de soulever un poids trop lourd pour ses bras et ses reins et que cet individu s'obstine néanmoins à le faire en se servant de la force libre dont il dispose, il se donnera un effort, suivant l'expression courante, c'est-à-dire qu'il faussera ou brisera les parties de son corps auxquelles il aura appliqué, auxquelles il aura fait supporter une somme de force libre dépassant leur résistance.

L'opposition de la personne et du corps apparaît bien ici en même temps que la subordination de la première au second, quant à ses manifestations.

Un homme se livre à un travail qui fatigue les yeux ; si ses yeux ne sont pas assez robustes pour y résister et qu'il persiste néanmoins, il perdra la vue. On voit encore ici la personne qui, malgré sa volonté d'accomplir un acte, ne peut y parvenir, l'organe du corps nécessaire à sa réalisation y étant impropre.

Considérons un atelier d'apprentis, qui ont pour tâche de confectionner un même objet ; les uns l'exécutent mieux que les autres, avec plus d'aisance et d'habileté, et ces derniers, malgré leurs efforts et leur application plus grande, n'atteindront jamais à la perfection des premiers. Plusieurs même échoueront complètement. S'ils s'obstinent à un travail pour lequel ils ne sont pas doués ou plus exactement auquel leur machine n'est pas appropriée, ne se prête pas, ils en pourront recueillir des infirmités physiques.

Combien, dans un atelier de jeunes artistes, les inégalités apparaissent plus frappantes encore, montrant l'opposition formelle entre la personne qui veut et qui peut ou ne peut pas, ou qui ne peut que dans une certaine limite, et la machine, moyen d'action. Les uns arrivent au talent presque sans effort, comme en se jouant, grâce à l'harmonie qui existe entre leurs goûts, leur volonté et leurs facultés physiques; les autres, inhabiles, ne sortiront pas de la médiocrité, quels que soient d'ailleurs leur goût artistique, leur désir de l'exprimer par la couleur ou le marbre, car leurs moyens d'exécution font défaut, leur machine corporelle se refuse à ce service.

S'agit-il pour quelqu'un de se livrer à des études ardues, qui dépassent ses forces intellectuelles, comme on dit, et s'efforce-t-il quand même de poursuivre ce but, il y gagnera des maux de tête, des névralgies, un affaiblissement cérébral, et peut-être la folie et la mort. La machine corporelle aura encore été détériorée, faussée ou brisée par la force que la personne libre lui aura appliquée, sans réussir à atteindre le résultat poursuivi de comprendre et d'approfondir des sujets difficiles, détruisant l'instrument de pensée qu'elle avait à sa disposition, mais qui était insuffisant pour l'usage qu'elle en voulait faire.

Tous ces exemples, qu'on pourrait multiplier à l'infini, porteraient à croire à l'existence de deux êtres sans cesse aux prises dans chaque individu, dans chaque homme, l'être qui a conscience et volonté et l'être qui peut ou qui ne peut pas, qui est d'une manière et non d'une autre, l'être conscient et libre et l'être doué de qualités spéciales, capable à un degré déterminé de sentir, de penser et d'agir; mais ils prouvent seulement, et cela jusqu'à l'évidence, que l'homme est une personne consciente et libre, douée de qualités et de facultés : sensibilité, intelligence, activité, définies et déterminées par l'instrument matériel auquel elle est liée, une personne qu' emprunte ses qualités et facultés, des qualités et facultés de cet instrument, condition de son activité dans la vie.

L'homme peut être comparé à l'ensemble formé par un cavalier et son cheval. Le cavalier ne peut se mouvoir, évoluer, se rendre d'un endroit à un autre sans le cheval; il ne peut franchir une distance que suivant les qualités de vitesse et de force de sa bête. Il est soumis quelquefois à des déplacements qu'il n'a pas voulus, auxquels il s'est opposé sans succès, sa réaction étant inférieure à l'action du cheval non maîtrisé, comme son action, dans le cas contraire, peut être supérieure à la réaction du cheval plus soumis. Ainsi de l'homme, la personne ne peut rien sans le corps et celui-ci l'oblige souvent à ce qu'elle ne veut pas. Quelle que soit sa volonté, elle ne peut être et agir que suivant l'organisation, les qualités et facultés de son corps, et suivant le rapport existant entre sa force personnelle et sa force corporelle.

Le cavalier dit : Je me suis rendu dans cette ville. Cela signifie généralement qu'il s'est servi de son cheval et l'a dirigé de manière à se transporter dans le lieu indiqué. Mais il peut dire aussi et, alors dans un sens très différent : J'ai été à tel endroit ; son cheval s'est emballé et l'a emporté dans cette direction sans qu'il ait pu le retenir. Il n'en dit pas moins que c'est lui qui a été à tel endroit ; il se reconnaît comme ayant accompli cette course, quoique involontairement. De même pour la personne humaine qui, suivant les circonstances, commande à son corps, ou, malgré elle, en subit l'entraînement. Elle se reconnaît néanmoins comme ayant agi dans toutes les circonstances.

Nous arrivons, en définitive, à distinguer dans

l'homme deux éléments, la personne et le corps, la *personne* et la *machine* humaines, et, ce point établi, il reste à examiner si l'une et l'autre peuvent être considérées comme des biens.

En ce qui concerne la machine humaine, instrument de sensibilité, d'intelligence et d'activité, cela ne fait aucun doute, car cet instrument est une chose utilisable au premier chef comme moyen de sentir, de penser et d'agir.

Quant à la seconde partie composante de l'homme, la personne, est-ce aussi un bien? Oui encore.

Dans un bateau à vapeur qui comprend le bâtiment et la machine, le premier est un bien comme moyen de transport et la seconde, elle aussi, est un bien comme agent de transport.

Il en est de même de l'homme; si sa machine animale est un bien, une chose utilisable, comme moyen de sentir, de penser et d'agir, sa personne capable de sentir, de penser et d'agir est aussi à plus forte raison un bien, une chose utilisable.

En résumé, l'homme est un bien, une chose utilisable, tant dans sa personne que dans sa machine animale, c'est-à-dire un bien double ou plus exactement un ensemble formé de deux biens subordonnés l'un à l'autre, et chaque homme est un bien non seulement pour lui-même, puisqu'il peut s'employer suivant ses qualités et facultés, mais encore pour ses semblables qui peuvent se servir de lui dans les mêmes conditions.

Lorsque nous disons que l'homme est un bien, il ne faut pas en induire qu'il soit permis de le traiter purement et simplement comme une marchandise dans toutes les circonstances de la vie. Ce serait aller au delà de notre pensée. Nous parlons ici seulement au point de vue économique et nous prétendons qu'à ce point de vue restreint l'homme doit être considéré comme un bien, soumis à toutes les règles auxquelles obéissent les autres biens, sans envisager si, à d'autres points de vue, il ne convient pas de le soustraire à ces règles.

Comme bien, l'homme a une valeur d'échange qui se manifeste par le prix qu'on le paie pour un certain travail par lui accompli, comme la valeur d'un cheval se manifeste par le prix qu'on en donne. L'homme est propriétaire de lui-même, de sa personne et de sa machine, comme des autres biens; il peut se louer et se vendre, comme il fait des autres biens lui appartenant; ce n'est que par des considérations étrangères à l'Économique pure et même à l'Économique appliquée qu'on est conduit à interdire à l'homme le droit de se vendre, de se faire esclave.

Les hommes sont des biens et des biens d'une grande variété. On peut les distinguer suivant les œuvres qu'ils sont capables d'accomplir, suivant les métiers auxquels ils s'adonnent. Il y a ainsi des boulangers, des bouchers, des épiciers, des tailleurs, des bonnetiers, des chapeliers, des maçons, des architectes, des entrepreneurs, des agriculteurs, des ingénieurs, des professeurs, des instituteurs, des artistes, des écrivains, des savants, des prêtres, des administrateurs, des hommes politiques, etc., etc., tous sont des biens et font partie de la fortune générale des nations, au même titre que les diverses espèces chevalines, bovines, ovines, que les essences forestières, que les gisements miniers, que les routes, les chemins de fer, les habitations, et le reste.

La plupart des auteurs, au lieu de présenter l'homme comme propriétaire de sa personne et de sa machine, ont coutume d'écrire qu'il est propriétaire de ses facultés physiques et intellectuelles. Cette manière de s'exprimer offre de grands inconvénients, parce qu'elle substitue les modes de choses réelles à ces choses mêmes et rend difficile la généralisation des règles relatives aux biens. Si l'on dit que l'homme est propriétaire de ses facultés, il faut dire également que l'homme est propriétaire des propriétés des choses et non des choses elles-mêmes.

Au lieu de distinguer constamment entre la personne et la machine humaine, il est encore permis de dire : l'homme est propriétaire de lui-même comme des autres biens. Cette manière de s'exprimer est sans inconvénient après l'analyse détaillée qui vient d'être faite de l'homme, être double, composé d'une personne et d'une machine, d'une âme et d'un corps, avec leurs modalités respectives.

CHAPITRE III.

NATURE DES BIENS.

§ 1. — Nature des choses.

Définition des choses. — Choses concrètes et choses abstraites. — Substance et mode. — Matière et esprit. — Réalités-matière et réalités-esprit. — Modes des réalités : qualités, formes, actes. — Choses abstraites ou abstractions.

Les choses, c'est-à-dire tout ce qui peut faire pour nous l'objet d'une connaissance spéciale, sont divisibles en *choses concrètes* ou *réalités*, ayant une existence propre, et *choses abstraites* ou *abstractions*, qui n'ont pas d'existence propre et ne peuvent exister, d'une manière effective, que réalisées sous une forme concrète.

DES RÉALITÉS. — Dans toute chose concrète ou réalité, on distingue la *substance* et les *modes*; elle se comporte dans le monde, suivant la nature de sa substance et de ses modes.

Au point de vue de la substance, les réalités sont ou matérielles ou immatérielles; plus exactement, elles sont formées de *matière* ou d'*esprit*.

Les *réalités-matière* sont fort nombreuses et très variées ; citons les aliments, vêtements, meubles, objets fabriqués, livres, statues, tableaux, produits chimiques, outils, machines, végétaux, animaux, machines humaines.

Les *réalités-esprit* sont aussi fort nombreuses, mais d'une seule espèce ; du moins une seule espèce nous intéresse en science économique : ce sont les personnes humaines, dont la substance est esprit, comme celle des réalités précédentes est matière.

Nous ne savons rien de la matière et de l'esprit, envisagés dans leur essence même, si ce n'est qu'ils sont l'élément constituant des choses réelles ou réalités. Nous voyons seulement d'une façon claire et évidente que la réalité que nous sommes est d'une autre substance que la réalité constituée par notre corps, et que celui-ci est de la même substance que les autres réalités. Ce sont ces deux substances différentes que nous désignons par les mots matière et esprit.

Les *modes* des réalités sont de trois sortes : les qualités, les formes et les actes.

Les *qualités* se trouvent dans des masses déterminées de substance à des degrés divers, ce qui différencie les masses de substance entre elles. C'est ainsi que le fer, le cuivre, l'argent, le plomb, l'iode, le brome, le chlore, etc., bien qu'également tous formés de matière, constituent par leurs qualités différentes ou de degrés divers des matières distinctes entre elles.

Chaque espèce de substance-matière est divisible en un nombre infini de molécules identiques, qui sont autant d'unités irréductibles et, littéralement parlant, autant d'*individus*.

En ce qui concerne la substance-esprit, peut-être existe-t-il aussi diverses espèces d'esprit différenciées par des qualités spéciales : bonté, douceur, cruauté, amour, haine, etc.; mais nous n'en savons rien; nous avons d'ailleurs observé déjà qu'une seule espèce nous intéressait ici, l'esprit humain.

L'esprit humain est représenté dans le monde par un nombre très considérable d'éléments identiques entre eux, qui sont autant d'unités irréductibles, et, plus exactement que tout à l'heure, autant d'individus, ce sont les âmes ou personnes humaines, envisagées en faisant abstraction des différences qui résultent entre elles de leur union avec des machines corporelles dissemblables, leur imposant des conditions particulières d'état et d'activité.

Les âmes humaines, de substance-esprit, sont en effet, du moins à notre avis, toutes douées, comme les molécules d'une même substance-matière, de qualités et de facultés semblables; elles les ont toutes en puissance, et, si dans la vie ordinaire nous constatons entre elles des différences notables, cela tient à une cause que nous venons de rappeler et que nous rencontrerons de nouveau tout à l'heure, l'union intime de chaque âme humaine à une machine corporelle spéciale, imposant à toutes ses qualités et facultés à son entrée dans le monde, des conditions d'état et d'activité différentes.

Les âmes humaines, à les considérer seulement d'après leurs manifestations dans la vie, diffèrent entre elles, comme des hommes physiquement semblables diffèrent par la nature de leurs vêtements et de leurs armes. Le corps forme le vêtement et l'armement de l'âme; l'âme arrive au monde plus ou moins bien vêtue et armée, ce qui ne change en rien sa nature et la puissance essentielle de ses qualités et facultés, mais en détermine les états et en limite les manifestations.

Les *formes* des diverses espèces de substances, les formes que présentent ou reçoivent les diverses espèces de matière et d'esprit sont très variées; elles différencient entre elles des quantités de chaque espèce de substance et font de chacune des objets distincts.

C'est ainsi qu'un outil, une machine, un meuble, un livre, un vêtement, une habitation, un tableau, une statue, une médaille, un arbre, un cheval, une machine humaine, bien que composés tous de matières diverses ou de même espèce, se séparent les uns des autres par leurs formes propres, qui en font des objets matériels distincts.

En ce qui concerne l'esprit humain, dont les âmes ou personnes humaines constituent les molécules ou unités irréductibles, les formes qui correspondent à celles que nous venons de signaler pour les diverses espèces de matières, sont les groupements différents des personnes humaines entre elles, formant des familles, des associations, des communes, des provinces, des états, et, les embrassant toutes, l'humanité qui réunit toute la substance esprit-humain.

Mais il y a des formes spéciales à chaque âme, dont nous ne connaissons pas, quant à nous, de correspondantes pour les unités-matière : ce sont les formes déjà signalées que chaque âme reçoit de son union à la machine humaine, formes analogues à celles que prend l'eau contenue dans un vase, qui en moule tous les contours intérieurs, ou du métal comprimé dans le coin d'une médaille, ou plus exactement formes analogues à celles que prend le pied dans la chaussure, la main dans le gant, le corps dans le vêtement; ils réagissent l'un sur l'autre de manière que le pied, la main, le corps perdent plus ou moins leurs formes naturelles et prennent plus ou moins celles de la chaussure, du gant, du vêtement, et s'y trouvent plus ou moins à l'aise.

Chaque âme ou personne humaine, par son union à un corps, prend ainsi une personnalité distincte, constitue un individu avec ses caractères spéciaux, différents de ceux des autres individus, comme des mains semblables revêtiraient des formes différentes par leur emprisonnement dans des gants de formes diverses.

Ainsi voit-on qu'un manœuvre, un menuisier, un cultivateur, un architecte, un ingénieur, un peintre, un sculpteur, un musicien, un professeur, un savant, un journaliste, un littérateur, quoique d'essence spirituelle semblable, constituent des personnes différentes.

Il ne faut pas s'étonner que nous ne connaissions pas aux molécules matérielles des formes analogues à celles que nous trouvons ici pour les âmes humaines. En réalité une âme n'a pas de formes et ce n'est pas à des formes que nous avons affaire. Une âme n'a que les qualités qu'elle veut avoir effectivement, activement, les ayant toutes en puissance, à l'état latent, si on l'envisage en elle-même, affranchie de l'union avec le corps; et, à la considérer unie au corps, elle a les qualités que celui-ci lui impose.

On dira bien qu'un homme est intelligent ou inintelligent, ceci est vrai de l'homme complet, être double, mais non de la personne, de l'âme humaine, qui est intelligente par essence, comme une substance matérielle est pesante.

L'homme complet n'est qu'une résultante de deux réalités coordonnées.

Si nous parlons ici des formes que revêtent les âmes humaines, c'est simplement par métaphore; il ne s'agit pas ici de formes véritables, mais de conditions d'existence. Les âmes humaines n'ont pas réellement de formes différentes analogues à celles d'une masse métallique par exemple. Ce qu'elles ont, ce sont des machines corporelles différentes, dans lesquelles elles rencontrent des moyens variables de se manifester, d'être et d'agir. Elles sont placées vis-à-vis de leur corps, comme des chevaux semblables vis-à-vis de voitures de modèles différents. Bien qu'également doués au point de vue des formes, de la force et de l'agilité, ils courent avec des vitesses inégales et marchent plus ou moins longtemps selon le poids du véhicule auquel ils sont respectivement attelés. Si chacun était indissolublement lié à son véhicule, l'ensemble, constituant un attelage, serait comparable à l'homme, âme et corps; les attelages différeraient entre eux en raison de la diversité des voitures et non en raison des chevaux identiques par hypothèse, de même que les hommes sont divers suivant leurs machines physiques différentes, mais non en raison de différences dans les âmes, toutes semblables entre elles.

On serait amené à dire des attelages qu'ils sont plus ou moins vites et endurants, d'après la résultante des conditions combinées du moteur et du véhicule, de même qu'on peut dire des hommes qu'ils sont plus ou moins sensibles, intelligents, habiles à agir, etc., selon la résultante des conditions combinées de l'âme et du corps, de l'être sentant, pensant et agissant, et de la machine à sentir, à penser et à agir.

Bien que l'âme humaine ne revête pas de formes, il n'y a pas d'inconvénient réel à raisonner comme si elle en avait; cela répond très bien à l'idée habituelle que nous avons de nous-mêmes, lorsque nous réfléchissons à nos moyens d'action. Nous constatons, en effet, que nous sommes différemment doués de sensibilité, d'intelligence et d'activité, et nous prenons conscience des particularités de notre âme et de notre corps; la première, c'est-à-dire notre propre personne, nous apparaît comme différente des autres âmes ou personnes humaines, alors que ses différences sont extérieures à elle et non essentielles, alors qu'elles ne sont que des différences de moyens. Ce qui est différent, c'est le corps et celles de ses parties préposées à l'exercice de nos facultés. Notre âme se trouve ainsi comme déterminée et limitée, et semble prendre une forme spéciale. Il ne faut pas attacher d'autre importance à cette manière de voir.

A bien comprendre ce fait, un manœuvre, un menuisier, un cultivateur, un architecte, un ingénieur, un commerçant, un peintre, un sculpteur, un musicien, etc., ne sont pas des hommes différents parce qu'ils sont formés d'âme et de corps dissemblables, mais parce que leurs âmes semblables sont unies à des corps doués différemment. Ce sont, en réalité, des âmes ayant à utiliser dans la vie des machines corporelles différentes soit par nature, soit par éducation, des corps de menuisier, de cultivateur, d'architecte, d'ingénieur, de commerçant, de peintre, de sculpteur, de musicien, etc., c'est-à-dire doués et organisés pour l'exercice de ces diverses professions.

Les diverses formes que revêtent les substances matière et esprit ont cela de commun qu'elles ne leur sont pas essentielles, qu'elles sont dues à des causes en quelque sorte extérieures à ces substances, et qu'à supposer ces causes venant à disparaître, les esprits humains et les matières diverses devraient retomber dans leur état normal, savoir : les esprits humains affranchis des conditions d'état et d'exercice que leur impose l'union corporelle, redevenant esprits purs, et les molécules matérielles indépendantes les unes des autres, libérées de toute contrainte extérieure.

Les *actes* des réalités matérielles sont extrêmement variés, ce sont les actions et réactions des corps chimiques les uns sur les autres, l'action d'un outil sur du bois ou du fer, le mouvement d'une machine et, en ce qui concerne la machine humaine, l'extrême variété de tous ses mouvements et opérations, la croissance des végétaux et des animaux, les mouvements de ces derniers, par exemple la traction d'une voiture, d'un moulin à manège.

Les réalités-esprit, c'est-à-dire les âmes, les personnes humaines, sont également susceptibles d'accomplir une infinité d'actes, ainsi les idées et conceptions de toute nature, conceptions littéraires ou artistiques, inventions scientifiques, etc., tous les actes de l'industrie, du travail humain, dans lesquels le corps a bien une grande part assurément, mais qui sont des actes de la personne au moyen d'opérations corporelles. Observons, en effet, qu'aucun des actes des réalités-esprit n'est purement et simplement acte de l'âme, mais constitue un acte de l'homme complet, c'est-à-dire à la fois de la personne et de la machine humaine. Dans tout acte de l'homme, il y a deux actes coordonnés : l'un de la personne, c'est un acte proprement dit; l'autre de la machine, c'est une opération, action ou réaction.

DES ABSTRACTIONS. — En ce qui concerne maintenant les *abstractions*, les choses abstraites, elles sont de deux sortes : les *substances*, matière ou esprit, envisagées en elles mêmes, sans considération de leurs modes, et les *modes* envisagés en eux-mêmes, sans considération des substances, grâce auxquelles ils ont une existence effective.

Nous avons déjà dit que des substances, matière et esprit, envisagées en elles-mêmes sans considération de leurs modes, nous ne savons rien, si ce n'est qu'elles sont l'essence même des choses réelles ou réalités.

Les modes des réalités nous sont connus au contraire : ce sont les qualités, les formes et les actes, dont nous venons de parler. Envisagés en eux-mêmes, sans considération de la substance qu'ils déterminent, ce sont des abstractions.

Les *abstractions-qualités* sont, du côté de la matière, la couleur, la densité, la dureté, la malléabilité et toutes les propriétés physiques et chimiques ; et, du côté de l'esprit, toutes les qualités et facultés intellectuelles et morales.

Les *abstractions-formes* sont, du côté de la matière, tous les types différents d'objets, œuvres de la nature ou de l'homme, envisagés en eux-mêmes sans tenir compte des matières diverses au moyen desquelles elles sont ou peuvent être réalisées. Ainsi le modèle d'un outil, d'une machine, qui peut se présenter à nous soit en métal, soit en bois, soit sous l'apparence d'un dessin, la nature de la matière n'ayant rien à voir ici.

Du côté de l'esprit, on citera parmi les abstractions-formes, tous les types différents que les personnes humaines présentent ou peuvent présenter, réalisés ou non réalisés, même simplement conçus ou décrits, types déterminés par leurs qualités et facultés selon leur nature et leur étendue. Observant toutefois, comme précédemment, que ces types ne répondent pas réellement à des formes de l'âme, mais à des limites imposées à ses manifestations par le corps organisé d'une manière variable.

Pour les actes, on citera, du côté matière, le travail de toutes les machines, de tous les outils, des animaux et végétaux, et de la machine humaine consistant dans leur fonctionnement, selon leurs qualités et leurs formes, les actions et réactions des corps chimiques les uns sur les autres ; et, du côté de l'esprit, les pensées et conceptions de toute nature, les sentiments, sensations, opérations intellectuelles de toute sorte.

§ 2. Nature des biens.

Biens concrets et biens abstraits. — Biens matière et biens esprit. — Conditions de matérialisation des biens abstraits pour être utilisables — Critique de la division des biens en matériels et immatériels.

Connaissant la nature des choses, il est facile d'en déduire la nature des biens. En effet, toute chose utilisable, c'est-à-dire propre à un usage, étant un bien, on arrive immédiatement aux conclusions suivantes.

Les biens sont *concrets* ou *abstraits*, suivant qu'ils consistent dans des choses utilisables concrètes ou abstraites ; et ils sont *matériels* ou *spirituels*, selon qu'ils consistent dans des choses utilisables formées de matière ou d'esprit.

Il reste à indiquer quelles sont les choses utilisables ou biens de ces diverses catégories.

On peut citer comme biens concrets matériels, les aliments, les vêtements, les meubles, les objets fabriqués, les livres, les statues, les tableaux, les produits chimiques, les outils, les machines, les végétaux, les animaux, les machines humaines. Cette catégorie de biens est fort nombreuse.

Comme biens concrets spirituels, il n'y a que les personnes humaines qui, à les considérer unies aux machines humaines déterminant la nature de leurs qualités et limitant leurs facultés, présentent une grande variété entre elles, ainsi que nous avons déjà eu occasion de l'observer.

En ce qui concerne les biens abstraits, il faut distinguer suivant qu'ils sont modes de matière ou modes d'esprit. Nous écartons de suite de la catégorie des biens les substances matière et esprit, envisagées en elles-mêmes dépouillées de leurs modes. Ces substances ne sont pas des biens. Nous ne concevons guère, en effet, à quoi pourraient servir des substances privées des modes en raison desquels précisément elles sont utilisables, et sans lesquels elles ne sont bonnes à rien. Les choses abstraites, au contraire, modes de réalités, constituent, pour la plupart, des biens, car c'est en raison même des qualités, formes et actes des choses concrètes, que celles-ci sont des biens.

Parmi les biens abstraits-qualités on citera, du côté matière, le poids, la dureté, la malléabilité, la translucidité, la couleur, les propriétés chimiques et physiques; et du côté esprit, l'amour, la charité, la patience, la douceur, l'intelligence, la sensibilité, la volonté, la conscience, etc.

Parmi les biens abstraits-formes on citera, du

côté matière, les types des objets, machines et outils de toutes sortes, les espèces végétales et animales, les organisations diverses des machines humaines; du côté esprit, les types divers de personnes humaines, sous les réserves déjà présentées à ce sujet.

Parmi les biens abstraits, actes ou opérations, on citera, du côté matière, le travail d'une machine, d'un outil, d'un végétal, d'un animal, d'une machine humaine; et du côté esprit, les conceptions littéraires, artistiques, scientifiques, en un mot tous les actes dits intellectuels.

Il convient de remarquer une différence fondamentale entre les biens concrets et les biens abstraits, relativement aux conditions dans lesquelles les uns et les autres sont utilisables.

On peut employer les biens concrets tels qu'ils se présentent, tels qu'ils se comportent par eux-mêmes; c'est ainsi qu'on se sert d'une table, d'un couteau, d'une montre, d'un vêtement, d'un fruit, d'une maison, d'un arbre, d'un cheval, d'un homme, de sa machine ou de sa personne, sans condition spéciale.

Les biens abstraits, au contraire, ne peuvent être utilisés tels qu'ils sont, réduits à eux-mêmes; il faut qu'ils soient réalisés sous une certaine forme, au moyen d'une certaine substance; si, en effet, ils ne sont pas réalisés d'une manière ou d'une autre, ils nous échappent, ils sont pour nous comme s'ils n'existaient pas, et rigoureusement même ils n'ont pas d'existence effective.

C'est ainsi qu'une œuvre littéraire, conception de l'esprit, n'a aucune existence en dehors de la personne qui la conçoit et dont elle est dès lors un mode, ou en dehors des opérations du cerveau, partie de la machine corporelle, instrument imposé à la personne pour concevoir, ou en dehors du manuscrit et des livres, des tables de pierre ou de marbre, où elle se trouve figurée par des signes conventionnels.

Ce que nous disons d'une œuvre littéraire s'applique aussi exactement aux autres biens abstraits. Un théorème n'existe pas et n'est pas utilisable s'il ne se présente sous la forme du savant qui le conçoit ou du traité où il est consigné ; un sujet artistique en dehors de l'artiste qui le conçoit, du marbre, du bronze, du tableau, du fusain qui le reproduit ; un type de machine en dehors de l'ingénieur qui l'invente, du dessin qui le figure, ou de la construction en bois ou en métal qui le réalise ; une qualité, la couleur rouge sans une matière rouge, la bonté sans une personne bonne.

Dès lors on serait porté à conclure qu'il n'y a aucun motif de distinguer des biens abstraits, puisqu'ils n'ont pas d'existence et ne sauraient remplir un rôle économique sans revêtir une forme concrète ; la division en biens concrets et biens abstraits semblerait sans fondement ; il n'y aurait que des biens concrets.

Une telle conclusion serait erronée, car les deux catégories de biens comportent une différence qui justifie la distinction : c'est qu'un bien concret suppose une substance déterminée ; il est défini non seulement par ses modes, mais encore par sa substance, tandis qu'un bien abstrait n'implique pas nécessairement et exclusivement une substance déterminée. Une médaille, bien concret, par exemple, ne consiste pas seulement dans une empreinte, dans un dessin, dans une figuration, c'est encore une masse d'or, d'argent ou de cuivre ; par contre, l'effigie, type d'une médaille, bien abstrait, ne suppose pas nécessairement de l'or, ou de l'argent, ou du cuivre, ni même un métal, elle peut se présenter sous l'apparence d'un dessin au crayon, ou gravée sur le cuivre ou la pierre. Un roman, bien abstrait, n'implique pas nécessairement une substance déterminée, papier, parchemin, tablettes, il peut exister sous la forme psychique et cérébrale chez l'homme qui le conçoit, c'est-à-dire à la fois comme opération de l'âme et du cerveau, ou sous la forme d'un manuscrit ou d'un livre ; mais un roman imprimé, bien concret, est tel volume et non tel autre.

La distinction est donc bien fondée, et sa nécessité apparaît manifeste quand on réfléchit que les biens concrets et les biens abstraits peuvent faire respectivement l'objet d'achats et de ventes. On achète et on vend une machine, bien concret, et par là on ne vend pas seulement un ensemble de pièces agencées d'une certaine manière, mais encore cet ensemble, cette organisation réalisée en acier par exemple; ce qui est vendu, c'est telle machine en acier et non telle autre, en tout semblable, mais en cuivre. D'autre part, on achète ou l'on vend le type de cette même machine, bien abstrait, type propriété de l'inventeur, en tant que conception, type qui peut être aussi bien livré sous la forme d'une machine réalisée en acier ou en bois, ou sous celle d'un simple dessin.

Parmi les biens abstraits, il en est un qui joue un rôle considérable dans les phénomènes économiques, et que nous devons signaler ici en passant; nous voulons parler de la valeur d'échange, ou puissance d'acquisition des biens, qualité sur laquelle nous reviendrons spécialement dans la suite.

Pour le moment nous ferons observer que c'est une qualité commune à tous les biens susceptibles de faire l'objet d'un échange, en sorte qu'on peut dès à présent établir une distinction entre les qualités spéciales des biens, qui sont très diverses et qui en font la variété, et leur qualité commune, la valeur d'échange, par laquelle tous se ressemblent, distinction fort importante pour l'établissement de la théorie de cette valeur, ainsi qu'on s'en rendra compte plus tard.

Question de la matérialité et de l'immatérialité des biens. Tout ce qui précède donne la solution du problème encore débattu entre les économistes politiques sur la matérialité et l'immatérialité des biens, problème à peu près insoluble dans les termes où il est posé. La division des biens en matériels et immatériels n'est pas rationnelle en effet; elle ne répond pas à la nature des choses, et tenter de l'établir ou d'en nier l'un des termes, comme quelques auteurs l'ont fait, c'est s'engager dans des difficultés inextricables.

Si on voulait la suivre, il faudrait placer sous le qualificatif matériel les biens que nous avons appelés biens concrets matériels, et rejeter en bloc sous le qualificatif immatériel à la fois les biens concrets d'essence spirituelle, les âmes ou personnes humaines et les biens abstraits, modes de la matière ou de l'esprit. On voit de suite combien une pareille division serait défectueuse, puisqu'elle rangerait dans une même classe des biens concrets et des biens abstraits.

La division précédente nous paraît la seule conforme à la nature des choses, elle sépare les biens en biens concrets et biens abstraits, et distingue, parmi les premiers, les biens d'essence matérielle et les biens d'essence spirituelle, et, parmi les seconds, les biens modes de matière et les biens modes d'esprit.

Ajoutons ceci, en rappelant une observation précédente, c'est que tous les biens abstraits, quelle qu'en soit la nature, ne sauraient exister sans être réalisés ou figurés sous une apparence concrète, matérielle ou spirituelle.

LIVRE PREMIER.

DE LA PRODUCTION DES BIENS

CHAPITRE I.

PROCÉDÉS DE PRODUCTION.

Définitions : Production, produire, produits. — Comment produit-on ? Procédés de production : Prise, Création, Commerce, Transports.

Définitions. — Nous avons défini la production, le procédé général en vertu duquel les biens sont mis à la portée de l'homme, de manière qu'il puisse les utiliser.

Produire, c'est donc faire tout ou partie de ce qui est nécessaire pour mettre les biens à portée d'être utilisés.

Considérés sous ce rapport, les biens produits sont ce qu'on appelle des *produits*, c'est-à-dire des *choses utilisables mises à la portée des gens qui en ont besoin.*

On produit les biens *au moyen d'autres biens en tirant parti de leurs qualités spéciales.*

PROCÉDÉS DE PRODUCTION. — Nous avons distingué quatre procédés principaux de production :

1. La *prise de possession* des biens qui existent tout formés.

2. La *création* des biens qui n'existent pas tout formés.

3. Le *commerce* de tous les biens susceptibles d'acquisition.

4. Le *transport* des biens mobiliers.

Chacun de ces procédés généraux comporte des procédés particuliers, suivant la nature des biens et les circonstances qui les entourent. Il est bon de les faire connaître.

La prise de possession des biens, par exemple, s'accomplit différemment, selon qu'il s'agit de biens mobiliers, animaux, végétaux, minéraux, objets divers, ou de biens immobiliers, territoires, prairies, forêts, cours d'eau, lacs, îles, constructions, habitations. La prise de possession des premiers a lieu en les appréhendant, en s'en saisissant; celle des seconds, en les occupant :

Préhension des biens mobiliers,

Occupation des biens immobiliers,

tels sont les deux modes principaux de prise de possession des biens.

La préhension des biens mobiliers s'accomplit à son tour par des procédés divers, suivant la nature de ces biens et les conditions dans lesquelles ils se présentent. C'est ainsi que l'on cueille les fruits, que l'on pêche le poisson, que l'on chasse les animaux terrestres, que l'on extrait du sol les minéraux, que l'on coupe le bois :

Cueillette,

Pêche,

Chasse,

Extraction,

Coupe des bois,

autant de procédés secondaires de prise de possession par préhension.

La création des biens comporte aussi plusieurs procédés selon la nature des biens à créer et les conditions dans lesquelles ils peuvent l'être. On crée les céréales par la culture, les animaux par l'élevage, les substances chimiques et tous les objets mobiliers, tels que meubles, tissus, outils, machines, livres, etc., etc., par la fabrication, les biens immobiliers par la construction :

Culture,

Élevage,

Fabrication,

Construction,

tels sont les procédés les plus importants que

l'homme met en pratique pour produire les biens en les créant.

Le commerce des biens, qui consiste essentiellement dans le fait de les offrir aux gens qui ont des besoins, de les leur faire connaître, ne nous semble pas comporter plusieurs procédés méritant d'être notés.

On serait tenté de penser que le commerce a surtout pour objet d'acheter des biens et de les revendre, mais ces actes d'échange ne sont vraiment qu'un accessoire du commerce. Il n'y a pas de différence fondamentale entre les échanges d'un commerçant et ceux d'un producteur ou d'un consommateur. Ce qui constitue le commerce, ce qui le caractérise, c'est son rôle d'intermédiaire qui découvre les produits d'une part et les gens qui en ont besoin d'autre part, et met les uns en rapport avec les autres.

Le transport des biens s'accomplit par des procédés divers, suivant la nature des biens, les lieux à parcourir, les moteurs et les véhicules employés. Il y a ainsi les transports par terre et par eau; à force d'hommes ou d'animaux; à voile ou à vapeur.

CHAPITRE II.

ANALYSE DU PHÉNOMÈNE DE LA PRODUCTION.

Comment produit on? — Distinction entre procédés de production et industries diverses. — Résultat de la production. — Frais de production

La production des biens est soumise à des règles identiques, quel que soit d'ailleurs le procédé appliqué. Ce sont ces règles qu'il s'agit désormais de mettre en évidence.

Il y a d'abord une règle générale, énoncée précédemment, savoir que *les biens sont produits au moyen d'autres biens dont l'homme utilise à cet effet les qualités spéciales*. Un simple coup d'œil sur chacun des procédés de production suffira à la faire constater.

L'homme qui récolte les fruits naturels, qui se livre à la cueillette, se sert de lui-même, de sa personne, dont il utilise l'intelligence à découvrir les fruits, et de sa machine corporelle, dont il emploie les membres suivant leurs fonctions pour se transporter d'un lieu dans un autre et s'emparer des fruits en question. Peut être fait-il aussi usage d'un récipient, d'un panier par exemple, pour les porter commodément, d'un couteau pour les détacher des arbres, tirant parti de chacune des choses mises en œuvre, ainsi qu'on le voit, suivant ses qualités spéciales, en vertu desquelles elle est appropriée à l'usage même qu'il en fait.

Le pêcheur emploie pour prendre le poisson sa personne et sa machine corporelle, et des engins, lignes et filets, des appâts, etc., encore suivant leurs qualités particulières, qui les rendent propres à découvrir le poisson, à le saisir, à le conserver.

Le chasseur ne procède pas autrement que le pêcheur, et la différence entre leurs occupations ne réside que dans les engins de chasse et les animaux capturés. Lui aussi se sert de sa personne, de sa machine corporelle et de ses engins, suivant leurs qualités et propriétés spéciales, qui les font convenir à la capture du gibier.

Le mineur qui extrait le minerai, la houille, utilise également sa personne et sa machine corporelle, selon leurs qualités et facultés, et des instruments de divers sortes, pics, pelles, brouettes, lampes, wagonnets, puits, etc., tous mis en œuvre pour s'emparer du minerai, de la houille, et les amener à la surface du sol.

Le directeur d'une mine qui met en œuvre, outre lui-même, des ingénieurs, des chefs d'atelier, des ouvriers, des chevaux, des bâtiments, des puits, des treuils, des chemins de fer souterrains ou à air libre, des machines d'épuisement et d'aération, etc., ne fait rien autre qu'utiliser les qualités, propriétés et facultés de toutes ces choses, dont les actions sont combinées dans le but de s'emparer de la houille.

Le bûcheron fait une œuvre analogue à celle du mineur; il s'emploie lui-même et ses outils, serpes, scies, coins, masses, cordes, etc., pour faire tomber et débiter ensuite les arbres d'un bois, d'une forêt, utilisant chaque chose suivant ses qualités et propriétés spéciales.

Le grand propriétaire forestier qui, pour exploiter ses domaines, met en œuvre des bûcherons, des gardes, des machines, des chevaux et voitures, qui règle la périodicité des coupes, se sert aussi de lui même et de toutes ces choses : hommes, animaux et objets divers, selon leurs qualités spéciales qui les rendent aptes à remplir les diverses fonctions auxquelles elles sont consacrées.

L'explorateur qui fait acte de premier occupant sur un territoire, met aussi en œuvre sa personne et sa machine corporelle, des vivres, des moyens de transport, une escorte, des armes, etc., etc., utilisant chaque chose suivant ses qualités pour arriver à prendre le premier possession du territoire visé.

Si nous envisageons maintenant la production par création, la règle générale apparaît avec une évidence encore plus grande peut-être.

Pour arriver à obtenir du blé, le cultivateur emploie d'abord son propre individu avec ses facultés spirituelles et corporelles, puis des bâtiments aménagés pour l'exploitation du sol, des instruments aratoires, charrues, herses, semoirs, faucheuses, batteuses, etc., des chevaux et des bœufs, du sol, des engrais, des semences, et encore tous les gens sous ses ordres. Et il utilise ces choses suivant leurs qualités particulières, qui les rendent propres aux divers usages qu'il en fait.

L'éleveur agit comme le cultivateur; il met aussi en œuvre sa personne et sa machine corporelle, leurs qualités et facultés, grâce auxquelles il se guide dans le choix des meilleures méthodes, en vue de créer, conserver et améliorer des races. Il emploie des animaux, des gens destinés à les conduire, surveiller et soigner, des bâtiments propres à les abriter, etc.; et il met, ainsi qu'on le voit, toutes ces choses en œuvre suivant leurs qualités particulières, pour arriver à créer des animaux bien conformés, sains et vigoureux.

Le fabricant utilise sa propre personne et sa

machine corporelle, ses commis, ses ouvriers et toute son usine avec ce qui la constitue, bâtiments, machines, outils, matières premières, animaux, matériel roulant, etc., en vue de créer des meubles, des outils, des tissus, des machines, des livres, etc., combinant l'action de toutes ces choses suivant leurs qualités et propriétés spéciales.

Le constructeur utilise son propre être, un architecte et ses plans, des ouvriers, des machines, des matériaux, etc., c'est-à-dire encore un ensemble de choses, suivant leurs qualités spéciales, en vue d'édifier la construction, le bâtiment, la route, le port, le canal dont il poursuit la création.

Le commerçant qui s'efforce de faire connaître les biens à vendre aux gens qui en ont besoin et à découvrir des biens répondant aux besoins de certaines personnes, met, lui aussi, en œuvre sa personne et sa machine corporelle, son intelligence, ses pas et ses démarches, ses commis, son installation, ses livres de comptabilité, etc., et chaque chose suivant ses qualités particulières, pour atteindre son but.

L'entrepreneur de transports, le voiturier, agit de même; il emploie son propre individu et d'autres hommes, des animaux, des véhicules, des moteurs mécaniques, des routes, des chemins de fer, des cours d'eau, des canaux, etc., toutes ces choses suivant leurs qualités spéciales, en vue d'opérer le déplacement des biens.

Ainsi, dans tous les procédés de production, nous voyons se confirmer la règle générale que la production des biens s'accomplit par la mise en œuvre d'autres biens, suivant leurs qualités particulières.

Il est nécessaire de remarquer qu'en faisant la classification des divers procédés de production, nous n'avons pas entendu classer les diverses professions, les diverses industries. Une profession, une industrie n'est pas un procédé de production; elle produit des biens, mais si elle se caractérise par la pratique dominante d'un procédé, elle n'exclut pas les autres, et, habituellement même, elle fait appel à plusieurs; c'est ainsi que le mineur exerce à la fois les procédés d'extraction, de transport, de commerce; le manufacturier, les procédés de fabrication, de construction et encore de transport et de commerce; le négociant les procédés de commerce et de transport.

Le résultat de la production, en ce qui regarde l'acquisition de la richesse, consiste, il est inutile d'insister sur ce point, dans la mise des biens à la portée de l'homme, de manière qu'il puisse s'en servir, et par conséquent dans un accroissement de richesse, dans une augmentation de la faculté de disposer des biens.

Frais de production. — Mais il y a à ce résultat une contre-partie que nous sommes obligé d'indiquer ici, contre-partie dont l'étude va nous fournir une seconde règle de la production : c'est que *la mise en œuvre des biens employés à en produire d'autres entraîne leur destruction totale ou partielle.*

En effet, tout bien utilisé à en produire d'autres s'use nécessairement par l'emploi qui en est fait, perd des qualités qui en font un bien, une chose utilisable; de sorte que si d'un côté la production en elle-même contribue à l'accroissement de la richesse, elle en entraîne d'autre part une diminution, les biens usés ou détruits en tout ou en partie échappant à proportion à la disposition de l'homme.

Ainsi, dans la cueillette des fruits, l'homme qui s'y livre se fatigue, dépense des forces, s'use en d'autres termes, et si des fruits se trouvent mis en état d'être utilisés, l'homme, lui-même, devient moins apte qu'auparavant à ce genre de travail; il perd à proportion la faculté de se servir de lui-même.

Dans la pêche, le pêcheur s'use comme dans la cueillette, et, d'une manière générale, quel que soit le travail auquel l'homme se consacre, il s'use. Les engins de pêche s'usent aussi, quelquefois ils se brisent et se perdent; les appâts se consomment entièrement, et, en fin de compte, si le poisson est mis en état d'être utilisé, une partie des forces du pêcheur, ses engins et les matières animales employées comme appâts sont perdus.

Dans la chasse, mêmes faits que dans la pêche. Le chasseur et ses armes et accessoires s'usent ou se consomment, disparaissent en tout ou en partie et échappent plus ou moins complètement à la disposition de l'homme.

Dans l'extraction, le mineur s'use et avec lui tous les instruments qu'il emploie, les wagons qu'il remplit, les voies sur lesquelles ils circulent, les machines d'épuisement et d'aération, les puits, les machines pour le montage et la descente des hommes et des matières extraites, etc.

Dans la coupe des bois, dans l'exploitation des forêts, les forces du bûcheron sont dépensées, ainsi que ses instruments : scies, coins, masses, serpes, cordes, etc.

Dans l'occupation même de territoires vacants, on retrouve un fait semblable. L'explorateur se dépense au milieu d'expéditions laborieuses, et avec lui il dépense tout ce qu'il emploie pour faire route : son escorte, ses animaux, chevaux, bœufs, chameaux, ses véhicules, ses armes, outils, vivres, etc.; et tout cela échappe ainsi à la société qui perd la faculté de s'en servir.

Dans la culture, on voit le cultivateur et ses aides s'user à ce dur travail, et avec eux, les animaux de labour, la charrue, la herse, les engrais et semences qui disparaissent entièrement, les bâtiments d'exploitation, etc., etc.

Dans l'élevage, on constate la fatigue progressive, puis l'épuisement et la disparition des animaux reproducteurs, la consommation de tout ce qui sert à leur entretien, pâturages et bâtiments ; la dépense des gens, y compris l'éleveur, employés à leur donner des soins, etc.

Dans la fabrication, on trouve le fabricant, ses commis, contremaîtres, ouvriers qui dépensent leurs forces, les animaux et tout le matériel, machines, outils, véhicules qui s'usent plus ou moins vite, les matières premières qui se consomment, etc.

Dans la construction, mêmes faits que dans la fabrication. Ce sont le constructeur, l'architecte, les ouvriers qui s'usent, en même temps que les machines et outils ; les matériaux employés qui disparaissent comme matériaux et se retrouvent sous forme de construction, bâtiment, route, port, etc.

Dans le commerce, la règle se confirme encore : le commerçant, ses commis, son installation, ses bureaux, ses livres, s'usent pour porter à la connaissance du public les biens dont il peut avoir besoin.

Dans les transports, le voiturier, le mécanicien, les aides sous différents noms, les véhicules, voitures et wagons, bateaux, les moteurs, machines, animaux, hommes de peine, les routes de terre et de fer, tous ces biens s'usent, tandis que les biens transportés, produits sous ce rapport, sont mis à la portée des gens dans les lieux où ils en ont besoin.

Telle est donc la seconde règle de la production, qu'elle entraîne la destruction totale ou partielle des biens mis en œuvre, qu'elle les fait échapper à la disposition des producteurs, en sorte que, sous ce rapport, elle a pour résultat de les rendre moins riches.

L'ensemble des biens usés, comme les hommes, les animaux, le matériel, les machines, les outils, le sol, les bâtiments, ou détruits comme la houille qui alimente les machines à vapeur, ou transformés comme les matières premières manufacturées dans la fabrication et la construction, constitue, dans la mesure où la mise en œuvre de ces biens les fait disparaître ou les use, ce qu'on appelle les *Frais de production*.

Après cette analyse du phénomène de la production, nous pensons qu'on en a une notion parfaitement claire, ne laissant rien à désirer. On voit qu'il se réduit à la mise en œuvre par l'homme de lui-même, de ses semblables, et d'une foule d'autres biens dans le but de mettre des biens déterminés à portée d'être utilisés, et entraînant ce résultat de lui retirer totalement ou partiellement la faculté de disposer des premiers.

CHAPITRE III.

DES AGENTS DE LA PRODUCTION.

Critique, au point de vue purement économique, de la distinction entre le Travail, le Capital, la Terre ou les Agents naturels. — Utilité de la distinction au point de vue social

On devra remarquer que, pour établir cette théorie générale, nous n'avons fait appel à aucun des agents habituellement mis en cause et que l'on prend grand soin dans les livres d'économie politique de distinguer dès le début; nous voulons parler des trois agents : Travail, Capital, Terre.

La raison de cette omission volontaire est facile à saisir, c'est que cette distinction n'a aucune importance au point de vue purement économique, et que, loin d'aider à comprendre le mécanisme général de la production, elle ne sert qu'à en rendre l'analyse plus difficile et les résultats de cette analyse plus obscurs, en séparant des facteurs qui, pour l'explication rationnelle du phénomène, doivent être constamment assimilés les uns aux autres.

Que les biens mis en œuvre par l'homme soient l'homme même et ses semblables, désignés sous le terme générique *Travail*, ou d'autres biens résumés par le mot *Capital*, ou d'autres biens encore qualifiés agents naturels, ou d'un seul mot *Terre*, cela importe peu ; car tous ces biens sont également mis en œuvre dans la production suivant leurs qualités spéciales et de la même manière. C'est tout ce qu'il est utile de savoir au point de vue économique.

Nous ajouterons, de plus, que la division en question est absolument fautive sous le rapport de la méthode, car, pour faire une nomenclature rationnelle de choses de même nature, il convient d'employer des termes de même espèce. Or que voit-on ici? On désigne l'homme par le mot : travail, c'est-à-dire une réalité par un de ses modes, le travail n'étant autre que le mode suivant lequel s'exercent et se dépensent les facultés de la personne et de la machine humaines. Quant au capital, outre qu'on n'a pu encore s'entendre sur sa définition, c'est un terme général qui répond dans le sens le plus répandu, que nous n'acceptons pas d'ailleurs, à l'ensemble des biens autres que l'homme et la terre, mis en œuvre dans la production. En ce qui concerne la terre, il s'agit d'une réalité nommée sans détour, mais le mot ne répond pas du tout à ce qu'on veut lui faire dire. On comprend habituellement sous ce terme toutes les forces naturelles qui entrent en activité dans l'œuvre de la production, sans distinguer si ces forces sont incorporées à des biens non appropriés ou à des biens appropriés. Beaucoup d'auteurs préfèrent en conséquence la locution : agents naturels. Mais il est facile de voir que l'homme et les biens désignés sous le nom de capital sont, en ce qui regarde la plus grande partie de leurs forces vives, des agents naturels. Il est donc impossible d'établir nettement la démarcation entre les agents naturels, le travail et le capital.

En outre, pour revenir à notre observation première, ces trois termes ne sont pas de même ordre logique : le travail est un mode d'une réalité, l'homme; le capital est une désignation générique de biens concrets ou abstraits; les agents naturels répondent aux propriétés, aux forces vives des biens. Pour faire une division rationnelle, il faudrait qu'elle soit faite entre les biens, par exemple : *homme, terre, capital* (biens autres que l'homme et la terre). Mais encore une fois nous rejetons cette distinction, comme inutile pour l'établissement de la théorie de la production en science économique pure.

Si toutefois nous combattons la distinction au point de vue de cette science, nous en reconnaissons, au contraire, le bien fondé en science sociale, où elle trouve sa justification et son éclaircissement. C'est en voulant traiter des questions sociales que soulève la production, que les économistes, sortant des limites naturelles de leurs études, ont été amenés à s'occuper de ces trois catégories de biens : le Travail, la Terre, le Capital, distinction qui, n'étant pas faite pour leurs études, n'a pu que les embarrasser.

Sans vouloir faire une incursion dans la Sociologie ou dans cette partie de la Sociologie que constitue l'Économique appliquée, ordinairement appelée Économie politique, nous ne pouvons nous dispenser cependant de donner quelques explications complémentaires pour justifier notre critique.

La distinction des agents de la production en Travail, Capital et Terre, se rapporte à la question des droits et des devoirs réciproques des hommes, suivant qu'ils possèdent simplement leur propre être avec ses qualités physiques et intellectuelles, ou d'autres biens qu'eux-mêmes ou le sol, ou le bien que constitue le sol ; elle répond à la distinction entre les travailleurs, les capitalistes et les propriétaires, qui doit être complétée par la subdivision de la première catégorie d'individus en patrons et ouvriers. Un patron est le maître d'une entreprise, un ouvrier est le maître d'une personne et d'une machine humaines, obligé pour travailler de se mettre aux ordres du premier ; un capitaliste est le maître de la valeur des biens mis en œuvre dans une entreprise ;

un propriétaire est le maître de biens déterminés et spécialement d'une partie du sol.

Un même individu peut, il est facile de l'observer, revêtir ces quatre qualités. Un petit industriel, tel qu'un serrurier qui travaille avec son personnel, dans un atelier et au moyen d'outils et de matières premières lui appartenant, est tout à la fois patron, ouvrier, capitaliste et propriétaire.

La distinction n'offre d'intérêt que lorsque ces rôles sont séparés, comme dans une grande entreprise, une compagnie minière par exemple. Il y a des patrons qui ne possèdent rien, si ce n'est la haute direction de l'entreprise, des ouvriers maîtres de leur seul travail, des capitalistes auxquels appartient la valeur de tous les biens indistinctement qui se trouvent engagés dans l'affaire, un propriétaire, la compagnie, ensemble des actionnaires formant personne morale, qui possède les biens mêmes et spécialement le sol occupé par l'entreprise.

Dès lors on voit toute l'importance sociale de la distinction lorsqu'il s'agit d'étudier les conditions que doit réaliser une entreprise pour bien fonctionner, non seulement au point de vue économique, c'est-à-dire dans un but d'enrichissement, mais encore au point de vue social, c'est à-dire dans le but différent du plus grand bien-être de tous les gens employés dans l'entreprise.

Au contraire, au seul point de vue économique la distinction est sans objet : patrons, ouvriers, capitalistes et propriétaires, sont tous également des hommes doués de la faculté de disposer d'eux-mêmes et d'autres biens, très divers, il est vrai, mais qui se comportent tous de la même façon dans la production, c'est-à-dire selon leurs qualités particulières. Il est mauvais d'établir entre eux des distinctions qui font perdre de vue l'ensemble du phénomène et rendent plus difficile la tâche d'en dégager la loi.

CHAPITRE IV.

OBSERVATION SUR LA DÉFINITION DE LA PRODUC- ET LA DIVISION DES MATIÈRES COMPRISES SOUS CE TITRE.

Distinction entre produire et fabriquer ou créer. — Le commerce est-il productif? Diverses acceptions du mot production. Producteurs, Intermédiaires, Consommateurs. — Extracteurs, Producteurs, Commerçants, Transporteurs. Justification de la définition de la production.

Avant d'aller plus loin, nous devons présenter une remarque touchant la définition des mots : produire et production. Celle que nous avons donnée diffère sensiblement des définitions qui ont cours dans les traités d'économie politique, pour autant toutefois que leurs auteurs aient essayé d'en formuler. Est-ce, en effet, difficulté d'arriver à une définition satisfaisante ou négligence, très ordinaire parmi les économistes, à définir exactement les choses dont ils traitent? Toujours est-il que, sur ce point comme sur beaucoup d'autres, nombre d'entre eux sont muets.

Mais nous ne devons pas nous autoriser de ce silence, ou tout au moins de l'absence de définition expresse, pour ne pas relever ce qu'il y a de fautif dans l'acception dans laquelle ils prennent ces mots : produire et production, acception qui ressort de l'emploi même qu'ils en font. Il est digne de remarque, d'ailleurs, que cette acception n'a rien de bien fixe chez le même auteur et que la critique que nous en voulons faire ne s'adresse qu'à une idée presque constamment attachée à ces mots dans beaucoup d'ouvrages, bien plus qu'à une signification étroite.

L'idée qui paraît toujours liée aux mots produire et production est celle de fabrication ou plus généralement de création, c'est-à-dire d'acte ayant pour but de faire naître des biens nouveaux, ou mieux encore quelque chose de nouveau, quelque chose qui n'existait pas auparavant.

La grande discussion qui s'est élevée et n'est pas encore tombée au sujet de la productivité ou de l'improductivité des diverses industries est venue de là. On se demande encore aujourd'hui si le commerce est productif, et ceux qui tiennent pour l'affirmative, ils sont nombreux, — le font en s'appuyant sur des raisons rien moins que probantes, à cause de la notion peu nette qu'ils ont de la production et de l'influence qu'exerce sur leur esprit l'idée de création ou de fabrication.

Pour prouver que le commerce est productif on a cherché à répondre à cette question : Que crée le commerce? Que fait-il apparaître de nouveau dans le domaine social? Et comme on ne trouvait rien dans l'œuvre du commerce si ce n'est un service rendu, quelque chose d'utile, on en a conclu que le commerce produit de l'utilité et, en généralisant, que « produire, suivant les expressions mêmes d'un auteur distingué, ce n'est pas créer de la matière, mais créer de l'utilité (1). »

Nous ne savons si le lecteur entend clairement ce que c'est que créer de l'utilité ; nous avouons pour notre part n'en avoir jamais eu qu'une idée très confuse. Nous comprenons ce que veut dire faire quelque chose d'utile, mais faire de l'utilité est à notre avis une locution inintelligible, qui ne saurait prendre une signification sans une préparation toute spéciale de l'esprit.

Quel est donc le nœud de la difficulté? Il se trouve en ce point que le mot production a plusieurs sens qu'on ne paraît pas s'être beaucoup soucié jusqu'ici de séparer étroitement, afin d'arriver à en choisir un qui réponde parfaitement aux exigences de la science économique.

Suivant ce que nous avons dit, il ne faut pas con-

(1) Baudrillart, *Manuel d'Économie politique*

fondre produire et fabriquer ou créer. Un bien actuellement existant, dans l'état où il peut être employé, de la houille par exemple, n'a pas besoin d'être fabriqué, créé, puisqu'il l'est déjà, mais, pour être utilisé par les personnes qui en ont besoin, il doit être mis à leur portée par des procédés appropriés aux conditions spéciales dans lesquelles il se présente, et c'est en cela que consiste le fait de produire un bien.

Tel est un premier sens du mot produire, que nous avons adopté comme répondant le mieux aux études économiques pour les raisons que nous allons voir. Mais ce mot est employé encore dans d'autres acceptions par la langue courante. Nous en distinguerons deux spécialement.

Lorsqu'on considère les différentes catégories de gens qui font des opérations sur les biens, on reconnaît habituellement qu'ils peuvent se classer en trois catégories : les producteurs, les intermédiaires et les consommateurs. Les producteurs sont de deux sortes : les gens qui tirent de la nature les biens tout formés qui s'y trouvent, comme la houille et les minerais, le gibier, le poisson, le bois, les matériaux de construction, l'ardoise, etc., et les gens qui créent des biens nouveaux à l'aide des autres biens, fabricants, manufacturiers, constructeurs, etc. Les intermédiaires comprennent aussi deux sortes de personnes : celles dont la profession consiste à offrir les biens des producteurs aux consommateurs, c'est-à-dire les commerçants ou commissionnaires, puis celles qui ont pour occupation de faire parvenir les biens dans les lieux où ils sont demandés, les entrepreneurs de transports, rouliers et voituriers. Quant aux consommateurs, ils forment la catégorie des gens qui emploient ces biens à satisfaire leurs besoins.

En se fondant sur cette classification, on voit que les producteurs comprennent seulement les gens qui pratiquent deux de nos procédés de production : la prise de possession et la création des biens, et qu'ils excluent les commerçants et les transporteurs. Par suite le mot production prend une acception beaucoup plus étroite que celle que nous avons adoptée, elle ne doit s'entendre que de toute opération ayant pour but de faire apparaître, d'introduire dans le domaine social des biens nouveaux, des biens qui ne s'y trouvaient pas, soit parce que l'homme ne s'en était pas encore emparé, soit parce que, ces biens n'existant pas tout formés, l'homme ne les avait pas encore créés par son industrie.

Il est bien clair que dans ce sens le commerce et les transports ne sont pas des industries productives, ils ne produisent rien ; ils font simplement des offres et des déplacements de biens déjà produits, c'est-à-dire mis au jour, sans augmenter le nombre des biens compris dans le domaine social. Je dirai même plus, ce sont des industries destructives, puisque, n'apportant dans le domaine social aucun bien nouveau, ils en font sortir tous les biens mis en œuvre, usés ou détruits totalement ou partiellement dans leurs opérations d'offre et de déplacement. De là l'hostilité des consommateurs contre les intermédiaires qui, dit-on, contribuent à augmenter le prix des biens sans avoir aucune part dans leur production ; ce grief tombe de lui-même lorsqu'on considère que le commerce et les transports produisent à leur manière, aussi bien que l'extraction et la fabrication, en contribuant à mettre les biens à la portée des gens qui en ont besoin.

Cette acception des mots produire, production, producteur, très usuelle, devrait conduire à diviser les matières comprises, par la plupart des auteurs et par nous-même, dans la production, en deux parties :

I.	Production	Prise. Création.
II.	Transmission. . .	Commerce. Transports.

Nous n'avons pas voulu adopter cette division à cause précisément du jour peu favorable sous lequel elle fait considérer les intermédiaires, agents utiles, indispensables même dans la société pour faire parvenir aux mains des consommateurs les biens dont ils ont besoin. Il y en a, en outre, deux autres raisons plus essentielles que nous indiquerons tout à l'heure.

Les mots produire et production sont encore employés dans un sens plus étroit que les précédents : produire, c'est fabriquer ou créer. Comme nous l'avons déjà fait remarquer, cette idée hante l'esprit de la plupart des auteurs, elle perce dans toutes leurs explications et nous avons souvent peine nous-même à en secouer le joug. Suivant cette acception, il faudrait exclure de la production les industries minières et forestières, puisqu'elles ne fabriquent rien, puisqu'elles ne créent pas de biens nouveaux. Une telle conséquence suffit à la faire rejeter.

Elle conduirait d'ailleurs à diviser les matières de la production en quatre parties :

1. Prise.
2. Production.
3. Commerce.
4. Transports

Mais cette division ne permet pas de dégager une loi générale de ces diverses catégories d'opérations ayant toutes pour objet commun de mettre les biens en état d'être utilisés par les gens qui en ont besoin, et suivant nos propres expressions, de les mettre à portée d'être utilisés.

On voit, d'après ces courtes remarques, combien le sujet présente de difficultés, et il ne faut pas s'étonner de l'insuccès à peu près absolu des auteurs qui ont cherché à y porter la lumière. Pour arriver à une conclusion solide, on ne saurait donner trop de soins à l'analyse et à la précision des divers sens des termes en question, constamment confondus dans les livres. Alors seulement il est possible d'en adopter un qui soit bien approprié aux exigences de la science économique.

C'est le moment de justifier notre définition : produire, c'est faire tout ou partie de ce qu'exigent les circonstances pour mettre les biens à portée d'être utilisés.

Cette définition a d'abord le grand avantage d'embrasser à la fois dans la production les industries extractives et créatrices, le commerce et les transports, de sorte qu'elle n'entraîne aucune innovation dans la distribution des matières de la science économique telle qu'elle est faite par la plupart des auteurs. Elle répond donc au sentiment intime de tous et leur fournit la formule qu'ils ont vainement cherchée jusqu'ici.

Nous ajouterons de plus que cette définition est conforme au sens fondamental du mot produire, qui est *pousser en avant*. On produit un bien en le prenant où il se trouve, ou en le créant s'il n'existe pas tout formé, et faisant le nécessaire pour le mettre à portée d'être utilisé par soi-même ou pour autrui. Les personnes qui s'emparent des biens tout formés dans la nature, qui en créent avec d'autres biens, qui en divulguent l'existence et les font connaître à la société, qui les transportent en différents lieux, ne poursuivent pas d'autre but que de faire arriver les biens aux mains des gens qui les désirent, de les pousser en avant, toutes produisent des biens.

Pour comprendre la production, il faut donc, en définitive, s'affranchir totalement de l'idée de création, qui ne se rapporte qu'à l'un de ses procédés.

La production d'un bien dans la société est tout à fait comparable à celle d'une personne dans le monde. Le producteur, l'introducteur, prend la personne où elle se trouve, veille à ce qu'elle soit vêtue décemment, comme l'exige le milieu où elle doit être admise, la pare de ses mains, donne longtemps à l'avance ses soins à son éducation et à son instruction, jusqu'au jour où, prête, il la conduit dans le monde où elle est reçue. Ainsi fait le producteur vis-à-vis d'un bien, il le prend où il se trouve, le crée s'il n'existe pas tout formé, le fait connaître, le transporte où il peut être utilisé, et en un mot fait tout ce qui est nécessaire pour le présenter aux gens qui en ont besoin.

Il ne faut pas perdre de vue cette notion essentielle de la production, car elle permet de résoudre certaines difficultés, comme la question déjà signalée de la productivité ou de l'improductivité du commerce et des transports et généralement des intermédiaires, difficultés sur lesquelles on échoue la plupart du temps.

Chacun des procédés généraux ou secondaires de la production mériterait une étude approfondie des méthodes diverses qu'il comporte, des instruments qu'il emploie et de toute son organisation. Il conviendrait notamment d'examiner les diverses méthodes d'exploitation des mines et des forêts, de culture, de fabrication, les outils et machines dont ces procédés font usage, l'organisation générale et le fonctionnement de ces procédés. On pourrait surtout traiter spécialement de l'utilisation de l'homme comme agent de production et montrer à cet égard le grand avantage, au point de vue de l'acquisition de la richesse, *de la division du travail*, suivant l'expression consacrée, c'est-à-dire de l'emploi de l'homme à des tâches simples et peu nombreuses. Mais, outre qu'un pareil exposé dépasserait les bornes de notre étude, nous ne serions pas actuellement prêt à fournir sur chacun de ces sujets des théories suffisamment approfondies. D'un autre côté, répéter ce que d'autres ont déjà écrit, dans de nombreux ouvrages justement connus, serait remplir une tâche inutile, en dehors du but que nous nous proposons, celui d'établir les bases de la science économique et de ne développer que les parties que nous aurions plus spécialement étudiées. Contentons-nous donc d'avoir défini la production et assigné à chacun de ses procédés la place qu'il doit occuper dans un traité d'Économique. C'est tout ce qu'il importe de faire au point de vue des premiers principes, car cela suffit à guider dans des recherches scientifiques plus étendues.

LIVRE II.

DE L'ACQUISITION DES BIENS

(Circulation des biens).

CHAPITRE PRÉLIMINAIRE.

DÉFINITIONS ET DIVISION.

Qu'est-ce qu'un échange ? — Condition de réalisation de tout échange. — Valeur d'échange. — Division du livre II.

On a vu, au commencement de ce travail, qu'une fois les biens produits, c'est-à-dire mis à la portée des personnes qui en ont besoin, il faut pour que ces personnes en deviennent propriétaires, pour qu'elles aient la faculté complète d'en disposer, qu'elles les acquièrent des gens qui les détiennent en donnant en échange d'autres biens. Il s'agit, dans ce deuxième livre, de traiter de l'acquisition des biens par le procédé de l'échange et des faits qui s'y rattachent.

Considérons d'abord l'échange en général.

Un échange est une opération dans laquelle deux personnes se cèdent réciproquement deux choses.

Pierre possède un cheval, Paul un bœuf; Pierre cède son cheval à Paul et reçoit en retour le bœuf de ce dernier; Paul cède son bœuf à Pierre et reçoit en retour le cheval de ce dernier. Tel est l'échange dans sa plus grande simplicité.

Pierre possède du blé, Paul du vin; Pierre cède à Paul 100 mesures de blé et reçoit en retour une barrique de vin; Paul cède à Pierre une barrique de vin et reçoit en retour 100 mesures de blé. C'est encore là un échange.

Pierre possède un champ et Paul de l'argent; Pierre cède son champ à Paul et reçoit en retour cinq kilogrammes de métal précieux; Paul cède cinq kilogrammes de métal précieux à Pierre et reçoit en retour le champ. C'est encore un échange.

Un échange comprend donc toujours deux personnes et deux choses, deux biens.

La réalisation de tout échange est subordonnée à cette condition générale que chacune des personnes en rapport trouve avantage à faire l'opération, c'est-à-dire *que chaque personne estime que le bien qu'elle reçoit a pour elle plus d'utilité que le bien qu'elle cède.*

Si Pierre juge que son cheval, que 100 mesures

de blé, que son champ a pour lui plus d'utilité que le bœuf, la barrique de vin ou les cinq kilogrammes d'argent de Paul, l'échange n'aura pas lieu.

Cette condition générale est la règle, la loi fondamentale des échanges. Tout échange réalisé suppose un gain d'utilité pour chacune des parties contractantes.

La proportion dans laquelle deux biens sont cédés et obtenus dans un échange indique leur pouvoir relatif d'acquisition, dans les circonstances où l'échange a lieu. Puisque telle quantité de l'un, 100 mesures de blé, permet d'obtenir telle quantité de l'autre, 50 mesures de vin, ou réciproquement, c'est que le blé dans cet échange a un pouvoir d'acquisition moitié moindre que le vin et celui-ci un pouvoir une fois plus grand que le blé.

Le pouvoir d'acquisition des biens les uns à l'égard des autres constitue leur *valeur*, au sens économique absolu du mot, ou, pour la qualifier, leur *valeur d'échange*, suivant l'expression consacrée.

Les règles auxquelles obéit la valeur d'échange forment la première grande théorie de ce chapitre de l'Économique relatif à l'acquisition des biens.

Après avoir traité de la valeur d'échange, on s'attachera successivement à établir deux autres théories importantes, celle des Procédés d'acquisition, objet spécial de ce chapitre, et celle de la Monnaie.

Chacune de ces théories fera l'objet d'une section du présent livre.

Ire SECTION.

THÉORIE DE LA VALEUR

CHAPITRE I.

DE LA VALEUR ET DU PRIX.

Définitions : Valeur et valoir. — Emploi elliptique de ces mots. — Définition de la valeur en général. — Diverses espèces de valeurs. Leur désignation. — Qu'une chose peut être douée de plusieurs valeurs. — Définition de la valeur d'échange. — Mesure de la valeur d'échange. — Définition du Prix. — Acceptions diverses du mot prix. Distinction entre le prix et la valeur.

VALEUR. — Les mots valeur et valoir ont pour étymologie *valere*, qui signifie pouvoir : *valeur, c'est puissance; valoir, c'est pouvoir;* et rien de plus.

On emploie presque toujours ces mots d'une manière elliptique ; on dit qu'une chose a de la valeur, qu'une chose vaut autant, plus ou moins qu'une autre, sans indiquer pour quoi elle vaut, et de cette façon on exprime simplement qu'elle a de la puissance, qu'elle peut autant, plus ou moins qu'une autre :

propositions évidemment incomplètes à l'insuffisance desquelles l'esprit doit suppléer.

Ce qu'on sous-entend, en règle générale, c'est ce qu'une chose a le pouvoir de faire habituellement d'après sa nature et sa destination. Quelques exemples mettront ce point en évidence.

Ainsi l'on dit d'un savant, d'un soldat, d'un ouvrier, d'une terre, d'un livre, d'un tableau, d'un mot, d'un chiffre, d'une marchandise, qu'ils ont de la valeur ; et l'on entend que le savant a le pouvoir de faire des découvertes, que le soldat a le pouvoir de combattre, que l'ouvrier a le pouvoir d'exercer un métier, que la terre a le pouvoir de donner des fruits, que le livre a le pouvoir d'instruire ou de plaire, que le tableau a le pouvoir de charmer le sens esthétique, que le mot a le pouvoir de rendre une idée, que le chiffre a le pouvoir de remplir une fonction dans le calcul, que la marchandise a le pouvoir d'acquérir d'autres marchandises.

De ces exemples empruntés aux matières les plus diverses, ressort avec clarté la signification fondamentale, littérale, et, par conséquent, la seule véritable signification du mot valeur, savoir : le pouvoir de faire quelque chose, de jouer un rôle, de remplir une destination ; pouvoir qu'on appellera, si l'on veut, *capacité,* quand il s'agira d'une personne, *propriété* quand il sera question d'une chose proprement dite.

On définira donc bien la valeur en général : *la puissance des choses relativement à une destination déterminée.*

Il y a autant d'espèces de valeur que de destinations différentes des choses. Le pouvoir de faire des découvertes diffère du pouvoir de combattre, le pouvoir de donner des fruits du pouvoir d'instruire, le pouvoir de charmer le sens esthétique du pouvoir d'acquérir des marchandises. Ce sont là également des pouvoirs, mais des pouvoirs différents, des valeurs différentes.

L'usage a consacré certaines expressions pour désigner quelques-unes de ces valeurs, ainsi : valeur intellectuelle, valeur militaire, valeur professionnelle, valeur scientifique, valeur littéraire, valeur artistique, valeur mathématique, valeur marchande.

A défaut d'expressions consacrées, on a toujours la faculté de spécifier une valeur par une idée empruntée à la destination même des choses. On appellera, par exemple, valeur nutritive la valeur d'un aliment, valeur productive la valeur d'une terre, valeur musculaire la valeur d'un cheval, etc.

Une même chose peut avoir plusieurs espèces de valeur, comme elle peut avoir plusieurs destinations : un tableau présente une valeur artistique et une valeur marchande ; un ouvrier une valeur intellectuelle, une valeur morale, une valeur professionnelle.

Lors donc qu'on dit d'une chose qu'elle a de la valeur, sans préciser pour quoi elle vaut, on s'expose à des malentendus, sans inconvénients, il est vrai, dans la pratique, mais d'un grand danger dans une étude scientifique, la confusion entre deux espèces de valeur pouvant entraîner à de graves erreurs.

Il convient, en conséquence, de toujours spécifier les valeurs dont on parle, de ne jamais laisser à l'esprit le soin d'en découvrir la nature en suppléant à l'insuffisance du langage.

L'Économique traite de la *valeur d'échange*, c'est-à-dire du pouvoir que les biens manifestent les uns à l'égard des autres dans les échanges, en permettant aux personnes, qui en sont propriétaires, d'obtenir au moyen de telle quantité de celui-ci telle quantité de celui-là.

La valeur d'échange peut se définir : *la force ou puissance d'acquisition des biens*.

On constate cette puissance d'acquisition dans les échanges. Ainsi un cheval est échangé contre un bœuf, cela montre que, dans ce cas particulier, le cheval dont il s'agit a le pouvoir d'acquérir le bœuf, et réciproquement que le bœuf a le pouvoir d'acquérir le cheval, chacun de ces animaux ayant permis à son propriétaire d'obtenir l'autre en retour.

C'est cette puissance d'acquisition, qui réside dans les biens et grâce à laquelle les gens qui les détiennent peuvent s'en procurer d'autres, qu'on appelle la valeur d'échange.

La valeur d'échange est une qualité comme la longueur, le volume, le poids.

Pour la mesurer, on la compare à une valeur d'échange choisie pour unité, de même que pour mesurer une longueur, un volume, un poids, on les compare respectivement à une longueur, à un volume, à un poids choisis comme unités.

En France, l'unité de longueur est le mètre, longueur de la quarante-millionième partie du méridien terrestre. L'unité de valeur d'échange est le franc, valeur de cinq grammes d'argent à neuf dixièmes de fin.

Dire qu'une chose vaut dix francs dans un échange, c'est exprimer que la chose et cinquante grammes d'argent au titre ont une égale valeur d'échange. De même, lorsqu'on dit qu'un ruban a cinq mètres de longueur, on entend par là que ce ruban a une longueur égale à cinq fois la longueur de la quarante-millionième partie du méridien terrestre.

PRIX. — On appelle *prix, l'expression de la valeur d'échange d'une chose en unités de valeur d'échange.*

Il ne faut pas confondre la valeur d'échange et le prix.

D'ailleurs, le mot prix a plusieurs acceptions dérivées les unes des autres et qu'il importe de bien mettre en lumière.

Dans son sens propre, il désigne l'expression de la valeur d'un bien, ainsi que l'on vient de le dire. Or, comme dans une acquisition il faut procurer à la personne à laquelle on a affaire un bien d'une valeur égale ou d'un prix égal à la valeur ou au prix de celui qui fait l'objet du marché, ce bien procuré a été envisagé comme le prix même de l'objet du marché, et le mot prix a reçu le sens de bien donné en équivalent d'un autre dans une acquisition.

De plus, comme le bien fourni est habituellement de la monnaie, on a fait désigner au mot prix la quantité de monnaie nécessaire à l'acquisition d'un bien.

Enfin les biens consacrés comme monnaies étant presque toujours adoptés en même temps comme mesures de valeur, le prix des biens, c'est-à-dire, suivant le premier sens, l'expression de leur valeur en unités de valeur, a été considéré comme l'expression de leur valeur en monnaie.

De ces diverses acceptions usuelles il ne faut retenir que la première ; seule elle a un caractère scientifique.

C'est en prenant le mot prix dans ce sens qu'on est facilement enclin à confondre le prix d'un bien avec sa valeur d'échange.

Voici ce qui les distingue :

La valeur d'échange est une qualité des biens, c'est leur puissance d'acquisition. Le prix est une mesure de cette qualité et, comme toute mesure, il résulte de la comparaison de cette qualité dans les divers biens avec une quantité de la même qualité choisie comme unité. Le prix est par conséquent un rapport entre deux valeurs d'échange. On peut dire encore qu'il représente la valeur d'échange relative d'un bien et d'un autre, l'argent par exemple.

Il y a donc entre la valeur d'échange d'un bien et son prix la différence de la qualité à sa mesure, à sa représentation, à son expression.

De cette différence ne suit pas qu'on ne puisse traiter de la valeur d'échange en raisonnant sur des prix, pourvu toutefois qu'on n'oublie pas le caractère relatif de ces derniers. Changez, en effet, le terme de comparaison, comparez la valeur des biens au cuivre au lieu de la comparer à l'argent, et leurs prix changeront sans que pour cela leur valeur d'échange se soit modifiée.

CHAPITRE II.

POSITION DE LA QUESTION DE LA VALEUR.

Points à résoudre dans l'étude de tout phénomène : cause, conditions d'existence, éléments de détermination, loi — Exemple du phénomène de la gravitation

L'étude de tout phénomène peut se ramener à quatre points principaux : sa cause, ses conditions d'existence, ses éléments de détermination et sa loi.

La cause d'un phénomène est ce qui le produit. Toutefois l'existence de la cause n'implique pas nécessairement celle du phénomène, elle implique seulement sa possibilité.

Quand la cause existe, le phénomène est en puissance; pour qu'il se produise, il faut encore des conditions favorables à son apparition, qui sont ses conditions d'existence.

Lorsque la cause et les conditions d'existence concourent, le phénomène se produit, et il se produit dans une certaine mesure. Les divers éléments qui fixent cette mesure sont ses éléments de détermination, au premier rang desquels il faut placer la cause et les conditions d'existence, puisque évidemment un phénomène se manifeste d'autant plus que sa cause est plus grande et que ses conditions d'existence sont plus favorables.

Quant à la loi d'un phénomène, c'est la règle suivant laquelle ses éléments de détermination concourent à son apparition.

Envisageons par exemple le phénomène de la gravitation. On sait que deux corps dans l'espace tendent à tomber l'un vers l'autre, tel est le phénomène.

La cause de ce phénomène est la force d'attraction dont les corps sont doués. Or cette cause est insuffisante, à elle seule, à rendre un corps grave, pesant, tombant dans une direction déterminée. Que l'on suppose un corps isolé dans l'espace, unique au monde, et le phénomène de la gravitation n'apparaîtra pas; le corps demeurera immobile, suspendu en un point immuable, sans raison de se mettre en mouvement dans un sens plutôt que dans un autre. La cause du phénomène ne se produira que si une condition est remplie, condition d'existence.

Pour que le phénomène se produise, il faut que le corps envisagé se trouve en présence d'un autre corps, à une distance quelconque. Dès lors l'attraction agit sur quelque chose et non plus à vide, et chaque corps est porté vers l'autre suivant une force plus ou moins grande.

Une fois connues la cause et la condition d'existence du phénomène, il reste à indiquer ses éléments de détermination et sa loi, c'est-à-dire avec quelle force deux corps déterminés tendent l'un vers l'autre.

On sait que les éléments de détermination sont la masse des corps, proportionnelle à leur force d'attraction, et la distance, et que la loi se formule ainsi : deux corps dans l'espace gravitent l'un vers l'autre en raison directe du produit de leurs masses et en raison inverse du carré de leur distance.

On examinera successivement les quatre points analogues touchant la valeur d'échange.

CHAPITRE III.

CAUSE ET CONDITIONS D'EXISTENCE DE LA VALEUR D'ÉCHANGE.

CAUSE. — Valeur d'utilité des biens pour les gens qui ne les possèdent pas.
CONDITIONS D'EXISTENCE. — Valeur d'utilité des biens pour les gens qui les possèdent et frais de production.

CAUSE DE LA VALEUR D'ÉCHANGE. — La valeur d'échange des biens est leur puissance d'acquisition. D'où vient donc qu'un bien soit doué d'une force d'acquisition? d'où vient qu'il puisse servir à en acquérir d'autres? Un bien ne peut servir à en acquérir d'autres que si les possesseurs de ces derniers sont disposés à les céder en tout ou en partie en échange du premier. Par conséquent, le motif qui pousse le détenteur de certains biens à en céder une quantité déterminée pour obtenir une chose, est la cause de la force d'acquisition de celle-ci. Si, en effet, ce motif n'existe pas, personne ne consentant à donner de ses biens en échange de la chose dont il s'agit, celle-ci reste sans force d'acquisition et son possesseur ne trouve en elle aucun moyen d'obtenir les biens qu'il désire. La question de la cause de la valeur d'échange revient donc à celle-ci : Quel motif nous dispose à céder de nos biens pour obtenir d'autres biens en retour?

Ce motif consiste évidemment dans le service que les biens peuvent nous rendre, dans l'utilité qu'ils ont pour nous, ou, comme l'on dit quelquefois, dans *la valeur qu'ils ont pour nous*. Si, en effet, *un bien est pour nous sans valeur*, nous n'en voulons à aucun prix; si, au contraire, *il a pour nous de la valeur*, nous sommes prêts à faire un sacrifice pour l'obtenir. Ainsi la valeur d'échange des biens a pour cause, *la valeur qu'ils ont pour nous*, ou, en termes généraux, *pour les personnes à l'égard desquelles ils doivent servir à en acquérir d'autres*, et, plus simplement, *pour les personnes qui ne les possèdent pas*.

Mais qu'est-ce que cette valeur : *la valeur qu'un bien a pour quelqu'un?* La définition générale de la valeur : valeur c'est puissance, valoir c'est pouvoir, nous l'apprendra, en la substituant au mot lui-même.

La valeur d'un bien pour quelqu'un, c'est exactement sa puissance à son égard, ce qu'il peut pour lui, au sens où l'on dit : Vous pouvez beaucoup pour moi, je ne puis rien pour vous; c'est, en d'autres termes, son pouvoir de lui être utile, de lui rendre service, pouvoir ou valeur qu'il est admis de nommer *valeur d'utilité.*

En définitive, *la valeur d'échange des biens a pour cause leur valeur d'utilité (ou d'un seul mot leur utilité) pour les personnes qui ne les possèdent pas.*

CONDITIONS D'EXISTENCE DE LA VALEUR D'ÉCHANGE. — Il ne suffit pas qu'un bien ait pour nous de la valeur pour que nous consentions effectivement à donner de nos biens dans le but d'en devenir propriétaire. Le service que nous en attendons nous dispose, il est vrai, à faire un sacrifice en sa faveur; mais s'il est possible de l'obtenir sans rien donner, nous ne donnons rien; dès lors son détenteur ne trouve en lui aucune force d'acquisition; en d'autres termes, le bien n'est doué d'aucune valeur d'échange.

L'existence de la valeur d'échange dans les biens est donc subordonnée à cette condition générale : *qu'il ne soit pas possible de les obtenir pour rien.*

Or on sait déjà qu'il y a deux manières de se procurer les biens, suivant qu'ils n'appartiennent à personne ou qu'ils appartiennent à quelqu'un, en accomplissant, dans le premier cas, certains actes de production, et, dans le second cas, des actes d'acquisition. Il faut donc distinguer entre ces deux cas.

Lorsque les biens appartiennent à quelqu'un, il

est impossible de les obtenir pour rien, si leurs détenteurs en exigent d'autres en retour. Or, s'ils en exigent d'autres en retour, c'est assurément parce qu'ils y tiennent, qu'ils ont pour eux de la valeur, qu'ils peuvent leur rendre service, ne fût-ce qu'en leur permettant d'en obtenir d'autres de nous. En définitive, il nous est impossible d'obtenir pour rien les biens de nos semblables, lorsque ces biens ont pour eux de la valeur, une *valeur d'utilité.*

En second lieu, si les biens n'appartiennent à personne et que pour nous les procurer nous sommes tenus d'accomplir des actes de production, de nous en emparer, de les créer, de les transporter, il est non moins clair que nous ne pouvons encore les obtenir pour rien si ces actes exigent le sacrifice d'une partie de nos biens, c'est-à-dire des *frais de production.*

Par conséquent, la condition générale d'existence de la valeur d'échange des biens se subdivise en deux conditions particulières, savoir, suivant le cas : *que les biens aient une valeur d'utilité pour les personnes qui les possèdent*, ou *que leur production exige des frais; valeur d'utilité pour les détenteurs des biens* et *frais de production*, telles sont les deux conditions d'existence de la valeur d'échange.

CHAPITRE IV.

ÉLÉMENTS DE DÉTERMINATION ET LOI DE LA VALEUR D'ÉCHANGE.

§ 1 — Position du problème

Éléments et loi du prix — Éléments et loi de la valeur. — Éléments et loi du prix courant et de la valeur courante. — Conditions à remplir dans toute acquisition.

On traitera en même temps des éléments de détermination et de la loi de la valeur d'échange, car il est difficile d'indiquer de quels facteurs dépend cette valeur, sans montrer dans quelle mesure ils contribuent à la former.

A propos des conditions d'existence, on a distingué entre le cas où les biens appartiennent à quelqu'un et celui où ils n'appartiennent à personne, entre le cas où pour obtenir les biens on doit les acquérir de ses semblables et celui où l'on a, en outre, la liberté de les produire. Il convient d'établir la même distinction en ce qui concerne les éléments de détermination. On envisagera successivement les deux cas, en commençant par le premier.

C'est d'ailleurs, il faut le reconnaître, l'hypothèse la plus fréquente, le cas normal. Il est fort rare, en effet, qu'au moment où nous avons besoin d'un bien, nous soyons en état de faire ce qu'il faudrait pour le produire. En dehors du bien, objet même de notre profession, tous les autres biens doivent être acquis par l'échange, sauf dans des circonstances exceptionnelles et pour des biens très simples. J'ai besoin, par exemple, de sable, de fin gravier, pour les allées de mon jardin, au bord de la mer; je puis également dans ce cas acheter du sable à un homme, qui fait profession d'en prendre sur la plage et de le transporter où il est requis, ou bien l'aller chercher moi-même. Une ménagère a besoin de chemises pour ses enfants, elle peut aussi bien les confectionner elle-même ou les acheter. Il n'en est déjà plus de même en ce qui concerne la chaussure. Que dire alors du plus grand nombre des biens dont nous avons besoin, outils, machines, meubles, tissus, etc.? S'il ne rentre pas dans notre profession de les produire, nous sommes incapables de nous les procurer autrement que par l'échange, par des acquisitions.

Quelle que soit cependant la rareté des hypothèses dans lesquelles une personne a la liberté de se procurer la disposition des biens, à son choix, par production ou par acquisition, il faut néanmoins en tenir compte.

Observons maintenant qu'il est certes possible d'établir directement les éléments de détermination et la loi de la valeur d'échange, considérée en elle-même, mais qu'il vaut mieux, pour plus de clarté et de facilité, traiter d'abord de la valeur relative des biens comparativement à la valeur d'un bien choisi comme mesure, c'est-à-dire de leur prix.

On cherchera donc en premier lieu à découvrir les éléments de détermination et la loi du prix des biens; et on en tirera facilement ensuite les éléments de détermination et la loi de la valeur d'échange, envisagée non plus dans son expression, mais en elle-même.

On divisera la question en deux parties :

La première aura pour objet la fixation du prix d'un bien dans un marché conclu entre deux personnes supposées sans aucun rapport avec celles qui les entourent, c'est-à-dire dans un marché absolument isolé.

La seconde concerne, au contraire, la fixation du prix d'un bien dans un marché réalisé au milieu de beaucoup d'autres et susceptible, par conséquent, d'être influencé par ceux qui se font en même temps que lui.

Dans cette deuxième partie, on sera amené à traiter spécialement du prix courant ou prix moyen d'un bien dans un lieu et à un moment déterminés.

Avant de s'engager dans l'examen de la question ainsi posée, il n'est pas inutile d'observer que l'étude de la valeur d'échange, envisagée dans son expression le prix, n'implique en aucune façon la nature du bien qui est ou doit être fourni par l'acquéreur en échange de celui qu'il sollicite.

Toute acquisition de biens, on le verra plus tard, est subordonnée à la double condition que ce qu'on offre en échange convienne à la personne à laquelle on a affaire et soit de même valeur que ce qu'on lui demande.

La première question à résoudre est donc d'abord celle de la valeur du bien sollicité. Il faut que les contractants soient d'accord sur la valeur de ce bien, et, comme on ne peut discuter d'une valeur, pas plus que d'une longueur ou d'un poids, sans l'exprimer au moyen d'une unité, c'est le prix, la valeur relative du bien par rapport à celle du bien mesure de valeur, qui est débattue, et non pas sa valeur en elle-même, indépendamment de toute comparaison.

C'est cette valeur relative dont nous allons chercher à dégager les éléments de détermination et la loi.

Une fois d'accord sur le prix, sur la valeur du bien, objet du marché, la question qui se pose alors pour l'acquéreur c'est de fournir à la personne à laquelle il a affaire un bien à sa convenance.

Enfin, en dernier lieu, il faut fournir de ce bien pour une valeur égale ou un prix égal à la valeur ou au prix du bien, objet de la transaction ; à cet égard, un débat semblable doit s'engager entre les contractants pour fixer d'accord la valeur ou le prix du bien à fournir.

L'examen de ces deux derniers points rentre dans la théorie des procédés d'acquisition, qui suivra la théorie de la valeur.

Il est vrai que la valeur des biens n'apparaît d'une manière manifeste que dans les échanges effectifs auxquels ils sont soumis ; mais cette valeur se trouve fixée avant la réalisation des échanges par l'entente des parties contractantes sur la valeur des choses à échanger.

Elle se trouve même fixée pour un bien par la seule entente des parties contractantes sur ce point, relativement à l'un des objets de l'échange qui en comprend toujours deux ; pour cette raison qu'en discutant son prix et arrivant à tomber d'accord sur un prix déterminé, tout en réservant la nature de l'équivalent à fournir, les parties font unesorte d'échange mental entre l'objet du marché et le bien, mesure de valeur. S'ils avaient, l'un à donner, l'autre à recevoir, en échange de l'objet du marché, une certaine quantité du bien, mesure de valeur, ils seraient d'accord sur telle quantité.

Voici, en dernière analyse, à quoi se résout le débat touchant le prix : il fixe la valeur de l'objet du marché dans une sorte d'échange mental, antérieurement à l'échange réel.

En somme, lorsque nous nous proposons d'étudier les lois de la valeur d'échange non pas en elle-même, mais dans le prix, nous entendons par prix, l'expression pure et simple de la valeur du bien acquis, et non le bien fourni par l'acquéreur en échange du premier, ce qui est conforme à la définition du mot prix donnée précédemment.

§ 2 — Formation du prix et de la valeur dans un marché isolé

Il est évident qu'entre deux personnes déterminées la négociation d'un bien ne peut se faire à n'importe quel prix : il y a un prix que l'acheteur ne saurait dépasser et un prix au-dessous duquel le vendeur ne saurait descendre.

Un acheteur, par exemple, ne veut pas, à la dernière limite, donner plus de 100 francs d'un objet ; le vendeur, de son côté, n'en veut pas, également à la dernière limite, recevoir moins de 80 francs, chacun de ces prix étant d'ailleurs connu seulement de la partie intéressée et ignoré par l'autre : dans ces conditions, l'objet ne peut assurément être négocié qu'à un prix inférieur au premier et supérieur au second. Il reste à montrer sur quel prix intermédiaire les parties doivent s'entendre.

On ne peut décider ce point d'une manière absolue, car il dépend de circonstances trop nombreuses et trop variées qui favorisent tantôt l'acquéreur, tantôt le vendeur, en mettant plus ou moins l'un à la merci de l'autre. Aussi, pour formuler une règle, est-il indispensable de faire abstraction de ces circonstances et de supposer les contractants sur un pied d'égalité complète.

Dans cette supposition, chacune des parties cherchant à traiter au meilleur compte possible, l'acheteur offrant moins de 100 francs, le vendeur demandant plus de 80 francs, et le prix demandé dépassant presque toujours le prix offert, l'accord doit rationnellement avoir lieu, par des concessions réciproques, sur un prix égal à la moyenne arithmétique des deux prix extrêmes, c'est-à-dire sur 90 francs.

De là une première loi :

Le prix d'un bien, dans un marché isolé, ne peut être supérieur au prix maximum de l'acheteur, ni inférieur au prix minimum du vendeur; il se fixe entre ces limites, tantôt plus haut, tantôt plus bas, suivant les circonstances ; et, en supposant les parties contractantes sur un pied d'égalité absolue, il doit être égal à la moyenne arithmétique de ces prix extrêmes.

On vient de raisonner dans l'hypothèse d'un prix maximum supérieur au prix minimum ; la règle est-elle la même dans le cas où le prix maximum est inférieur au prix minimum?

Pratiquement, il est certain que, dans ce cas, le marché est impossible, puisque le prix le plus fort que l'acheteur consente à donner n'atteint pas le prix le plus faible que le vendeur soit disposé à recevoir.

On ne saurait cependant induire de cette impossibilité que le bien n'a pas de valeur d'échange; tout au plus est-on en droit de prétendre que cette valeur reste indéterminée.

A un point de vue purement rationnel, il est permis de soutenir que, dans ce cas encore, le prix du bien est égal à la moyenne arithmétique des prix extrêmes, parce que, en supposant que les parties dussent arriver à s'entendre, elles ne pourraient assurément le faire, toutes choses égales entre elles, qu'au moyen d'un mutuel sacrifice, qui les amènerait à traiter à un prix, moyenne arithmétique de leurs derniers prix.

Il est vrai qu'en envisageant les choses de cette

manière, le prix est purement virtuel, il n'offre aucune réalité, puisqu'en fait il n'y a pas de marché. Mais peu importe. Il ne s'agit pas, en effet, de rechercher si le prix est réel, mais comment il se détermine ; or la condition de la supériorité du prix maximum de l'acheteur sur le prix minimum du vendeur est moins une condition de détermination qu'une condition de réalité. Il n'y a donc pas lieu d'en tenir compte dans la loi de détermination, qu'on peut dès lors formuler ainsi :

Le prix d'un bien, dans un marché isolé, a pour éléments de détermination le prix maximum de l'acheteur et le prix minimum du vendeur ; théoriquement, il se fixe à leur moyenne arithmétique.

On trouve, du reste, dans les sciences, plus d'un exemple de cette manière de raisonner, notamment en optique, dans la théorie des miroirs, où l'on établit la loi de la formation des images sans distinguer entre leur virtualité et leur réalité.

La loi qu'on vient d'énoncer est la loi du prix d'un bien, la loi de l'expression de la valeur d'un bien dans un marché isolé. Il faut maintenant transformer cette loi de manière à l'approprier à la valeur d'échange même, abstraction faite de toute comparaison avec une autre valeur d'échange.

Sachant déjà que le prix d'un bien dans un marché est l'expression de sa valeur d'échange, montrons désormais quel est le sens des prix maximum et minimum de l'acheteur et du vendeur. Le voici :

Si l'acheteur ne veut pas donner plus de 100 francs du bien, c'est que ce bien vaut pour lui tout au plus ce que valent pour lui 100 francs; si le vendeur ne veut pas accepter moins de 80 francs du bien, c'est que ce bien vaut pour lui tout au moins ce que valent pour lui 80 francs.

Or on sait que ce que vaut une chose pour quelqu'un, la valeur qu'elle a pour quelqu'un constitue sa valeur d'utilité pour la personne dont il s'agit.

Les prix maximum et minimum sont donc respectivement l'expression de la valeur d'utilité ou simplement de l'utilité du bien pour l'acheteur et pour le vendeur, comparativement à celle de l'argent, mesure de valeur.

Par suite, leur moyenne arithmétique répond à l'expression de la moyenne de ces valeurs d'utilité, ou encore à l'expression de la valeur d'utilité ou de l'utilité moyenne du bien dans le marché.

Substituant donc dans la loi énoncée précédemment à chaque prix la valeur qu'il exprime, nous arrivons à formuler la loi suivante :

La valeur d'échange d'un bien, dans un marché isolé, a pour éléments de détermination sa valeur d'utilité pour chacun des contractants; théoriquement, elle est proportionnée à la moyenne de ces deux valeurs d'utilité, à sa valeur d'utilité dans le marché.

§ 3 Formation du prix et de la valeur dans un marché réalisé au milieu de beaucoup d'autres. Formation du prix courant et de la valeur courante. Loi de l'offre et de la demande — Loi générale de la valeur d'échange.

On a supposé jusqu'ici un marché isolé et nous avons montré comment, abstraction faite de toutes causes d'inégalité entre les contractants, se fixe la valeur d'échange des biens.

Si maintenant on se place dans les conditions plus pratiques d'un marché réalisé au milieu de beaucoup d'autres, on rencontre une cause générale d'inégalité, la *Concurrence*, dont il est impossible de ne pas tenir compte, son action sur la valeur d'échange étant bien caractérisée. Voici quelle en est la source.

Sur une place et relativement à un bien déterminé chaque acheteur se présente pour acquérir une certaine quantité de ce bien à un certain prix au maximum, chaque vendeur pour écouler une certaine quantité du même bien à un certain prix au minimum. La somme des quantités à vendre s'appelle l'*Offre*, la somme des quantités à acheter s'appelle la *Demande*.

Lorsque l'offre et la demande sont inégales, les acheteurs ou les vendeurs, suivant le cas, n'étant pas certains de trouver à acheter ou à vendre les quantités qu'ils demandent ou qu'ils offrent respectivement, sont amenés à lutter avec leurs collègues pour s'assurer de traiter. C'est dans cette lutte que consiste la concurrence.

On examinera donc successivement les deux hypothèses dans lesquelles il y a concurrence, suivant que l'offre est supérieure à la demande, ou la demande supérieure à l'offre ; mais on devra au préalable s'occuper du cas où les contractants sont supposés sur un pied d'égalité absolue, où, en d'autres termes, l'offre et la demande sont égales.

On supposera toujours des prix maxima supérieurs aux prix minima, puisque c'est la seule hypothèse dans laquelle des échanges peuvent être réalisés et les biens manifester réellement une valeur d'échange.

A. — *Offre et Demande égales.* — Lorsque l'offre et la demande sont égales il n'y a de concurrence ni du côté des acheteurs ni du côté des vendeurs : l'égalité règne entre eux. Par suite, le prix dans chaque marché dépend des mêmes éléments que tout à l'heure, du prix maximum de l'acheteur et du prix minimum du vendeur, et doit se fixer de la même manière, c'est-à-dire à la moyenne arithmétique de ces deux prix.

En outre, ce prix, expression de la valeur d'échange du bien dans chaque marché, dépendant de deux prix, expressions respectives de la valeur d'utilité du bien pour l'acheteur et pour le vendeur, est lui-même encore l'expression de la valeur d'utilité moyenne du bien. En d'autres termes, *lorsque l'offre et la demande sont égales, la valeur d'échange d'un bien dans un marché est encore proportionnée à sa valeur d'utilité moyenne.*

On observera incidemment que les divers prix auxquels le bien est négocié ne peuvent s'écarter beaucoup les uns des autres, parce que logiquement les acheteurs et les vendeurs doivent se décider à traiter deux à deux, les uns dans l'ordre de leurs prix maxima, l'acheteur dont le prix maximum est le plus élevé traitant le premier, puisque l'élévation même de ce prix montre qu'il désire plus que tout autre obtenir le bien, qu'il en fait plus de cas que personne; les autres, dans l'ordre de leurs prix minima, le vendeur dont le prix minimum est le plus faible traitant le premier, puisque la faiblesse même de ce prix montre qu'il désire plus que tout autre céder son bien, qu'il en fait moins de cas que personne; de telle sorte que, les prix maxima les plus élevés se combinant dans chaque marché avec les prix minima les plus faibles, les moyennes sont à peu près semblables pour tous.

En d'autres termes, la valeur d'échange que manifeste un bien dans un marché réalisé au milieu de beaucoup d'autres, au même moment et dans le même lieu, est à peu près uniforme. Cette règle est applicable aux trois hypothèses.

Du prix courant. — Quant au prix courant, il faut pour l'établir faire la moyenne des divers prix auxquels le bien est négocié, en tenant compte des quantités achetées et vendues à chacun de ces prix ; ces prix étant eux-mêmes moyennes de prix maxima et minima, on voit *que le prix courant doit être fourni par une moyenne dans laquelle on ferait entrer tous les prix maxima et minima un nombre de fois égal aux quantités demandées et offertes qui leur correspondent respectivement.*

Tels sont les éléments de détermination et la loi du prix courant, lorsque l'offre et la demande sont égales : *ce prix dépend d'autant de facteurs que de parties en présence, chaque facteur étant composé d'un prix maximum ou minimum et de la quantité demandée ou offerte correspondante.*

Si désormais on rappelle que les prix maxima et minima sont l'expression de la valeur d'utilité du bien pour les acheteurs et pour les vendeurs, leur moyenne ainsi formée, le prix courant, expression de la valeur d'échange courante, doit exprimer aussi la valeur d'utilité moyenne du bien au moment et dans le lieu considérés. D'où la loi suivante :

Quand l'offre et la demande sont égales, la valeur d'échange d'un bien, à un moment et dans un lieu déterminés, est proportionnée à sa valeur d'utilité moyenne sur la place.

B. *Offre supérieure à Demande.* — Si l'offre est supérieure à la demande, les vendeurs, incertains d'écouler le bien dont ils veulent se défaire, se font concurrence ; ils demandent d'abord un prix plus élevé que leurs prix minima, suivant la règle ordinaire, à cause de leur intérêt à négocier le bien au meilleur compte possible, et ils abaissent successivement ce prix dans le but d'amener les acheteurs à traiter.

Mais ceux-ci, sûrs de trouver à se pourvoir, ne se pressent pas de le faire, ils attendent que l'égalité s'établisse entre l'offre et la demande par suite de la retraite des vendeurs dont les prix minima sont les plus élevés, retraite qui se produit au fur et à mesure que le prix proposé d'un commun accord atteint successivement ces derniers et descend au-dessous d'eux.

Une fois l'offre devenue égale à la demande, les acheteurs, menacés de se trouver en majorité s'ils résistent davantage, ont désormais intérêt à traiter et s'entendent avec les vendeurs subsistants.

Mais à quel prix le bien est-il négocié? C'est ici qu'apparaît l'infériorité que crée pour les vendeurs une offre supérieure à la demande.

Les acheteurs, en effet, ayant constaté qu'ils peuvent prétendre ne donner du bien que le dernier prix proposé par les vendeurs, ne veulent plus désormais en consentir un plus élevé; ce prix, qui est évidemment *le prix minimum du vendeur dont la retraite ferait descendre l'offre au-dessous de la demande*, devient ainsi leur prix maximum commun et se substitue à tous les prix maxima originels plus élevés par hypothèse.

Dans ces conditions, les marchés ont lieu à des prix, moyennes arithmétiques de chacun des prix minima des vendeurs subsistants et de ce prix maximum commun.

On peut consigner ce résultat dans la loi suivante : *Lorsque l'offre est supérieure à la demande, le prix d'un bien, dans un marché, a pour éléments de détermination :* 1° *le rapport entre l'offre et la demande;* 2° *le prix maximum de l'acheteur déterminé par le prix minimum du vendeur dont la retraite, au cours de la concurrence que se font les vendeurs entre eux, rendrait l'offre inférieure à la demande;* 3° *le prix minimum du vendeur qui traite. — Le prix, dans ces circonstances, doit être égal à la moyenne arithmétique des deux prix dont il dépend.*

Telle est la loi du prix, dans un marché, lorsque l'offre est supérieure à la demande.

Il est clair maintenant que ce prix est inférieur à ce qu'il serait si, au lieu d'être établi, en outre du prix minimum du vendeur, sur l'un des prix minima devenu le prix maximum de l'acheteur, il l'était sur le prix maximum primitif de ce dernier; et qu'il est d'autant plus faible que l'offre dépasse davantage la demande, amenant ainsi les acheteurs à adopter, comme prix maximum commun, un prix minimum d'autant plus bas.

De là cette autre loi : *Le prix d'un bien est d'autant plus bas que l'offre dépasse davantage la demande.*

Pour formuler les éléments de détermination et la loi de la valeur d'échange elle-même, il suffit encore de considérer que le prix du marché est l'expression de la valeur d'échange du bien, que le prix minimum du vendeur est l'expression de sa valeur d'utilité pour cette partie contractante. Quant au nouveau prix minimum de l'acheteur, il exprime la valeur d'utilité du bien pour le vendeur dont la retraite rendrait l'offre plus grande que la demande, c'est-à-dire une valeur d'utilité inférieure à celle que le bien a pour l'acheteur. Le prix du marché, moyenne de ces deux prix, ne répond donc plus à la valeur d'utilité moyenne du bien.

Par suite, on peut formuler comme il suit les éléments de détermination et la loi de la valeur d'échange :

Lorsque l'offre est supérieure à la demande, la valeur d'échange d'un bien, dans un marché, a pour eléments de détermination : 1° le rapport entre l'offre et la demande; 2° la valeur d'utilité du bien pour le vendeur dont la retraite, au cours de la concurrence que se font les vendeurs entre eux, rendrait l'offre supérieure à la demande; 3° la valeur d'utilité du bien pour le vendeur qui traite. — La valeur d'échange d'un bien, dans ces circonstances, doit être proportionnée à la moyenne des valeurs d'utilité dont elle dépend; elle est donc en proportion inférieure à la valeur d'utilité moyenne du bien pour les contractants, à sa valeur d'utilité dans le marché; et elle est d'autant plus faible que l'offre dépasse davantage la demande.

En ce qui concerne le prix courant, il résulte, comme on l'a vu déjà, de la moyenne des prix divers auxquels le bien est négocié, en tenant compte des quantités achetées ou vendues à chacun de ces prix ; or, ces prix étant eux-mêmes des moyennes entre les prix minima des vendeurs qui traitent et le prix minimum, devenu prix maximum commun des acheteurs, on voit que le prix courant doit être fourni par une moyenne dans laquelle on ferait entrer tous les prix minima des vendeurs qui traitent, c'est-à-dire les prix minima les plus bas, un nombre de fois égal aux quantités offertes qui leur correspondent respectivement, jusqu'à concurrence d'une offre égale à la demande, et le prix minimum, devenu prix maximum commun des acheteurs, un nombre de fois égal à la demande, somme des quantités respectivement demandées par ceux-ci.

Lorsque l'offre est supérieure à la demande, le prix courant d'un bien dépend donc : 1° du rapport entre l'offre et la demande, 2° d'une série de facteurs formés du prix minimum des vendeurs, dont la retraite rendrait l'offre supérieure à la demande, et des quantités respectivement demandées par les acheteurs; 3° d'une série de facteurs formés des prix minima les plus bas des vendeurs et des quantités respectivement offertes qui leur correspondent jusqu'à concurrence d'une offre totale égale à la demande. — Le prix courant, dans ces circonstances, est égal théoriquement à la moyenne arithmétique de ces deux séries de facteurs.

Tels sont les éléments de détermination et la loi du prix courant, lorsque l'offre est supérieure à la demande.

Ce prix est inférieur à ce qu'il serait si l'offre et la demande étaient égales, pour deux raisons : la première, c'est que tous les prix minima n'entrent pas dans sa composition, mais seulement les prix minima les plus faibles, les vendeurs dont les prix minima sont le plus élevés se trouvant écartés des opérations par la concurrence ; la seconde, c'est que l'un des prix minima se trouve substitué à tous les prix maxima qui, par hypothèse, lui sont supérieurs.

De là encore cette loi : *Le prix courant d'un bien est d'autant plus bas que l'offre dépasse davantage la demande.*

Faisant des substitutions semblables aux précédentes, on arrive aux résultats suivants, en ce qui concerne la valeur d'échange courante :

Lorsque l'offre est supérieure à la demande, la valeur d'échange courante d'un bien a pour éléments de détermination : 1° *le rapport entre l'offre et la demande ;* 2° *une série de facteurs composés de la valeur d'utilité du bien pour le vendeur dont la retraite, au cours de la concurrence que se font les vendeurs entre eux, rendrait l'offre supérieure à la demande, et des quantités respectivement demandées par les acheteurs ;* 3° *une série de facteurs composés des valeurs d'utilité du bien pour les vendeurs et des quantités respectivement offertes qui leur correspondent, jusqu'à concurrence d'une offre égale à la demande. — Théoriquement, la valeur d'échange d'un bien, dans ces circonstances, est proportionnée à la moyenne de ces deux séries de facteurs; elle est en proportion inférieure à sa valeur d'utilité moyenne sur la place et d'autant plus faible que l'offre dépasse davantage la demande.*

C. *Demande supérieure à Offre.* — Lorsque la demande est supérieure à l'offre, les choses se passent comme dans l'hypothèse précédente, mais ce sont les vendeurs qui font alors la loi aux acheteurs, et tous les résultats obtenus se reproduisent en sens inverse. Chacun pouvant faire les observations et raisonnements qui y conduisent, on se contentera d'énoncer les résultats eux-mêmes.

Éléments de détermination et loi du prix. — Lorsque la demande est supérieure à l'offre, le prix d'un bien, dans un marché, a pour éléments de détermination : 1° le rapport entre l'offre et la demande ; 2° le prix maximum de l'acheteur ; 3° le prix minimum du vendeur, déterminé par le prix maximum de l'acheteur, dont la retraite, au cours de la concurrence que se font les acheteurs entre eux, rendrait la demande inférieure à l'offre. — Théoriquement, le prix, dans ces circonstances, est égal à la moyenne arithmétique des deux prix dont il dépend. Il est d'autant plus élevé que la demande dépasse davantage l'offre.

Éléments de détermination et loi de la valeur d'échange. — Lorsque la demande est supérieure à l'offre, la valeur d'échange d'un bien, dans un marché, a pour éléments de détermination : 1° le rapport entre l'offre et la demande ; 2° la valeur d'utilité du bien pour l'acheteur ; 3° la valeur d'utilité du bien pour l'acheteur dont la retraite, au cours de la concurrence que se font les acheteurs entre eux, rendrait la demande inférieure à l'offre. — Théoriquement, la valeur d'échange d'un bien, dans ces circonstances, est proportionnée à la moyenne des deux valeurs d'utilité dont elle dépend ; elle est en proportion supérieure à la valeur d'utilité moyenne dans le marché et d'autant plus élevée que la demande dépasse davantage l'offre.

Éléments de détermination et loi du prix courant. Lorsque la demande est supérieure à l'offre, le prix courant d'un bien a pour éléments de détermination : 1° le rapport entre l'offre et la demande ; 2° une série de facteurs formés des prix maxima les plus élevés des acheteurs et des quantités respectivement demandées qui leur correspondent, jusqu'à concurrence d'une demande égale à l'offre ; 3 une série de facteurs formés du prix maximum de l'acheteur dont la retraite au cours de la concurrence que se font les acheteurs entre eux, rendrait la demande inférieure à l'offre, et des quantités respectivement offertes par les vendeurs. — Théoriquement, le prix courant d'un bien, dans ces circonstances, est égal à la moyenne arithmétique de ces deux séries de facteurs. Il est d'autant plus élevé que la demande dépasse davantage l'offre.

Éléments de détermination et loi de la valeur d'échange courante. — Lorsque la demande est supérieure à l'offre, la valeur d'échange courante d'un bien a pour éléments de détermination : 1° le rapport entre l'offre et la demande ; 2° une série de facteurs composés des valeurs d'utilité les plus élevées du bien pour les acheteurs et des quantités respectivement demandées qui leur correspondent, jusqu'à concurrence d'une demande égale à l'offre ; 3° une série de facteurs composés de la valeur d'utilité du bien pour l'acheteur dont la retraite, au cours de la concurrence que se font les acheteurs entre eux, rendrait la demande inférieure à l'offre, et des quantités respectivement offertes par les vendeurs. — Théoriquement, la valeur d'échange courante d'un bien, dans ces circonstances, est proportionnée à la moyenne de ces deux séries de facteurs ; elle est donc en proportion supérieure à la valeur d'utilité moyenne du bien sur la place, et d'autant plus élevée que la demande dépasse davantage l'offre.

On peut réunir de la manière suivante, dans une loi générale, tous les résultats précédents.

LOI GÉNÉRALE : *La valeur d'échange des biens est en proportion égale, supérieure ou inférieure à leur valeur d'utilité moyenne pour les contractants, sui-*

vant que l'offre est égale, inférieure ou supérieure à la demande.

Cette loi générale, on peut l'établir d'après les considérations suivantes qui sont fort simples désormais :

Un bien vaut d'autant plus dans un échange qu'il a plus d'utilité, puisque plus il vaut (valeur d'utilité) pour qui le possède, plus grand est le prix qu'il en exige, et, plus il vaut (valeur d'utilité) pour qui le désire, plus grand est le prix qu'il consent à en donner.

D'un autre côté :

Un bien vaut d'autant plus dans les échanges qu'il est plus demandé, et d'autant moins qu'il est plus offert, puisque plus il est demandé, plus grand doit être le prix offert par ceux qui le désirent à ceux qui en disposent pour s'assurer de l'obtenir, et, plus il est offert, moins grand doit être le prix exigé par ceux qui en disposent de ceux qui le recherchent pour s'assurer de l'écouler.

D'après cela il est possible de formuler encore la loi de la valeur sous cette forme :

La valeur d'échange des biens est en raison directe de leur valeur d'utilité pour les parties contractantes; elle est en raison directe de la demande et en raison inverse de l'offre.

§ 4. — Théorie de la valeur d'utilité.

Distinction entre la valeur d'usage et la valeur d'utilité — Des besoins — Loi de la valeur d'échange en fonction de la valeur d'usage et du besoin.

Si l'on s'en tenait à ces résultats, on n'aurait de la valeur d'échange qu'une connaissance insuffisante à notre avis ; il convient de pousser plus loin l'analyse, de manière à remonter davantage vers ses sources.

La loi fondamentale de la valeur d'échange met en évidence la dépendance directe et immédiate dans laquelle elle se trouve vis-à-vis de la valeur d'utilité que les biens ont respectivement pour les contractants. Il importe de rechercher désormais de quels éléments dépend la valeur d'utilité, et pour cela il faut faire sur cette valeur un travail analogue à celui qui précède sur la valeur d'échange, c'est-à-dire qu'il faut en rechercher la cause, les conditions d'existence, les éléments de détermination et la loi, afin de pouvoir formuler la loi de la valeur d'échange non plus en fonction de la valeur d'utilité, mais en fonction des éléments de détermination de celle-ci.

Théorie de la valeur d'utilité.

CAUSE. — La valeur d'utilité est, on s'en souvient,

le pouvoir de rendre service; il faut donc se demander d'où vient qu'une chose soit susceptible de rendre service. La réponse est la suivante : Une chose est susceptible de rendre service, lorsqu'elle est bonne à quelque usage, *lorsqu'elle vaut pour quelque usage.*

On rencontre ici une nouvelle espèce de valeur, la valeur d'usage, que l'on définira : *le pouvoir de servir à quelque chose,* pour la bien distinguer de la valeur d'utilité qui est *le pouvoir de rendre service à quelqu'un.*

A l'encontre de l'opinion universellement admise, suivant laquelle les deux expressions, valeur d'usage et valeur d'utilité, sont synonymes, on voit que nous établissons entre elles une distinction. La confusion qu'on n'a cessé de faire à leur égard n'a pas peu contribué à obscurcir la question de la valeur d'échange.

Ces deux expressions, valeur d'usage et valeur d'utilité, répondent à des idées voisines, mais non identiques : l'une désigne la cause, l'autre l'effet; c'est parce qu'une chose peut servir à un usage déterminé qu'elle peut rendre service à quelqu'un; c'est parce qu'une chose vaut pour un usage qu'elle est susceptible de valoir pour quelqu'un. En d'autres termes, *la valeur d'utilité a pour cause la valeur d'usage.*

Condition d'existence. — On se rappelle que l'existence d'une cause n'implique pas nécessairement celle du phénomène qu'elle est destinée à produire ; qu'elle implique seulement sa possibilité. C'est ainsi que lorsqu'une chose est bonne à quelque usage, il ne s'ensuit pas nécessairement qu'elle ait effectivement et actuellement le pouvoir de nous rendre service ; il est possible qu'elle ait ce pouvoir, il est possible qu'elle ne l'ait pas.

Pour qu'elle puisse nous rendre service, il faut encore que nous éprouvions le besoin à la satisfaction duquel l'usage de la chose répond.

Le pain, par exemple, peut servir à l'alimentation, mais il ne peut rendre service qu'aux gens qui ont faim. Pour une personne malade, incapable de supporter la nourriture, le pain n'a aucune valeur, quoi qu'il vaille pour nourrir ; malgré sa valeur d'usage, il est pour cette personne sans valeur d'utilité.

Ainsi donc, *la valeur d'utilité a pour condition d'existence le besoin.*

Éléments de détermination et loi. — La valeur d'utilité d'une chose, son pouvoir de rendre service, dépend évidemment d'abord de son appropriation plus ou moins grande à l'usage auquel elle convient, c'est-à-dire de sa valeur d'usage, et, en outre, de l'intensité ou de la vivacité du besoin qu'elle est appelée à satisfaire.

En ce qui concerne la valeur d'usage, il faut remarquer qu'il ne s'agit pas, dans la détermination de la valeur d'utilité d'un bien pour nous, de sa valeur d'usage véritable, de son appropriation exacte, réelle à un usage particulier, mais bien de la propriété que nous lui reconnaissons, que nous lui supposons, à tort ou à raison, de répondre à cet usage particulier. C'est ainsi que toutes les choses dont nous ignorons les applications possibles, qui seront découvertes dans la suite, demeurent actuellement pour nous sans valeur d'utilité effective. Quant aux choses dont les qualités sont connues communément par tout le monde, chacun leur trouve pour soi une valeur d'utilité différente, à supposer même que les besoins soient également vifs et intenses, parce que le jugement que chacun porte sur leurs qualités, leur fait reconnaître une appropriation plus ou moins grande à l'usage auquel elles conviennent. C'est là une question d'information et d'opinion.

Si l'on suppose, par exemple, deux personnes ayant également besoin de se faire transporter pour leurs affaires et cherchant dans ce but à se procurer un cheval ; leurs appréciations sur la convenance du même cheval à l'usage auquel elles le destinent seront certainement différentes : l'une trouvera qu'il répond mieux au service qu'elle en veut tirer, que ne fera l'autre ; selon l'opinion de l'une la valeur d'usage du cheval sera plus grande que suivant l'opinion de l'autre ; et il en résultera que pour la première le cheval aura plus de valeur d'utilité que pour la seconde.

C'est donc en définitive la *valeur d'usage reconnue*, attribuée aux choses par chaque personne, qui concourt à déterminer leur valeur d'utilité à l'égard de chacune. Et c'est en raison de ce fait que la valeur d'échange des biens est, pour une bonne part, affaire d'opinion.

Il convient encore de remarquer qu'un bien peut avoir plusieurs espèces de valeur d'usage et que tout bien, objet d'échange, en possède au moins deux. Tout bien, en effet, est doué d'abord d'une valeur d'échange, qui est une valeur d'usage, puisque c'est sa puissance d'acquisition, sa convenance plus ou moins grande à l'usage de faire des acquisitions. Cette valeur est générale et commune à tout bien, objet d'échange. Il est doué, en outre, d'une valeur d'usage spéciale, qu'il tient de ses qualités particulières, le rendant propre à un usage différent de ceux auxquels conviennent les autres biens. Ainsi un bœuf vaut pour labourer, une maison pour se loger, une table pour écrire, du vin pour désaltérer ; et un bœuf, une maison, une table, du vin valent encore pour acquérir d'autres biens par l'échange.

Beaucoup de biens même ont plusieurs valeurs d'usage spéciales. Les métaux, par exemple, sont propres à des applications très nombreuses et très variées, et, si l'on en considère un en particulier, il est certain qu'il ne convient pas au même degré à toutes les applications qui en sont faites, il a des valeurs d'usage spéciales, nombreuses et de degrés différents.

Ce qu'il importe de retenir, c'est que tout bien, susceptible de faire l'objet d'un échange, a au moins une *valeur d'usage spéciale* et une *valeur d'usage générale*, une valeur d'échange.

On voit ainsi que pour définir la valeur d'usage, qui contribue à déterminer sa valeur d'utilité pour une personne, il faut en indiquer la nature d'abord, puis la grandeur subordonnée à l'opinion de la personne même.

Comme toute qualité, une valeur d'usage peut s'exprimer en la comparant à une valeur d'usage de même espèce, choisie comme mesure. On dira, par exemple, la valeur nutritive de tel aliment est à poids égal double de celle du pain. En particulier la valeur d'usage générale des biens, leur valeur d'échange, a son expression dans le prix auquel ils se négocient.

A l'égard des besoins, il y a lieu de faire des observations analogues à celles qui ont été présentées touchant la valeur d'usage.

Un même besoin, tout d'abord, n'a pas une intensité égale chez tout le monde.

En outre, le besoin auquel un bien peut procurer satisfaction dans des circonstances différentes n'est pas toujours le même, ce qui résulte de ses diverses valeurs d'usage.

Par conséquent, pour définir le besoin qui concourt à déterminer la valeur d'utilité d'un bien pour une personne, il faut, comme pour la valeur d'usage, en indiquer la *nature* et l'*intensité*.

On peut remarquer aussi qu'il y a des *besoins spéciaux* correspondant aux valeurs d'usage spéciales des biens et un *besoin général*, celui de faire des acquisitions, auquel correspond la valeur d'usage générale des biens, leur valeur d'échange.

L'intensité d'un besoin s'exprime par comparaison avec l'intensité d'un besoin choisi comme mesure de l'intensité des besoins. Celle-ci étant prise pour unité, les autres pourront en principe, se chiffrer 2, 3, 4, 5, etc.

On peut dès lors énoncer la loi suivante :

La valeur d'utilité d'un bien pour une personne est proportionnée à la valeur d'usage que lui reconnaît cette personne et à l'intensité du besoin à la satisfaction duquel il répond chez cette même personne.

Si donc on remplace dans la loi générale de la

valeur d'échange, la valeur d'utilité par ses éléments de détermination, on arrive à la formule suivante :

La valeur d'échange des biens est en raison directe de la valeur d'usage que leur reconnaissent et de l'intensité du besoin qu'en ont les contractants; elle est en raison directe de la demande et en raison inverse de l'offre.

Cette loi générale de la valeur d'échange en fonction de la valeur d'usage et de l'intensité des besoins a une grande importance, parce qu'elle permet de la saisir dans ses sources premières : nos besoins et les propriétés des choses.

§ 5 — Éléments de détermination et loi de la valeur d'échange, lorsque pour se procurer les biens dont il a besoin l'homme peut s'adresser soit à ses semblables soit à la nature.

Pour faciliter l'étude de cette hypothèse, il faut, ainsi qu'on l'a déjà fait, regarder les actes de l'homme pour se procurer les biens, par prise de possession, création, transport, comme des échanges entre lui et la nature; il faut considérer l'homme comme un acheteur, la nature comme un vendeur, tous deux se cédant réciproquement les biens que l'un détruit en frais de production et que l'autre laisse entre les mains du premier comme résultat de la production. Dans cet échange les biens manifestent une sorte de puissance d'acquisition réciproque, une sorte de *valeur d'échange* que l'on peut qualifier de *naturelle*, et qui a son expression dans un *prix* que l'on peut également qualifier de *naturel*.

Dès lors le problème consiste à chercher les éléments de détermination et la loi de la valeur d'échange des biens, lorsque l'homme a la faculté de les acquérir en même temps de la société et de la nature.

La solution est fort simple si l'on remarque que le prix naturel des biens, expression de leur valeur naturelle, constitue le prix minimun exigé par la nature pour nous les livrer, et qu'il suffit par conséquent d'assimiler sous ce rapport la nature aux autres vendeurs.

Une différence existe cependant entre la nature et un vendeur ordinaire, c'est que le prix minimum de ce dernier n'est connu que de lui-même, l'acheteur l'ignore, tandis que le prix minimum de la nature est connu de l'acheteur-producteur.

Il suit de là que, si, dans le cas où l'homme ne peut acquérir les biens que de ses semblables, ils peuvent prendre un prix supérieur au prix minimum du vendeur; lorsqu'au contraire la nature intervient, comme concurrente, ils ne peuvent avoir un prix supérieur à leur prix de revient; ce prix est une limite maxima que le prix des biens ne peut dépasser.

D'un autre côté, si le prix, quand on a le choix de traiter avec la nature ou avec l'homme, ne peut dépasser le prix naturel, il est toutefois susceptible de descendre au-dessous de ce prix. Le fait se présente lorsque l'homme, vendeur, demande un prix inférieur à ce prix naturel.

Mais, pour comprendre ce point, il faut savoir que le prix naturel d'un bien n'est pas absolu; il y a pour un bien autant de prix naturels que de personnes aptes à le produire; c'est à cette variété même que sont dues la prospérité et la décadence d'entreprises de production de même espèce.

On voit donc ce qu'il faut entendre par le fait d'un vendeur demandant un prix inférieur au prix qu'exige la nature. Dans le cas habituel, ce prix sera supérieur au prix naturel que la production du bien a coûté au producteur-vendeur; par contre, il sera inférieur au prix auquel reviendrait ce bien à l'acheteur si, au lieu de l'acheter, il voulait le produire.

Ainsi qu'on l'a fait observer, il est très rare que la nature et l'homme se fassent concurrence vis-à-vis d'un acquéreur, pour la raison que le plus souvent l'acquéreur est incapable, en dehors des biens qui font l'objet de son métier, d'obtenir les autres de la nature à un prix naturel aussi avantageux que les personnes qui en font profession. L'absence de pratique et d'apprentissage le met dans une situation d'infériorité manifeste. Un particulier peut assurément se fabriquer tant bien que mal une paire de chaussures, par exemple, mais elle lui reviendra certainement plus cher à faire lui-même qu'à un cordonnier de profession, de sorte qu'il aura toujours plus d'avantage à l'acheter.

Par conséquent, lorsque la nature et l'homme se font concurrence, dans les circonstances dont il s'agit, il arrive presque constamment que l'homme a l'avantage, son prix minimum étant inférieur à celui de la nature. Le premier, produisant à bien meilleur compte que ne le ferait l'acquéreur dont ce n'est pas le métier, ne craint pas la concurrence de la nature.

Celle-ci joue ainsi un rôle assez effacé, même en ce qui concerne les biens qu'il est très facile de produire; les personnes dont c'est la profession les obtiennent dans des conditions toujours plus avantageuses que celles qui en ayant besoin voudraient se les procurer par cette voie.

On constate, en définitive, que le prix naturel des biens, que leur valeur d'échange naturelle n'a sous ce rapport, c'est-à-dire par le procédé de la concurrence entre les producteurs-vendeurs et la nature, qu'une action à peu près nulle sur la valeur d'échange sociale, ou proprement dite.

Ceci ne l'empêche pas de constituer l'une des conditions d'existence de la valeur d'échange sociale; car si une richesse était sans valeur d'échange naturelle, si la nature la livrait à l'homme sans rien exiger de lui, comme elle fait de l'air et de la lumière, la concurrence serait effective, tout le monde étant également apte à s'emparer d'un bien qui ne coûte rien, dont l'acquisition directe de la nature n'exige aucune aptitude ou éducation spéciale.

Le cas normal, général, est celui dans lequel l'acquéreur traite avec ses semblables pour les choses dont il a besoin, en faisant des échanges, et nous savons les règles auxquelles ces échanges et la valeur qui y apparaît sont soumis.

Il est donc inutile de s'appesantir davantage sur ce point et de passer en revue les diverses hypothèses examinées précédemment.

L'enseignement qui ressort de cet examen, c'est que si la valeur d'échange naturelle des biens est, sous le nom de *Frais de production*, une des conditions d'existence de leur valeur d'échange sociale, son influence comme élément de détermination, lorsqu'il est possible de les obtenir à la fois de l'homme et de la nature, nous demeure encore fort obscure. Ce point doit être élucidé pour compléter la théorie de la valeur qui jusqu'ici n'a mis en évidence que le rôle de la valeur d'utilité et de ses deux facteurs, la valeur d'usage et l'intensité du besoin d'une part, et d'autre part celui du rapport de l'offre et de la demande.

CHAPITRE V.

INFLUENCE DES FRAIS DE PRODUCTION SUR LA VALEUR D'ÉCHANGE.

§ 1. Position du problème.

Par quelle voie les frais de production peuvent-ils intervenir dans la fixation de la valeur d'échange? — Problème général : Influence de la dernière valeur d'échange manifestée par un bien sur sa valeur d'échange nouvelle. — Du prix de revient. — Cinq questions à résoudre.

Une question se pose tout d'abord : Comment, par quelle voie, la valeur d'échange naturelle des biens peut-elle intervenir dans la fixation de leur valeur d'échange sociale?

Rappelons la loi fondamentale de celle-ci :

La valeur d'échange d'un bien est en raison directe de la valeur d'usage que lui reconnaissent et de l'intensité du besoin qu'en ont les contractants; elle est en raison directe de la demande et en raison inverse de l'offre.

Dans chaque marché, il y a donc quatre facteurs

susceptibles de concourir, suivant le rapport de l'offre et de la demande, à fixer la valeur de l'objet négocié :

1° La valeur d'usage que lui reconnaît son détenteur.

2° L'intensité du besoin auquel il répond chez son détenteur.

3° La valeur d'usage que lui reconnaît son acquéreur.

4° L'intensité du besoin auquel il répond chez son acquéreur.

Si la loi est exacte et complète, elle doit nous fournir la solution du problème, en nous montrant dans lequel de ces quatre facteurs de la valeur d'échange sociale rentre la valeur d'échange naturelle. Il en est ainsi en effet.

La valeur d'échange naturelle d'un bien, celle qu'il a manifestée dans l'acquisition que son détenteur actuel en a faite de la nature, est pour ce détenteur, devenu vendeur, l'indication de sa valeur d'échange même, lorsqu'il se propose d'apprécier celle-ci. Un bien a coutume de compter dans le patrimoine de son possesseur pour ce qu'il lui a coûté à se procurer ; ce n'est qu'exceptionnellement et par des causes nées au cours de la vente qu'il en peut être autrement.

Or l'on sait que la valeur d'échange est une valeur d'usage. Par conséquent, lorsqu'un bien, obtenu directement de la nature, aura pour son détenteur-vendeur une valeur d'utilité fondée sur sa valeur d'usage générale, sur sa valeur d'échange, la valeur d'échange naturelle du bien interviendra dans la fixation de sa valeur d'échange sociale.

C'est donc à titre de valeur d'usage que la valeur d'échange naturelle des biens est susceptible de concourir à la formation de leur valeur d'échange sociale. Il s'agit maintenant de déterminer quand et dans quelle mesure s'exerce cette influence.

Mais ce problème, il convient, pour en faciliter l'examen, d'en élargir les termes, d'après les considérations suivantes.

La valeur d'échange naturelle d'un bien n'est pas autre chose que la dernière valeur d'échange manifestée par le bien dans l'acquisition qu'en a faite de la nature le détenteur, vendeur actuel.

Mais la dernière valeur d'échange manifestée par un bien dans l'acquisition qu'en a faite son détenteur, le vendeur actuel, n'est pas toujours une valeur d'échange naturelle. Ainsi le vendeur peut, comme il arrive dans le commerce, s'être procuré par l'échange, par une acquisition, les biens qu'il revend ensuite; la dernière valeur d'échange manifestée par ces biens est alors presque exclusivement sociale.

De plus, même dans le cas où la dernière valeur d'échange d'un bien est naturelle pour la plus grande partie, comme dans la production assimilée à une acquisition, il se mêle presque toujours une certaine proportion de valeur sociale; car obtenir des biens directement de la nature, en n'usant que de soi-même ou de choses obtenues aussi de cette façon, sans aucun échange avec l'homme, est un fait absolument rare; les moyens de production étant le plus souvent, au contraire, obtenus par des échanges préalables.

Or il y a identité entre le problème de l'influence de la valeur d'échange naturelle des biens et celui de leur dernière valeur d'échange sociale ou mixte sur leur valeur d'échange nouvelle. Il convient donc de les réunir dans une même formule générale en ces termes :

Quelle action la dernière valeur d'échange manifestée par un bien exerce-t-elle sur sa valeur d'échange nouvelle?

Remarquons maintenant ceci : que la dernière valeur d'échange manifestée par un bien a son indication dans l'ensemble des biens de toute nature usés, détruits ou dépensés par son détenteur, vendeur actuel, à son occasion, pour le faire arriver entre ses mains et l'y conserver jusqu'au moment considéré, par des opérations de production ou d'acquisition. Il n'y a pas lieu d'ailleurs de distinguer entre un vendeur qui a acquis un bien pour le revendre et un vendeur qui, n'ayant pas acquis ce bien dans cette intention, cherche à s'en défaire ; les frais faits par l'un et par l'autre sont également des frais.

La question qui va nous occuper est donc. celle de l'influence des Frais occasionnés par les biens, sur leur valeur d'échange.

Ou encore observant que la dernière valeur d'échange d'un bien, la valeur des frais occasionnés par un bien, trouve son expression dans le *prix de revient*, le prix auquel revient à son possesseur un bien jusqu'au moment considéré, on pourra dire que la question qui nous occupe est celle de l'influence du prix de revient sur le prix des biens.

Abordons désormais l'examen du problème, qui comprend plusieurs questions à résoudre.

On cherchera d'abord dans quels cas et dans quelle mesure la dernière valeur d'échange manifestée par un bien est susceptible de concourir à fixer sa valeur d'échange nouvelle.

On examinera ensuite dans quelle mesure, en pratique, la dernière valeur d'échange des biens contribue à fixer leur valeur d'échange nouvelle.

Il s'agit, bien entendu, ici de la valeur d'échange en elle-même indépendamment de toute comparaison avec une autre valeur ; il ne s'agit pas du prix de marché.

Puis on envisagera les deux parties du problème

relativement au prix des biens, en les formulant de la sorte :

Dans quels cas et dans quelle mesure le prix de revient d'un bien, expression de sa dernière valeur d'échange, est-il susceptible d'intervenir pour fixer son prix de marché? Puis également dans quels cas et dans quelle mesure, en pratique, cette intervention a lieu?

Enfin nous chercherons quelle relation peut exister entre le prix de revient d'un bien et son prix de marché entre sa dernière valeur relative et sa valeur relative nouvelle.

§ 2. — 1re Question.

Dans quels cas et dans quelle mesure la dernière valeur d'échange manifestée par un bien peut-elle concourir à fixer sa valeur nouvelle?

C'est assurément quand le bien considéré a pour le vendeur une valeur d'utilité fondée sur sa valeur d'échange.

Or l'on sait que la valeur d'utilité d'un bien pour quelqu'un peut avoir pour cause sa valeur d'usage spéciale ou sa valeur d'usage générale, sa valeur d'échange. Dans un cas sur deux, par conséquent, en théorie, à ne regarder que du côté du vendeur, la dernière valeur d'échange d'un bien est susceptible d'intervenir pour fixer sa valeur nouvelle.

Mais la valeur d'échange d'un bien dans une transaction déterminée ne dépend pas uniquement de la valeur d'usage que lui reconnaît la personne qui en dispose, elle est encore subordonnée à l'intensité du besoin auquel le bien répond chez cette personne, et de plus à la valeur d'usage que lui reconnaît la personne qui veut l'acquérir et à l'intensité du besoin auquel répond le bien chez cette dernière. En d'autres termes, la dernière valeur d'échange d'un bien, lorsqu'elle intervient dans la fixation de sa valeur actuelle, ne constitue que l'un de ses quatre facteurs.

En outre, suivant le rapport de l'offre et de la demande, ces facteurs eux-mêmes peuvent ne pas tous intervenir ; il faut encore tenir compte de cette circonstance pour apprécier exactement l'action de la dernière valeur d'échange des biens sur leur valeur nouvelle.

Afin de ne rien omettre, on doit considérer toutes les combinaisons possibles de valeur d'usage et d'intensité de besoin, d'offre et de demande, qui sont susceptibles de présider à la réalisation d'un marché.

Voici ces combinaisons, en ayant soin, pour simplifier, de supposer constamment que tous les vendeurs prennent en considération dans les biens la même espèce de valeur d'usage, soit générale, soit spéciale.

Par rapport à la valeur d'usage reconnue à un bien par un vendeur dans un marché, deux hypothèses sont possibles, suivant qu'il s'agit d'une valeur d'usage spéciale ou générale, que l'on peut représenter l'une par S, l'autre par G. On figurera par I l'intensité du besoin auquel répond le bien chez le vendeur.

Du côté de l'acheteur, comme la dernière valeur d'échange du bien lui est inconnue et ne saurait par suite intervenir de son chef, il est inutile d'envisager séparément les deux valeurs d'usage générale ou spéciale ; on désignera simplement par U la valeur d'usage du bien, quelle qu'elle soit, par I' l'intensité du besoin qu'en a l'acheteur.

On peut dès lors distinguer déjà deux combinaisons de facteurs susceptibles de fixer la valeur d'échange d'un bien et les représenter comme il suit :

$$\left.\begin{array}{l} GI \ldots \ldots \\ SI \ldots \ldots \end{array}\right\} UI'$$

Pour ce qui regarde le rapport de l'offre et de la demande, il y a trois hypothèses possibles, savoir : O D, O > D, O < D ; les deux précédentes pouvant se combiner avec celles-ci, on arrive à six combinaisons générales des facteurs de la valeur d'échange :

1 — GI.....	}	UI'.....	O = D
2 — SI.....			
3 GI.....	}	UI....	O > D
4 — SI.....			
5 — GI.....	}	UI.....	O < D
6 SI.....			

Observant maintenant que dans le cas où l'offre est supérieure à la demande, la valeur d'échange des biens dépend exclusivement de leur valeur d'utilité pour les vendeurs, l'une d'elles remplaçant les valeurs d'utilité pour les acheteurs ; que d'autre part, quand l'offre est inférieure à la demande, la valeur d'échange des biens dépend exclusivement de leur valeur d'utilité pour les acheteurs, l'une d'elles remplaçant les valeurs d'utilité pour les vendeurs, les six combinaisons se réduisent à cinq :

1 — GI.....	}	UI'.....	O — D
2 — SI.....			
3 GI.....	}	....	O > D
4 — SI.....			
5		UI	O < D

Et l'on constate dès lors que sur ces cinq combinaisons qui embrassent tous les cas possibles, il n'y en a que deux, 1 et 3, dans lesquelles, la valeur d'usage reconnue par les vendeurs étant générale, la dernière valeur d'échange des biens est susceptible de concourir à la fixation de leur valeur d'échange nouvelle. Cette intervention, quand elle a lieu, est d'ailleurs beaucoup plus grande dans l'hypothèse 3 où la valeur d'utilité des biens pour les acheteurs n'intervient pas, que dans l'hypothèse 1 où elle intervient.

§ 3. — 2e Question.

Dans quelle mesure, en pratique, la dernière valeur d'échange manifestée par un bien concourt elle à la fixation de sa valeur d'échange nouvelle ?

Il ne suffit pas de savoir que sur cinq systèmes généraux de conditions, la dernière valeur d'échange des biens peut contribuer dans deux seulement à fixer leur valeur d'échange nouvelle, il faut encore rechercher quelle est en pratique l'importance relative de ces systèmes, suivant quelles proportions ils se partagent habituellement les échanges. C'est le second point du problème.

Pour l'éclaircir, il convient évidemment d'examiner quelles conditions d'offre et de demande et de valeur d'usage spéciale ou générale reconnue par les vendeurs président le plus souvent aux échanges; puis quelles conditions se présentent le plus souvent après les premières ; et ainsi de suite en passant successivement à des systèmes de conditions régissant d'ordinaire un nombre de marchés de moins en moins considérable.

Tranchons d'abord la question en ce qui concerne l'offre et la demande.

A cet égard, il y a lieu de distribuer les biens en trois grandes catégories. Dans l'une rentrent les biens qui se rencontrent en abondance dans la nature ou que l'homme peut multiplier à l'infini; dans la seconde sont compris tous les biens qui sont rares dans la nature ou que l'homme ne peut multiplier à l'infini; dans la troisième se trouvent les biens que l'homme a rendus artificiellement rares en les faisant l'objet d'un monopole.

Les biens de la première catégorie sont assurément les plus nombreux. C'est le cas de la plupart des substances minérales et végétales, des animaux même; c'est aussi celui de presque tous les objets fabriqués, outils, machines, meubles, tissus, etc., qui peuvent l'être en quantité presque indéfinie. Tous ces biens existant ou pouvant être créés en quantité à peu près indéfinie et les producteurs étant poussés à en produire le plus possible pour faire des bénéfices plus étendus, la conséquence immédiate de cet état de choses, c'est que, pour la plupart des biens, l'offre est habituellement supérieure à la demande.

En ce qui concerne les biens de la seconde classe,

ils forment une masse beaucoup plus restreinte. On rencontre parmi eux les pierres et les métaux spéciaux, les objets anciens, tels que médailles, manuscrits, meubles, étoffes, restes de civilisations disparues, dont l'antiquité échappe à la multiplication ; les œuvres d'art originales ; les hommes doués de qualités et facultés éminentes, comme les artistes et les savants; le sol, dont la surface est assurément fixe. Pour ces biens, la nature des choses en limitant la production, la demande est généralement supérieure à l'offre.

Dans la troisième classe de biens rentrent les biens objets de monopoles, comme les chemins de fer, les postes, le télégraphe, le téléphone, les eaux, le gaz, les omnibus, le tabac, les allumettes, etc. Pour ces biens, comme pour les précédents, la demande est ordinairement supérieure à l'offre; mais ils sont en nombre très restreint.

On aurait pu peut-être établir une quatrième classe comprenant les biens qui, dans les circonstances normales, seraient en proportion exacte avec les besoins, mais nous n'avons pas cru devoir le faire, parce que nous ne pensons pas qu'il en existe. L'égalité parfaite entre l'offre et la demande ne saurait être, en effet, qu'une circonstance fortuite, qu'un équilibre accidentel. La raison en est que l'on cherche toujours à produire plus de biens qu'il n'est nécessaire pour la satisfaction des besoins, parce qu'on produit pour faire un gain en cédant les biens et que les producteurs visent en conséquence à vendre le plus de biens possible.

Ainsi en définitive, la condition d'offre et de demande, qui préside le plus généralement aux échanges, est la supériorité de l'offre sur la demande. S'il arrive parfois que les biens susceptibles d'être produits en quantité indéfinie viennent à se trouver sur le marché en quantité moindre qu'il n'en est demandé, c'est là un fait anormal, non susceptible de persister, car cet état de choses haussant les prix et procurant aux producteurs des bénéfices surélevés, pousse les producteurs mêmes à accroître leur production dans l'espérance de faire plus de gain encore, mais aussi avec cette conséquence de ramener l'offre au-dessus de la demande.

Nous devons maintenant chercher quelle est de la valeur d'usage générale ou spéciale celle à raison de laquelle les biens ont habituellement de l'utilité pour les personnes qui veulent les céder, pour les vendeurs. La réponse est aisée.

Il est clair, en effet, qu'ordinairement, lorsqu'on veut se dessaisir d'un bien, c'est qu'on n'en a pas besoin pour ses qualités particulières, pour l'usage spécial auquel il convient, mais qu'on n'en attend de service qu'à raison de cet usage, auquel tout bien est propre, de servir à faire des acquisitions ; qu'en somme il n'a d'utilité pour le vendeur qu'en raison de sa valeur d'échange. Habituellement donc c'est sur la valeur d'usage générale que repose la valeur d'utilité des biens pour les vendeurs. Et nous savons déjà que lorsqu'un vendeur trouve de l'utilité au bien qu'il cède en raison de sa valeur d'échange, c'est la dernière valeur d'échange qui lui en fournit la mesure.

De ces observations il résulte, en définitive, que le système de conditions le plus fréquent des échanges est celui où l'offre est supérieure à la demande et où la valeur d'utilité des biens pour les vendeurs est fondée sur leur dernière valeur d'échange. Or, comme dans ce cas la valeur d'utilité qu'ont les biens pour les acheteurs est empruntée à celle qu'ils ont pour les vendeurs, on doit conclure à la très grande influence de la dernière valeur d'échange des biens sur leur valeur nouvelle, et notamment à la très grande influence des frais de production sur la valeur des biens.

Telle est la règle ordinaire.

Il ne faut pas perdre de vue toutefois qu'il y a des hypothèses différentes et qu'on ne saurait par conséquent considérer cette règle comme une loi absolue.

Pour suivre la marche annoncée, on devrait désormais chercher quelle est, après celle-ci, l'hypothèse la plus fréquente et, après cette autre, celle qui, à son tour, embrasse le plus d'échanges. Mais, outre que nous rencontrerions dans cette recherche des difficultés à peu près insurmontables, l'importance des hypothèses dont il s'agit est infiniment moindre que celle de la première. Il n'est donc pas de nécessité absolue de les envisager, il suffit seulement de faire en leur faveur une réserve à la règle générale.

Abordons maintenant le problème de l'influence de la dernière valeur d'échange des biens sur leurs prix de marché, objet des troisième et quatrième questions.

§ 4. — 3e Question.

Dans quels cas et dans quelle mesure la dernière valeur d'échange manifestée par les biens est-elle susceptible d'intervenir pour fixer leur valeur relative nouvelle, leur prix de marché ?

Il faut considérer toutes les combinaisons possibles de valeur d'usage, d'intensité de besoin, d'offre et de demande, qui président aux échanges.

Afin de rendre la tâche plus aisée, on supposera, comme tout à l'heure, que constamment la valeur d'utilité du bien à négocier et celle du bien-monnaie, instrument de mesure et de payement, à recevoir, sont pour tous les vendeurs fondées également sur la même valeur d'usage soit spéciale, soit générale.

En outre, il n'y aura pas lieu de distinguer, du côté des acheteurs, entre la valeur d'usage spéciale ou générale, puisque la dernière valeur d'échange ne saurait intervenir de leur fait.

Dès lors voici les diverses combinaisons à envisager :

Par rapport à la valeur d'usage reconnue par le vendeur au bien à négocier, deux hypothèses sont possibles, suivant qu'il s'agit de valeur d'usage spéciale ou générale, que l'on représentera encore par G et S. On figurera aussi l'intensité du besoin par I.

1) GI
2) SI

Par rapport à la valeur d'usage reconnue par le vendeur au bien, instrument de mesure, deux hypothèses sont également possibles suivant qu'il s'agit de valeur d'usage générale ou spéciale, que l'on désignera par G_1 et S_1 on figurera l'intensité du besoin correspondant par I_1 dans

1) GI_1
2) SI

En combinant ces hypothèses avec les deux premières, on a quatre systèmes de facteurs possibles :

1) $GI \ldots\ldots G_{,}I_{,}$
2) $SI \ldots\ldots S_{,}I$
3) $GI \ldots\ldots S_{,}I_{,}$
4) $SI \ldots\ldots G_{,}I_{,}$

Du côté de l'acheteur, maintenant, comme il n'y a pas à distinguer entre la valeur d'usage spéciale ou générale, on représentera simplement par U la valeur d'usage du bien à négocier, par $U_{,}$, celle qui est reconnue au bien, instrument de mesure et de payement; par I' et $I'_{,}$, les intensités des besoins correspondants. Ce qui fournit une seule combinaison.

1) $UI' \ldots\ldots U_{,}I'_{,}$

En adjoignant les nouveaux facteurs aux précédents, on obtient les quatre systèmes généraux suivants :

$$\left.\begin{array}{ll} 1)\ GI \ldots\ldots & G_{,}I_{,} \\ 2)\ SI \ldots\ldots & S_{,}I_{,} \\ 3)\ GI \ldots\ldots & S_{,}I_{,} \\ 4)\ SI \ldots\ldots & G_{,}I_{,} \end{array}\right\} \quad UI \ldots\ldots U_{,}I'_{,}$$

qui montrent que, dans tout échange, la valeur d'un bien comparée au bien mesure de valeur, c'est-à-dire son prix de marché, dépend de huit éléments.

Enfin l'offre et la demande donnent lieu à trois

situations différentes : $O = D$, $O > D$, $D > O$, qui combinées aux quatre systèmes précédents fournissent douze systèmes généraux de facteurs de la valeur d'échange relative.

1) GI .... $G_{,}I_{,}$
2) SI..... $S_{,}I_{,}$
3) GI..... $S_{,}I_{,}$
4) SI.. .. $G_{,}I_{,}$
} UI..... $U_{,}I'_{,}$ $(O = D)$

5) GI... . $G_{,}I_{,}$
6) SI.... $S_{,}I_{,}$
7) GI. ... $S_{,}I_{,}$
8) SI..... $G_{,}I_{,}$
} UI.. .. $U_{,}I'_{,}$ $(O > D)$

9) GI. . . $G_{,}I_{,}$
10) SI.. .. $S_{,}I_{,}$
11) GI..... $S_{,}I_{,}$
12) SI..... $G_{,}I_{,}$
} UI..... $U_{,}I'_{,}$ $(D > O)$

Toutefois on sait que lorsque l'offre est supérieure à la demande, les acheteurs empruntent le prix minimum de l'un des vendeurs comme prix maximum, il n'y a donc pas à tenir compte dans ce cas des quatre éléments U, I, $U_{,}$ et $I'_{,}$.

De plus, par une raison inverse, lorsque la demande est supérieure à l'offre, ce sont les vendeurs qui adoptent pour prix minimum le prix maximum d'un des acheteurs ; dans ce cas, la dernière valeur d'échange du bien à négocier ne peut intervenir et il n'est pas nécessaire de tenir compte des quatre combinaisons différentes de facteurs du côté des vendeurs, ce qui réduit les 12 systèmes à 9.

1)	GI..... $G_{/}I_{/}$	UI..... $U_{/}I'_{/}$	(O = D)
2)	SI.... $S_{/}I_{/}$		
3)	GI..... $S_{/}I$		
4)	SI..... $G_{/}I_{/}$		
5)	GI..... $G_{/}I_{/}$	....	(O > D)
6)	SI. .... $S_{/}I_{/}$		
7)	GI..... $S_{/}I_{/}$		
8)	SI..... $G_{/}I_{/}$		
9)	....	UI..... $U_{/}I'_{/}$	(D > O)

On constate dès lors que sur ces neuf systèmes généraux de facteurs, il en est quatre seulement, du côté vendeur, dans lesquels la valeur d'échange ou valeur d'usage générale intervient, et par conséquent quatre seulement dans lesquels la dernière valeur d'échange des biens exprimés par le prix de revient est susceptible de contribuer à la fixation de sa valeur nouvelle; ce sont les systèmes 1, 3, 5 et 7.

Dans les systèmes 1 et 3, la dernière valeur d'échange des biens, lorsqu'elle intervient sous la désignation G, se trouve en concours avec 7 autres facteurs I, $G_{/}$ ou $S_{/}$, $I_{/}$, U, I, $U_{//}$, $I_{/}$. Son action sur la valeur d'échange nouvelle est donc très modérée.

Dans les systèmes 5 et 7 elle est beaucoup plus grande, puisqu'elle n'est plus en concours qu'avec trois éléments I, $G_{\prime}$ ou $S_{\prime\prime}$, $I_{\prime}$.

§ 5. 4° Question.

Dans quelle mesure en pratique la dernière valeur d'échange manifestée par les biens intervient-elle pour fixer leur valeur d'échange relative nouvelle, leur prix de marché?

Recherchons quel est de ces divers systèmes celui qui régit le plus souvent les échanges. Cette question doit être résolue pour apprécier l'influence réelle de la dernière valeur d'échange des biens sur leur valeur d'échange relative nouvelle.

On sait déjà que pour l'offre et la demande, c'est la supériorité de l'offre sur la demande qui constitue de beaucoup la situation la plus commune, celle qui préside à la négociation du plus grand nombre des biens. On trouve toujours ou presque toujours à acheter un bien, mais non toujours à le vendre. Les systèmes 5, 6, 7, 8, sont donc ceux parmi lesquels il faut chercher les conditions de marché les plus fréquentes.

On a vu encore que c'est habituellement sous le rapport de la valeur d'usage générale que le bien à négocier a de l'utilité pour le vendeur, qui l'emploie à faire une acquisition, à obtenir un autre bien en retour. Par élimination, il ne reste donc à choisir qu'entre les deux systèmes 5 et 7 pour trouver le système le plus ordinaire de facteurs déterminant la valeur relative des biens.

Sans examiner l'intensité des besoins qui est variable, tandis que leur nature est déterminée en même temps que la valeur d'usage prise en considération dans les biens, voyons quelle est de la valeur d'usage générale ou spéciale, celle que le vendeur envisage habituellement dans le bien qu'il se propose d'obtenir en échange de celui qu'il cède.

Sur ce point nul doute encore, le bien à obtenir est ordinairement un bien mesure de valeur et monnaie ; or il est absolument évident que le vendeur, dans la négociation qu'il se propose de faire, n'a d'autre but en recherchant le bien mesure de valeur et monnaie, que de se procurer un bien doué de valeur d'échange et susceptible d'être employé ensuite à acquérir d'autres biens. C'est donc sous le rapport de la valeur d'usage générale que ce bien a de l'utilité pour le vendeur. C'est en définitive le système 5 qui fournit la combinaison de facteurs la plus habituelle, le système de conditions présidant à la réalisation du plus grand nombre de marchés.

Or, dans cette combinaison de facteurs

GI..... G,I,

il faut remarquer que I et $I_{,}$ sont identiques ; ils désignent l'intensité d'un même besoin, le besoin de faire des acquisitions, le besoin de valeur d'échange auquel répondent les biens par la valeur dont ils sont doués. La valeur d'échange relative nouvelle dépend dès lors, dans ce cas, de trois facteurs seulement : G, I ou $I_{,}$, $G_{,}$, hypothèse la plus favorable à l'action de la dernière valeur d'échange sur la valeur d'échange relative nouvelle des biens.

Pour en mieux marquer l'influence, il convient de rechercher quelle est dans ce cas la valeur d'échange relative nouvelle du bien, c'est-à-dire quel en est le prix.

Le prix d'un bien est proportionné au rapport de sa valeur d'utilité à celle du bien mesure de valeur, auxquelles répondent ici les facteurs GI et $G_{,} I_{,}$, ce prix est donc figuré par le rapport $\frac{GI}{G_{,}I_{,}}$, et, comme I et $I_{,}$ sont identiques, le prix est formé par le rapport $\frac{G}{G_{,}}$, c'est-à-dire le rapport entre la valeur d'échange reconnue au bien à négocier et la valeur d'échange reconnue au bien mesure de valeur.

Si l'on considère qu'un tel rapport, expression de la valeur d'échange reconnue par le vendeur au bien à négocier, par comparaison à la valeur d'échange du bien mesure de valeur, n'est autre que le prix de revient, on voit que dans l'hypothèse la plus fréquente, le prix des biens est déterminé par leur prix de revient, ou plus exactement par les prix de revient divers des vendeurs en concours, le prix du bien dans le marché étant moyenne du plus haut prix de revient des vendeurs qui traitent et des autres prix de revient

Ainsi, *dans les circonstances les plus ordinaires, le prix de la plupart des biens est déterminé par le prix de revient.*

La conclusion qui se dégage de tout ce qui précède, c'est que les Frais occasionnés par un bien à celui qui le cède, indices de sa dernière valeur d'échange, jouent un rôle considérable, prépondérant, dans la valeur d'échange nouvelle du plus grand nombre d'entre eux ; ils forment l'élément de détermination le plus puissant, en ce qu'ils servent à apprécier la valeur d'usage, que les vendeurs considèrent dans les biens et à raison de laquelle ils leur trouvent de l'utilité.

§ 6. — 5e Question.

Influence de la valeur d'échange naturelle ou des frais de production des biens sur leur valeur d'échange sociale ou proprement dite.

Revenant désormais à la question du début : Quelle est l'influence de la valeur d'échange naturelle des biens sur leur valeur d'échange sociale? il est facile de la résoudre.

La valeur d'échange sociale actuelle d'un bien est habituellement égale à sa dernière valeur d'échange : telle est la règle. Or la dernière valeur d'échange d'un bien est toujours composée pour partie d'une avant-dernière valeur d'échange sociale et pour partie d'une avant-dernière valeur d'échange naturelle, à la somme desquelles elle est égale, suivant cette règle.

Si l'on veut remonter plus haut la filiation de cette avant-dernière valeur d'échange sociale, on la trouvera déterminée par une précédente valeur d'échange également mixte, sociale pour partie et naturelle pour partie, et égale à la somme de ces deux valeurs, toujours suivant la règle habituelle.

Remontant encore plus haut, on trouvera cet élément de valeur d'échange sociale déterminé aussi par deux éléments précédents : l'un de valeur sociale, l'autre de valeur naturelle, et ainsi de suite jusqu'à ce qu'on arrive au premier acte d'échange n'ayant avant lui qu'un acte de production ou d'appropriation directe des biens de la nature, dans lequel la valeur d'échange sociale est égale à la valeur d'échange naturelle précédente.

A ce moment, on aura achevé la décomposition de la valeur d'échange sociale actuelle du bien considéré, en une série de valeurs d'échange naturelles, dont la somme lui est égale.

De là cette conclusion générale :

La valeur d'échange sociale du plus grand nombre des biens est déterminée par leur valeur d'échange naturelle et lui est égale; en d'autres termes, *la plupart des biens s'échangent suivant leur valeur naturelle;* ou encore, sous une autre forme : *les biens valent pour la plupart ce qu'ils coûtent, ce que la nature nous les fait payer.*

Tel est le résultat essentiel auquel conduit toute cette analyse.

Cette règle, nous le répétons, quelque générale qu'elle soit, n'est pas absolue ; elle concerne la plupart des biens, ceux qui, dans les circonstances ordinaires, sont plus offerts que demandés. Elle laisse de côté les biens habituellement plus demandés qu'ils ne sont offerts, les biens qualifiés de rares, biens dont la valeur sociale n'a aucune proportion avec leur valeur naturelle, avec ce qu'ils coûtent à obtenir de la nature.

En ce qui concerne ces derniers, c'est l'intensité des besoins et la différence entre l'offre et la demande qui déterminent leur valeur.

IIe SECTION.

THÉORIE DES PROCÉDÉS D'ACQUISITION.

CHAPITRE I.

POSITION DU PROBLÈME DE L'ACQUISITION DES BIENS.

De la valeur d'échange, moyen d'acquisition. — Conditions à remplir pour réaliser une acquisition.

Connaissant la théorie de la valeur d'échange, examinons maintenant quels sont les divers procédés mis en œuvre pour faire servir cette valeur à l'acquisition des biens dont on a besoin. C'est là l'objet de la seconde grande théorie comprise dans cette partie de l'Économique.

Pour se procurer par voie d'échange les biens dont on a besoin, on utilise la valeur d'échange ou puissance d'acquisition dont les biens qu'on possède sont doués et en vertu de laquelle, en principe, on doit pouvoir obtenir, de personnes disposées à les céder, les biens qu'on désire.

S'il était possible de séparer des biens leur valeur d'échange, les acquisitions ne présenteraient aucune difficulté. Contre un bien qu'on voudrait acquérir, on fournirait en chaque occasion une quantité de valeur d'échange égale à celle de ce bien, la personne qui la recevrait s'en servirait à son tour pour obtenir les biens dont elle aurait besoin et ainsi de suite indéfiniment, la valeur d'échange passant de main en main et permettant aux biens de parvenir aux gens qui en ont besoin.

Mais la valeur d'échange, simple qualité, bien abstrait, ne saurait être séparée des biens concrets qui en sont doués et dans lesquels elle réside. Il existe, dès lors, une question de l'acquisition des biens consistant à rechercher comment on peut utiliser dans ce but la valeur d'échange.

Nous allons examiner cette question.

Auparavant, quelles conditions faut-il remplir pour réaliser une acquisition par voie d'échange?

La réalisation normale de toute acquisition est subordonnée à trois conditions. Il faut qu'en échange de ce qu'on veut obtenir, on procure à la personne à laquelle on a affaire quelque chose

1° *Qui ait la même valeur;*

2° *Qui convienne à cette personne et réponde par conséquent à l'un de ses besoins;*

3° *Qui ne dépasse pas l'étendue de ce besoin.*

Ces trois conditions opposent autant d'obstacles à l'acquisition des biens et donnent lieu à divers procédés destinés à les surmonter.

CHAPITRE II.

1er PROCÉDÉ : ACQUISITION AU MOYEN DE BIENS CONCRETS.

Le premier procédé à la disposition de l'acquéreur pour utiliser la valeur de ses biens consiste à offrir l'un de ses biens, quel qu'il soit, en échange du bien qu'il se propose d'obtenir.

Il faudra, dans ce cas, conformément aux trois conditions précédentes, fournir à la personne à laquelle on aura affaire un bien de valeur égale à celle du bien qu'on sollicite d'elle, il faudra que ce bien lui convienne et qu'il ne dépasse pas le besoin qu'elle en a.

Tous les biens permettent-ils de remplir ces trois conditions?

En ce qui concerne la première, il y a lieu de distinguer entre les biens indivisibles comme les animaux vivants, les constructions, les machines, les outils, les meubles, les vêtements, la plupart des objets de notre fabrication, et les biens divisibles comme les graines, les liquides, les métaux, les tissus et un petit nombre d'autres produits.

Les biens de la première catégorie sont, par leur nature même, tout à fait réfractaires à l'accomplissement de la condition dont il s'agit. Il est impossible de fournir une quantité déterminée quelconque de valeur d'échange, ainsi qu'il est nécessaire pour acquérir des biens de toutes sortes de valeurs très variables, sous la forme d'un bien ou d'un certain nombre de biens indivisibles, doués chacun d'une quantité de valeur également déterminée. On ne pourrait jamais, sauf exception très rare, former avec un ou plusieurs biens indivisibles de même espèce qu'un ensemble d'une valeur supérieure ou inférieure à celle qu'il s'agirait de procurer.

La réserve qui doit être faite est relative au cas où, par un hasard extraordinaire, ce qu'on voudrait acquérir serait d'une valeur exactement égale à celle d'un ou de plusieurs des biens indivisibles de même espèce. Dans ce cas seulement, il serait possible de satisfaire avec des biens indivisibles à la première condition de toute acquisition.

Les biens divisibles, au contraire, se prêtent admirablement à l'accomplissement de cette condition ; on peut toujours, en effet, procurer d'un tel bien une quantité d'une valeur égale à une valeur déterminée quelconque.

On voit par conséquent déjà que le procédé général d'acquisition, consistant à fournir un bien en échange de ce qu'on veut obtenir, n'est applicable qu'avec des biens divisibles, ou, tout à fait exceptionnellement, avec des biens indivisibles; qu'en somme il s'oppose presque absolument à l'utilisation de la valeur de ces derniers biens pour faire des acquisitions.

Passons à la deuxième condition. Il faut se rappeler à cet égard qu'un bien est susceptible de convenir à quelqu'un soit en raison de ses qualités spéciales, c'est-à-dire d'une valeur d'usage spéciale, soit en raison de sa qualité générale, la valeur d'échange, valeur d'usage commune à tous les biens.

D'après cela on peut remplir la deuxième condition d'une acquisition, en cherchant à faire accepter le bien qu'on offre en considération de ses qualités spéciales, ou seulement en considération de sa valeur d'échange, et à ces deux buts correspondent deux applications particulières du procédé général d'acquisition que nous étudions, deux modes d'acquisition au moyen d'un bien.

§ 1. — 1er Mode d'acquisition.

Acquisition au moyen de biens concrets, donnés et reçus en considération de leurs qualités spéciales

Rappelons d'abord que ce mode d'acquisition, application du procédé général, ne saurait, sauf exception très rare, être employé à l'égard des biens indivisibles ; il rencontre du chef de la première condition à remplir par toute acquisition les difficultés signalées à cet égard.

En ce qui concerne la seconde condition dont il s'agit en ce moment, on remarquera que les besoins de l'homme sont si variés et si instables qu'il est à peu près impossible que le bien, dont on veut utiliser la valeur à réaliser une acquisition, soit précisément celui dont la personne à laquelle on a affaire a besoin et qu'elle cherche à acquérir elle-même en échange de ce qu'elle est prête à céder.

Mon voisin possède un meuble qu'il est disposé à me céder. Je lui offre en échange du blé ; mais c'est du bois qu'il lui faut pour son chauffage, et je n'ai pas de bois à lui offrir : l'acquisition est impossible à réaliser.

Voici un tableau dont l'auteur cherche à se défaire ; je lui offre en échange du cuivre, mais il a besoin d'un vêtement que je ne puis lui fournir : l'acquisition est encore irréalisable.

Il en est ainsi dans le plus grand nombre des cas. Pour qu'il en fût autrement, on devrait se tenir constamment approvisionné d'un nombre considérable de biens, de tous les biens susceptibles de faire l'objet des besoins de ses semblables, afin de disposer constamment d'un bien au moins qui convînt à la personne à laquelle on aurait affaire; mais cette condition évidemment ne peut être remplie dans un état de civilisation un peu avancé, où les besoins et les biens correspondants présentent une grande diversité; et, d'ailleurs, fût-elle remplie, elle aurait pour résultat de supprimer tout échange, car chacun possédant tout ce qui pourrait convenir à autrui, disposerait en fait de ce qui lui serait nécessaire à lui-même, ne manquerait de rien et par conséquent n'aurait pas d'acquisitions à faire.

Dans les sociétés très simples où les biens sont d'espèces peu nombreuses comme les besoins, on rencontre à peu près cet état de choses; aussi les échanges sont-ils nuls.

Ainsi, sous ce rapport, le mode d'acquisition est à peu près impraticable; on ne peut y recourir que si, par un hasard extraordinaire, on dispose, parmi les biens dont on veut utiliser la valeur à faire des acquisitions, d'un bien répondant précisément à l'un des besoins de la personne à laquelle on a affaire.

Il est d'autant moins praticable que, suivant la

première condition du procédé général auquel il se rattache, seuls, sauf exception, les biens divisibles peuvent servir aisément à réaliser une acquisition et que, pour les biens indivisibles, ce rôle doit être considéré comme impossible à jouer.

Ce n'est pas tout : à supposer même remplies les deux premières conditions, la troisième soulèverait un nouvel obstacle, car elle exige que la quantité du bien offert, équivalente à ce qu'on veut acquérir, ne dépasse pas le besoin qu'en a la personne à laquelle on s'adresse. Or, le plus souvent, il en sera tout différemment.

Par exemple, on proposera douze moutons contre un bœuf à quelqu'un qui a besoin de moutons, mais n'en veut que six ou huit avec d'autres biens. Ou encore, on proposera au propriétaire d'un terrain plusieurs pièces de vin d'une valeur totale égale, alors qu'il n'a besoin que d'une seule pièce de ce liquide. Ou encore, quelqu'un veut avoir du fer en échange d'une maison, on est en état de lui en fournir, mais la quantité qu'il lui en faut n'a pas la valeur de la maison.

En somme, les acquisitions offrent des difficultés à peu près absolues, lorsqu'en échange des choses qu'on veut obtenir, on doit fournir des biens répondant aux besoins particuliers des personnes auxquelles on a affaire.

Ce mode d'acquisition, première application du procédé général dont nous nous occupons, est peu pratique, et s'il n'y avait pas d'autre moyen d'obtenir les biens dont on a besoin, on risquerait fort de ne pas y réussir, quelle que soit d'ailleurs la somme de valeur, peut-être considérable, des biens qu'on posséderait.

Mais nous savons qu'un bien peut n'être pas offert seulement dans le but de répondre à un besoin spécial, et qu'on peut encore l'offrir pour satisfaire le besoin d'acquérir d'autres biens, ce qui donne lieu à un second mode d'application du procédé général d'acquisition qui nous occupe. Voyons si ce second mode est plus pratique que le premier.

§ 2. — 2e Mode d'acquisition

Acquisition au moyen de biens donnés et reçus uniquement en considération de leur qualité générale, la valeur d'échange.

Suivant la première condition de toute acquisition, ce mode n'est encore applicable qu'à des biens divisibles, car il est impossible de procurer d'un bien indivisible pour une valeur déterminée quelconque.

En ce qui concerne la seconde condition, il y a lieu de remarquer que le besoin de faire des acquisitions existe toujours chez une personne qui cherche à céder un bien, car elle ne poursuit ce but, apparemment, que pour obtenir d'autres biens à la place; en se proposant de céder ce qu'elle possède pour avoir ce qu'elle désire, elle satisfait ainsi le besoin qu'elle a d'acquérir ce qu'elle désire.

Par conséquent, en principe, quel que soit le bien doué de valeur qu'on offrira pour réaliser une acquisition, ce bien conviendra à la personne à laquelle on aura affaire.

C'est en mettant à profit ces considérations que, les difficultés du premier mode s'étant fait sentir dès que les sociétés commencèrent à se développer et partant les biens et les besoins à se multiplier, on chercha de bonne heure à les éviter. Au lieu de fournir à la personne à laquelle on avait affaire ce qu'elle désirait précisément, on lui offrait un des biens dont on disposait, en la priant de l'accepter en considération seulement de sa valeur, et, si ce bien possédait les qualités nécessaires pour être reçu à ce titre, elle était prête à l'accepter effectivement avec la pensée d'en user de même à l'égard des personnes auprès desquelles elle trouverait les biens mêmes qu'il lui fallait.

A un propriétaire de chevaux, qui voulait des moutons en échange, on procurait, jusqu'à concurrence d'une égale valeur, du blé, par exemple, qu'il consentait à recevoir, espérant s'en servir de la même façon vis-à-vis du propriétaire de moutons. Ce dernier, en effet, acceptait pour le même motif le blé qu'il donnait ensuite en échange de bœufs; le propriétaire de bœufs le cédait à son tour pour une ferme, et ainsi de suite indéfiniment, le blé passant de main en main, donné et accepté contre les autres marchandises, en raison seulement de sa valeur d'échange et sans égard pour sa nature particulière de blé.

Dès lors la seconde difficulté à surmonter dans toute acquisition, celle qui consiste à fournir à la personne à laquelle on a affaire une chose à sa convenance, se trouve par le fait écartée. Sous ce rapport, quels que soient les biens dont on dispose, on pourra, en principe, par suite de leur valeur d'échange, et faisant abstraction des autres conditions requises pour qu'un bien soit susceptible d'être reçu en considération seulement de sa valeur, on pourra réaliser ses acquisitions.

Toutefois, si l'on tient compte des exigences de la première condition, la seconde difficulté n'est écartée, en réalité, qu'à l'égard des biens divisibles au moyen desquels seuls, sauf exception très rare, le procédé général d'acquisition actuel est applicable.

En ce qui concerne maintenant la troisième condition, savoir : que la quantité du bien à procurer, équivalente à ce qu'on veut acquérir, n'excède pas le besoin de la personne à laquelle on a affaire, elle est presque constamment remplie. Une personne, en effet, qui est disposée à céder de ses biens pour en obtenir d'autres, recherche habituellement de ces derniers pour une valeur égale aux premiers, de sorte que la quantité du bien qu'on lui offre en échange, équivalente à ces biens, répond exactement à l'étendue de son besoin d'acquérir ceux qu'elle désire et qu'elle obtiendra ensuite par leur moyen.

Lors donc qu'au lieu de considérer dans les biens leurs qualités spéciales, on envisage en eux seulement leur valeur d'échange, lorsqu'ils sont susceptibles d'être acceptés à titre seulement de moyens d'acquisition, la troisième condition est constamment remplie; l'équivalent de biens qu'on veut acquérir, procuré sous la forme de biens reçus couramment pour leur seule valeur d'échange, c'est-à-dire sous la forme de biens admis comme moyens d'acquisition, ne saurait jamais excéder le besoin auquel répondent ces biens chez la personne à laquelle on a affaire.

Un bien accepté couramment en échange de tous les autres biens, en considération seulement de sa valeur, conformément au deuxième mode d'acquisition, constitue ce qu'on appelle une *monnaie*, et une *monnaie réelle*, parce qu'elle est formée d'une réalité, d'un bien concret.

En raison de la condition de divisibilité déjà connue, et des autres conditions nombreuses, à déterminer dans la suite, que doivent remplir des biens pour être acceptés couramment en échange des autres biens, en considération seulement de leur valeur ou puissance d'acquisition et, en somme, à titre seulement de moyens d'acquisition, le nombre de ces biens se trouve très restreint, et la faculté générale de faire des acquisitions avec toutes sortes de biens, doués de valeur d'échange, sans avoir à se préoccuper de la nature spéciale de ces biens, est d'autant diminuée.

Ce second mode d'acquisition constitue néanmoins un grand progrès sur le mode précédent.

Si, avec le mode précédent, il faut, sans être toujours sûr de réaliser ses acquisitions, se tenir constamment pourvu du plus grand nombre de biens d'espèces différentes, afin d'en avoir toujours au moins un répondant au besoin des personnes auxquelles on s'adresse, avec ce nouveau mode, il suffit d'être approvisionné d'un ou de plusieurs des biens peu nombreux reçus couramment pour leur valeur seule en échange de tous les autres. C'est là un progrès considérable. L'incertitude ne règne plus sur la nature des biens à fournir, on connaît ceux qui seront toujours acceptés.

Malgré les avantages de ce second mode, il ne

permet pas encore d'obtenir avec toute la facilité désirable les biens dont on a besoin. La nécessité de procurer des biens reçus couramment pour leur valeur seule, consacrés comme monnaies réelles, peu nombreux en raison des qualités et des conditions exigées pour remplir une telle fonction, oblige à échanger d'abord les biens qu'on possède contre des biens monnaies, avant de songer à faire une acquisition, c'est-à-dire oblige à faire deux échanges au lieu d'un ; la force d'acquisition des premiers ne peut s'exercer qu'indirectement, en passant par l'intermédiaire des seconds, et, si personne n'a besoin des biens dont on dispose et ne consent par suite à donner des biens monnaies en échange, on peut être, mal gré la possession de biens nombreux d'une grande valeur, dans l'impossibilité d'obtenir ceux dont on a besoin.

Par exemple, si, possédant du blé et ayant besoin d'un cheval, je ne trouve personne qui veuille de mon blé, il m'est dans ce cas impossible malgré sa valeur peut-être supérieure à celle du cheval, d'acquérir ce dernier.

De plus, il arrive souvent que, possédant certains biens comme des terres, une usine, des marchandises en magasin, on manque de ceux qui permettraient de tirer parti des premiers, par exemple d'instruments aratoires, de matériel de transport, etc. A supposer que les biens dont on dispose fussent susceptibles d'être acceptés couramment en raison de leur seule valeur, on ne pourrait obtenir les biens dont on a besoin qu'en se dessaisissant des autres; le but qu'on se proposerait ne serait donc pas atteint et ne pourrait l'être, tout au moins dans la mesure de la quantité de ces biens qu'il faudrait aliéner pour se procurer les autres. Beaucoup d'entreprises se trouveraient ainsi entravées à leur naissance ou grandement restreintes au préjudice de la richesse sociale.

Il y a par conséquent un progrès à réaliser, ayant pour but de permettre au possesseur de biens quelconques d'en utiliser néanmoins la valeur dans la mesure du possible, pour l'acquisition d'autres biens, sans se dessaisir des premiers.

CHAPITRE III.

2° PROCÉDÉ : ACQUISITION AU MOYEN DE VALEURS, BIENS ABSTRAITS.

Le procédé très simple, qui s'offre à cette fin, consiste à offrir, en payement, non pas des biens concrets, mais seulement leur valeur, qui envisagée en elle-même constitue un bien abstrait, car la valeur permet de satisfaire aisément aux trois conditions à remplir dans toute acquisition.

La valeur d'échange, en effet, bien abstrait, est d'abord essentiellement divisible, et cela quand même il s'agirait de la valeur d'un bien concret par lui-même indivisible. Par conséquent, il est toujours possible de céder, sinon de transmettre réellement, en échange d'un bien, une quantité de valeur exactement égale à celle de ce bien. La première condition de toute acquisition est donc facilement remplie.

Quant à la seconde, il en est de même. De la valeur acceptée couramment contre tous les biens et constituant ainsi un moyen d'acquisition sur lequel on peut compter, répond, comme tout à l'heure les biens monnaies réelles et pour les mêmes raisons, à un besoin de toute personne disposée à céder ses biens, car elle ne se propose d'abandonner ceux-ci que pour en avoir d'autres; elle éprouve par suite le besoin de faire des acquisitions, auquel répond la valeur qui lui est offerte.

Enfin, en ce qui concerne la troisième condition, une valeur reçue couramment en échange de tous les biens, constituant un moyen d'acquisition, la quantité qu'on en offre, équivalente au bien qu'il s'agit d'acquérir n'excède jamais l'étendue du besoin de la personne à laquelle on a affaire, puisque celle-ci doit toujours compter recevoir en échange du bien qu'elle cède quelque chose d'équivalent. Une quantité de valeur au moins égale à celle de son bien et susceptible de lui permettre d'acquérir ce qu'elle désire, répond exactement à l'étendue de son besoin.

On pourrait donc aisément réaliser des acquisitions en fournissant simplement de la valeur, mais il y a un obstacle déjà signalé plus haut à l'application de ce procédé, c'est que la valeur, bien abstrait, ne saurait être séparée des biens concrets dans lesquels elle réside, et qu'on ne peut fournir réellement une certaine quantité de valeur, si ce n'est sous la forme des biens concrets eux-mêmes, sous une forme matérielle, ce qui soulève de nouveau les difficultés relatives à la divisibilité.

Il y a toutefois un remède à cette situation. Le but à atteindre n'est pas tant, en effet, de placer réellement entre les mains de la personne qui vous cède un bien, un autre bien d'égale valeur ou une quantité de valeur égale à celle du premier, mais de fournir à cette personne la faculté de se procurer les biens divers dont elle a besoin jusqu'à concurrence d'une valeur égale à celle du bien qu'elle cède. Or il suffit pour cela d'opérer la transmission effective de la propriété de la valeur en question, au lieu de transmettre réellement la valeur même, qui peut demeurer aux mains de l'acquéreur, simple détenteur désormais et non plus propriétaire, sous la forme des biens concrets. Le vendeur, propriétaire de cette valeur, pourra à son tour la céder en propriété aux personnes auprès desquelles il trouvera à acquérir les biens dont il aura besoin.

Ainsi, propriétaire de biens divers d'une certaine valeur, on pourra, pour réaliser une acquisition, offrir en payement une quantité de la valeur de ces biens égale à celle de ce qu'on sollicite d'elle, sous la condition d'en rester possesseur, en lui faisant entrevoir la possibilité de la céder ultérieurement à d'autres personnes, dans la condition de possession où elle se trouve, en échange des biens qu'elle désire précisément.

Si cette valeur, qui doit rester en possession d'autrui, remplit les conditions nécessaires pour son échange courant contre tous les biens, pour que l'espérance de s'en servir à acquérir les biens dont on a besoin ne soit pas vaine, en un mot pour servir de moyen d'acquisition, l'offre assurément sera acceptée et l'acquisition réalisée.

Ce procédé d'acquisition s'analyse donc en un échange opéré entre ce qui est acquis et une certaine quantité de valeur, dont l'acquéreur, qui en transmet la propriété, garde la possession.

Grâce à ce second procédé général, toute personne propriétaire d'une certaine somme de valeur sous la forme de biens divers, peut, en principe, l'employer à faire des acquisitions. Toutefois, en réalité, ce procédé n'est applicable qu'avec *certaines valeurs* et, à cause de la non-délivrance des valeurs aliénées qui demeurent aux mains de l'acquéreur, il n'est à la disposition que de *certaines personnes.*

Il est clair, en effet, d'abord qu'on ne saurait faire accepter de la valeur contre des biens que si cette valeur est *de bonne qualité,* c'est-à-dire durable.

D'un autre côté, comme l'acquéreur, tout en cédant une partie de la valeur de ses biens, en conserve la possession, on ne saurait accepter cette condition que *si l'acquéreur est honnête,* que s'il inspire confiance, car on ne remet la garde d'une chose à laquelle on tient qu'à des gens dont on connaît la probité et auxquels on se fie.

Tel est, en somme, avec ses conditions, le procédé général au moyen duquel, sans se dessaisir des biens qu'on possède, on peut utiliser leur valeur à acquérir les biens dont on a besoin.

Il s'agit maintenant d'examiner comment ce procédé général peut être mis en pratique, et l'on va voir que, comme le premier procédé, il comporte deux modes d'application, formant un troisième et un quatrième mode d'acquisition.

§ 1 — 3e Mode d'acquisition.

Acquisition au moyen de la valeur de biens concrets déterminés.

Tout d'abord on pourra, pour réaliser une acquisition, offrir à la personne à laquelle on aura affaire une quantité de la valeur *d'un bien déterminé,* égale à celle du bien qu'on sollicite d'elle en lui faisant observer que, propriétaire de cette valeur, elle aura désormais la faculté de l'employer à acquérir les biens dont elle a besoin, en la cédant en totalité ou en partie, dans la condition de possession où elle se trouve, cette valeur étant susceptible de changer ainsi de propriétaire, mais sans être transmise réellement à la manière du blé tout à l'heure.

C'est ainsi que le propriétaire d'un terrain, qui aurait des achats à faire, pourrait céder des parties de sa valeur égales à celle de ses acquisitions, jusqu'à concurrence de sa valeur totale.

Ce mode d'acquisition, application du procédé général, est soumis aux conditions indiquées précédemment, quant aux personnes susceptibles de l'employer et quant aux valeurs propres à être utilisées à cet effet. Il n'est donc admissible qu'avec des personnes honnêtes et des biens de valeur durable.

Cette dernière condition est remplie par un assez grand nombre de biens. Les immeubles y satisfont plus que tous autres, grâce à leur permanence presque perpétuelle ; beaucoup de marchandises et de produits fabriqués sont dans le même cas, pendant un temps plus ou moins long ; certains objets mobiliers durent aussi fort longtemps et conservent une utilité constante pour la société. La valeur de tous ces biens peut en conséquence être cédée à des gens qui n'en deviennent pas détenteurs, et leur droit peut suivre ces biens en quelques mains qu'ils passent.

Ce troisième mode d'acquisition, qui consiste à céder en échange des biens recherchés la valeur de biens déterminés dont on garde la possession, accroît dans une notable proportion les facilités que donnaient déjà les deux premiers modes ; il contribue dans une large mesure à faire acquérir aux gens qui en ont besoin les biens déjà à leur portée, produits.

Cependant, il ne remplit pas encore entièrement le but qu'on doit se proposer d'atteindre, celui de permettre à toute personne honnête d'utiliser pour ses acquisitions la valeur dont elle est propriétaire sous forme de biens divers.

Si, en effet, la condition spéciale exigée des biens, qu'ils soient doués d'une valeur durable, est remplie par un grand nombre de biens, il y en a encore beaucoup d'autres qui n'y satisfont pas, et la plupart d'entre ceux-là mêmes peuvent n'y plus satisfaire en raison de la destination qui leur est donnée.

Les matières premières et les machines dont se sert l'industrie ne sauraient par exemple présenter une valeur durable, puisqu'en effet les unes et les autres, par l'emploi même qui en est fait, sont usées ou détruites, disparaissent partiellement ou totalement au bout d'un certain temps. Un droit de propriété sur la valeur de tels biens périrait rapidement faute d'objet.

La plupart des marchandises qui ne font que passer dans les magasins des négociants pour tomber entre les mains des gens qui les consomment, ne sauraient remplir davantage la condition, puisque ces marchandises subsistent peu de temps.

Pour ces diverses catégories de biens, leur valeur

d'échange ne peut être utilisée dans des acquisitions en suivant le mode actuel, et si les acquisitions, en général, trouvent dans ce mode de nouvelles facilités, elles n'y rencontrent pas encore toute l'aisance qu'on est en droit d'exiger. Tout détenteur de biens, quelle qu'en soit la nature, n'est pas mis encore par ce mode en situation d'obtenir les biens de même valeur qu'il désire. Un nouveau mode doit être imaginé pour obvier à cet inconvénient et procurer aux acquisitions toutes les commodités dont elles sont susceptibles.

§ 2 — 4° Mode d'acquisition.

Acquisition au moyen de la valeur d'un ensemble de biens concrets, d'une fortune.

L'obstacle à vaincre, relativement aux biens dont nous parlons, consiste dans ce fait que, par suite des opérations industrielles, les biens s'usent ou se détruisent ou que, par suite des opérations du commerce, ils tombent entre les mains de gens qui les consomment, de sorte que leur valeur s'évanouit rapidement. Or, si l'on veut réfléchir que l'industriel recueille, à la place des matières premières et du matériel qu'il emploie et détruit, des biens dans lesquels se retrouve habituellement autant et plus de valeur que dans les biens disparus, que le commerçant reçoit, en échange des marchandises qu'il cède, des biens équivalents, et que, d'une manière générale, toute personne possédant des biens d'une certaine valeur totale a pour coutume d'administrer ces biens de manière que, quels que soient les changements et permutations qu'elle leur fait subir, elle en maintient et accroît même la valeur totale ; si l'on veut réfléchir à ce fait général, on sera immédiatement amené à reconnaître que la condition de permanence de la valeur qui n'est pas remplie par tous les biens individuellement, soit à cause de leur nature, soit à cause de leur destination, peut l'être par un ensemble de biens divers et variables, constituant l'avoir, la fortune d'une personne.

Dès lors il est aisé d'imaginer un moyen permettant, en principe, à toute personne d'utiliser pour ses acquisitions la valeur de tous ses biens, c'est d'offrir, en échange de ce qu'elle veut acquérir, une partie de la valeur non plus de biens déterminés, mais *de l'ensemble de ses biens* ou, d'un seul mot, *de sa fortune*.

La fortune, dont la valeur a été ainsi aliénée en tout ou en partie, se trouve grevée d'une charge qui l'accompagne en quelques mains qu'elle passe, par vente, donation ou succession.

Ce mode d'acquisition est encore soumis, quant aux personnes et quant aux valeurs, aux conditions du procédé général dont il n'est qu'une application. Il ne peut donc être pratiqué que par des personnes d'une probité reconnue et seulement avec des fortunes d'une valeur solide et durable.

A l'aide de ce mode d'acquisition, la valeur de tous les biens peut être employée à acquérir les choses dont on a besoin, puisqu'il s'agit non pas de la valeur de chacun des biens d'une personne, mais de la valeur de sa fortune, qui est susceptible de comprendre des biens de valeur de qualité fort différente et dont la composition même peut changer.

Ce qu'il faut donc considérer ici, ce n'est pas la qualité de la valeur de chaque bien en particulier, mais la qualité de la valeur de l'ensemble, de la fortune qu'ils constituent. Une fortune peut, en effet, renfermer des biens très fragiles et présenter cependant une valeur très sûre, si cette fragilité de la valeur des uns est rachetée par la solidité de la valeur des autres.

C'est le cas habituel de la fortune des industriels et des commerçants. Rien de plus fragile souvent que la valeur des biens qu'ils mettent en œuvre dans leurs entreprises, biens qui se modifient, se transforment, s'usent, disparaissent, tandis que d'autres s'y substituent, et rien de plus solide quelquefois que leur fortune même, grâce au concours d'un bien qui en fait aussi partie, l'industriel ou le commerçant lui-même, capable, bien doué, qui assure par sa grande valeur professionnelle, fondement de sa valeur d'échange, la solidité et la fermeté de tout l'ensemble.

Par contre, une fortune peut renfermer des biens très solides et cependant ne présenter aucune sûreté.

C'est ainsi qu'une personne fort honnête, mais incapable, douée d'une fortune renfermant des immeubles et d'autres biens très sûrs, n'a qu'une fortune fragile à cause de la mauvaise qualité du bien qu'elle constitue elle-même, qui amènera presque fatalement la dissipation de tous les autres biens dans des spéculations et des entreprises mal conçues. Ce bien défectueux portera préjudice à l'ensemble, comme un fruit gâté corrompt dans le même panier les fruits sains qui se trouvent en contact avec lui.

Cette double remarque nous permet de préciser ce qui fait la solidité d'une fortune, elle repose moins sur la solidité des biens divers qui la composent que sur la solidité du bien, en particulier, que l'homme possède en lui-même et qui fait aussi partie de sa fortune. Toute la fortune de l'homme dans le principe se réduit même à ce seul bien, ainsi qu'on l'a observé au chapitre de la production. C'est, en effet, en raison de la capacité de l'individu, de sa valeur personnelle, qu'une fortune peut subsister et croître entre ses mains.

Grâce à ce mode d'acquisition toute personne honnête et possédant une fortune solide, ou, selon la remarque précédente, toute personne honnête et capable pourra utiliser à réaliser des acquisitions la valeur qu'elle possède dans sa fortune, comprenant sa personne et ses autres biens, car elle pourra offrir, en échange des biens dont elle a besoin tout ou partie de la valeur de cette fortune, qui sera acceptée par les personnes auxquelles elle aura affaire, assurées de pouvoir la faire recevoir également en échange des biens dont elles auront elles-mêmes besoin. Cette valeur passera ainsi de main en main et sera reçue couramment en échange de tous les biens, comme précédemment le blé et la valeur de biens déterminés.

Ce quatrième mode d'acquisition, qui consiste à fournir de la valeur d'une fortune contre les biens dont on veut se pourvoir, permet d'utiliser la valeur de tous les biens qu'on possède. Il accroît donc dans une proportion considérable les facilités déjà données aux acquisitions par les modes précédents et contribue ainsi efficacement à faire parvenir aux mains des gens qui en ont besoin les biens mis à leur portée, produits.

Ce quatrième mode semble même faire atteindre aux acquisitions le dernier degré de facilité, puisqu'il suffit d'être honnête et de posséder une fortune solide, quels que soient d'ailleurs les biens qui la composent, pour pouvoir acquérir les biens qu'on désire. Seules ne peuvent réaliser leurs acquisitions que les personnes de probité nulle, douteuse ou inconnue, qui ne sauraient pratiquer l'un des procédés précédents, et les personnes honnêtes qui, dans les mêmes conditions, ne possèdent pas une fortune de valeur solide, qui ne sont pas capables.

Il y a encore cependant un progrès à faire, afin de permettre à tout le monde d'obtenir ce qu'il désire. Avec les procédés décrits jusqu'ici, il faut toujours, pour réaliser ses acquisitions, posséder une quantité de valeur, sous forme de biens divers, au moins égale à celle des biens qu'on veut obtenir, en sorte qu'une personne, capable de mettre en œuvre des biens très considérables, mais dépassant sa valeur individuelle, peut être exposée à ne pouvoir se procurer lesdits biens dont elle a besoin pour exercer ses facultés, pour tirer parti de son organisation physique et intellectuelle.

De même, à l'égard d'un propriétaire d'usine qui, ne possédant que cette usine et lui-même, aurait besoin, pour mettre ces biens en œuvre, de matières premières d'une valeur supérieure. Il courrait risque de ne pouvoir tirer parti de ses biens, faute d'obtenir d'autres biens de valeur plus grande nécessaires à cet effet.

Un dernier progrès s'impose donc ayant pour objet de permettre à toute personne honnête, quel que soit ce qu'elle possède, d'obtenir des biens pour une valeur supérieure, et à la dernière limite, de permettre à une personne ne possédant pas d'autre bien qu'elle-même d'acquérir les biens dont elle a besoin.

Pour arriver à ce résultat, on peut employer l'un des deux modes précédents grâce à la considération suivante. C'est que toute acquisition a pour résultat de faire passer dans le patrimoine de l'acquéreur le bien qui en fait l'objet, de sorte que l'acquéreur peut au moment même de l'acquisition disposer de sa valeur.

Ainsi, en échange du bien qu'il obtient l'acquéreur pourra céder, selon les deux procédés précédents, soit une quantité égale de la valeur de ce bien qui devient sien, soit une quantité égale de la valeur de sa fortune, dans laquelle le bien se trouve entrer par le fait de l'acquisition.

Cette application des deux procédés précédents donne lieu aux observations déjà faites, en ce qui concerne les biens et les fortunes auxquels elle convient, les personnes qui peuvent le pratiquer et l'acceptation courante, à titre de moyens d'acquisition, des valeurs utilisées.

Il n'y a donc rien de spécial à en dire, si ce n'est

d'en faire remarquer toute l'importance pratique, en ce que grâce à elle les biens peuvent parvenir avec la plus grande facilité entre les mains des personnes qui en ont besoin, qui sont capables de les utiliser, et notamment en ce qu'il permet à toute personne honnête et capable d'organiser de grandes entreprises de production, qui sans cela ne verraient pas le jour.

Lorsque, conformément au dernier procédé général d'acquisition, on se contente de recevoir en échange de ce qu'on cède une valeur qui reste en possession de l'acquéreur, cela s'appelle *faire crédit,* parce qu'on ne consent à une opération de ce genre que si l'on a confiance dans l'acquéreur et dans sa valeur.

Le crédit est *réel,* lorsque la valeur acceptée est celle d'un bien déterminé, parce que, dans ce cas, la confiance est motivée tant par la probité de l'acquéreur que par la qualité du bien concret ou réalité dont il conserve la possession.

Le crédit est *personnel,* lorsque la valeur acceptée est celle d'une fortune, parce que, dans ce cas, la confiance est motivée tant par la probité de la personne que par la qualité du bien que constitue la personne même, sur laquelle repose la qualité de la fortune.

§ 3. — Application des 3e et 4e modes d'acquisition.

Malgré leurs avantages, les deux derniers modes d'acquisition que nous venons d'examiner entraîneraient assurément dans la pratique un résultat fâcheux. Si, en effet, on procédait comme nous venons de l'exposer, sans aller plus loin, presque tous les biens ne tarderaient pas à se trouver aux mains de gens qui ne seraient pas propriétaires de la plus grande partie de leur valeur. De là une confusion extrême, un enchevêtrement excessif de droits de propriété ne répondant pas à l'état apparent des choses, situation qui appelle un correctif.

Ce correctif, il est aisé de l'imaginer ; il consiste dans la réacquisition par l'acquéreur même, au bout d'un certain temps, de la valeur qu'il a aliénée et dont il est demeuré possesseur sous la forme des biens dans lesquels elle réside. On peut opérer cette réacquisition en procurant au propriétaire de la valeur une valeur égale sous l'une des formes où une valeur peut être effectivement fournie, c'est-à-dire sous la forme d'un bien, répondant à un besoin spécial ou au besoin général de faire des acquisitions, ou encore en cédant une valeur égale, de même nature que celle qu'il s'agit de racheter, et dont l'acquéreur serait propriétaire lui-même en vertu d'une cession faite par lui dans des conditions semblables.

Par exemple, j'ai acquis de vous un bien d'une valeur de 100 et vous ai cédé en retour 100 de la valeur d'un de mes biens ou de ma fortune en général ; cette valeur dont je garde le dépôt, je peux en recouvrer la propriété de trois façons : 1° en vous procurant un bien concret valant 100 dont vous avez besoin pour utiliser ses qualités spéciales ; 2° en vous procurant un bien concret valant 100 et susceptible d'être agréé par vous en considération seulement de sa valeur, c'est-à-dire une monnaie réelle ; 3° en vous procurant 100 de la valeur d'un bien déterminé ou de la fortune d'une personne qui aurait fait, suivant l'un des deux derniers modes une acquisition, soit de moi-même, soit d'une autre personne de laquelle je tiendrais ces 100, une telle valeur étant susceptible d'être cédée, ainsi qu'on l'a vu, en échange des biens.

Dès lors pour assurer la réacquisition des valeurs ainsi cédées, il est nécessaire que les acquéreurs prennent l'engagement de la faire à une époque fixée, en procurant une valeur égale sous une forme déterminée.

Ils devront, en conséquence, se pourvoir dans l'intervalle, pour le jour prescrit, par voie d'échange ou autrement, pour des valeurs égales à celles qu'ils doivent réacquérir, soit d'un bien répondant à un besoin spécial des personnes auxquelles ils ont eu affaire ou de celles auxquelles celles-ci ont cédé les valeurs en question, soit d'un bien répondant au besoin général de faire des acquisitions, c'est-à-dire d'un bien admis comme moyen d'acquisition, d'une monnaie réelle, soit enfin de valeurs de nature semblable à celles qu'il s'agit de recouvrer.

Tel est, en somme, le procédé complet qui s'analyse en deux échanges reliés par un engagement :

1° Échange d'une valeur, dont on garde la possession, et d'un bien.

2° Engagement de réacquérir, à une époque fixée, la valeur aliénée, en fournissant une valeur égale sous une forme convenue.

3° Échange, en exécution de cet engagement, à l'époque fixée, d'une valeur, sous la forme convenue, et de la valeur aliénée, dont on recouvre ainsi la propriété.

En pratique, les choses ne se passent pas tout à fait de cette manière, du moins dans la forme, car pour le fond il reste le même, ainsi que l'analyse le montre aisément. Au lieu de procéder en deux échanges reliés par un engagement, on procède en un échange unique qui n'en est que la condensation.

On offre à la personne à laquelle on a affaire de lui procurer à une époque ultérieure, sous une forme convenue, une valeur égale à celle de ce que l'on en veut obtenir, c'est-à-dire qu'on propose de se constituer son débiteur, de la reconnaître comme créancière de cette valeur.

En d'autres termes, on offre à la personne à laquelle on a affaire, en échange de ce qu'on en veut obtenir, une valeur égale sous la condition de ne la fournir qu'à une époque ultérieure; une valeur qui restera due pendant un certain temps; une valeur dont elle sera créancière, c'est-à-dire qui lui appartiendra désormais, mais qui ne lui sera livrée qu'ultérieurement; en un mot, une *créance* dont elle pourra se servir pour acquérir les choses mêmes dont elle a ou aura besoin, en la cédant en totalité ou en partie aux personnes auxquelles elle s'adressera.

Si cette créance remplit les conditions nécessaires pour rendre possible son échange courant contre tous les biens, pour que l'espérance de s'en servir à acquérir les biens dont on a besoin ne soit pas vaine, en un mot pour servir de moyen d'acquisition, l'offre assurément sera acceptée et l'acquisition réalisée.

La proposition de fournir, en payement, une créance, ne saurait rencontrer un accueil favorable que si certaines conditions sont remplies, conditions précisément identiques à celles que nous avons rencontrées pour l'acceptation d'une valeur restant en la possession de celui qui la cède.

Il faudra, en premier lieu, que l'acquéreur soit *solvable*, c'est-à-dire qu'il possède dans sa personne et dans ses autres biens, en y comprenant ceux que l'acquisition projetée doit y joindre, une valeur sérieuse et durable au moins égale.

L'engagement, en effet, de fournir une certaine valeur dans un temps déterminé n'est sérieux que si l'on possède déjà cette valeur sous une forme ou sous une autre, parce qu'il est impossible d'obtenir quelque chose avec rien dans les circonstances ordinaires, normales. Soit que l'on produise, soit que l'on acquière les biens, on n'en devient propriétaire qu'en donnant valeur contre valeur. Si donc on ne possède rien ou si l'on ne possède qu'une quantité de valeur insuffisante, on ne pourra fournir sous la forme prévue la quantité de valeur qu'on aura pris l'engagement de procurer. La proposition de le faire ne saurait être acceptée dans ce cas.

Il faudra, en second lieu, que l'acquéreur soit *honnête*, afin que, solvable au moment de l'opération, il ne vienne pas par malveillance détruire cette solvabilité, en dissipant les biens au moyen desquels seulement il peut se procurer ce qu'il s'est engagé à fournir.

On sait, maintenant, que la solidité de la valeur qu'une personne possède dans ses biens peut tenir à deux causes différentes ; à la solidité de la valeur de certains biens déterminés ou à la solidité de la valeur de l'ensemble de ses biens, de sa fortune, due, dans ce dernier cas, à la solidité de la valeur de la personne même. De là une distinction qui correspond à celle qui a été faite précédemment et donne lieu à deux modes d'acquisition par le procédé pratique que nous étudions.

S'il s'agit d'un acquéreur honnête, mais d'une valeur personnelle douteuse ou évidemment nulle, la personne qui aura affaire à lui exigera, pour accepter sa créance, qu'il affecte spécialement un bien durable à sa sûreté. Autrement elle ne consentira pas à traiter, car l'engagement, pris de très bonne foi assurément par l'acquéreur honnête, risquerait trop à l'échéance de ne pouvoir être rempli, par suite de la dilapidation de tous ses biens dans des entreprises mal conçues.

Le bien, ainsi affecté à la sûreté de la créance, se trouve dès lors grevé d'une charge qui l'accompagne, en quelques mains qu'il passe. L'acquéreur ne pourra le transmettre sans cette charge, qui, par conséquent, diminue d'autant son droit de propriété sur lui, jusqu'à ce qu'il ait rempli son engagement de fournir une valeur égale à celle pour laquelle la valeur de ce bien est engagée.

Les immeubles conviennent spécialement à ce genre d'application (hypothèque), beaucoup de marchandises aussi (warrants, etc.), presque tous les objets fabriqués (prêts sur gage, monts-de-piété, etc.).

S'il s'agit, au contraire, d'un acquéreur honnête et doué d'une valeur personnelle reconnue, capable d'assurer la conservation et l'augmentation de sa fortune, sa proposition de fournir ultérieurement une valeur en échange de ce qu'il sollicite pourra être acceptée, sans autre gage que la fortune du débiteur.

Tel est en pratique ce procédé d'acquisition, qui consiste *dans un échange entre une valeur à fournir à une époque ultérieure, c'est-à-dire entre une créance immédiate, et ce qui est acquis.*

Il est facile de montrer que ce procédé n'est que la condensation du procédé théorique. L'analyse y retrouve les mêmes éléments. Il remplit le même but, celui de permettre d'utiliser pour les acquisitions la valeur des biens sans livrer au moins immédiatement ces biens.

L'acquéreur, en effet, qui obtient ce qu'il désire en se reconnaissant débiteur d'une valeur égale au profit du cédant-créancier, reconnaît par là que, dans la valeur qu'il possède, une valeur égale à celle qu'il doit appartient à son créancier, sans quoi il ne lui devrait rien. De sorte qu'en réalité, pendant tout l'intervalle qui sépare la livraison par le cédant de ce que sollicite l'acquéreur et la livraison par celui-ci, sous la forme convenue, de la valeur qu'il s'est engagé à fournir, le cédant se trouve avoir la propriété d'une valeur égale possédée par l'acquéreur. Le premier acte du procédé théorique, l'échange entre ce qui est cédé et une valeur égale restant en la possession de l'acquéreur, s'accomplit donc tacitement.

Quant au second acte, il se retrouve dans la livraison par l'acquéreur, à l'époque fixée et sous la forme convenue, de la valeur due, livraison qui s'analyse dans un second échange entre cette valeur et la valeur égale que l'acquéreur a tacitement aliénée, en recevant ce qu'il désirait et se reconnaissant débiteur.

D'autre part, le but atteint par le procédé pratique est identique à celui du procédé théorique. On pourrait croire, au premier abord, qu'il en est autrement, qu'obtenir un bien en se constituant débiteur ne revient pas à utiliser la valeur de ses biens, y compris celui que l'acquisition y fait entrer, mais la condition même qui s'impose à toute constitution de dette, que l'acquéreur soit solvable, qu'il possède déjà, sous une forme ou sous une autre, une valeur égale à celle qu'il s'engage à fournir, montre que cette opinion serait erronée.

Ce qui diffère dans le procédé pratique, c'est seulement le mode suivant lequel les opérations sont réalisées et non le fond qui reste le même. Lorsqu'un acquéreur propose de fournir en échange d'un bien une valeur égale sous une forme déterminée à une époque convenue, cette proposition s'analyse, à cause de la condition qui doit être remplie pour son acceptation, dans l'offre de cession d'une valeur qu'il possède sous une certaine forme et l'engagement de la réacquérir, en procurant en échange, à l'époque fixée et sous la forme convenue, une valeur égale.

Par le procédé théorique, le cédant devient sur-le-champ propriétaire d'une quantité de la valeur d'un bien spécial ou de l'ensemble des biens composant la fortune de l'acquéreur, égale à celle de ce qu'il lui abandonne. Ultérieurement, à l'époque fixée, il deviendra propriétaire d'une valeur égale, que l'acquéreur lui procurera sous la forme convenue.

Par le procédé pratique, le cédant deviendra propriétaire d'une valeur égale à celle de ce qu'il abandonne, valeur que l'acquéreur s'engage à lui procurer sous une forme convenue à une époque déterminée et, actuellement, devient tacitement propriétaire d'une quantité égale de la valeur d'un bien spécial gagé ou de la fortune de l'acquéreur-débiteur.

Cette manière d'envisager les choses est juste.

Il suffit pour s'en convaincre de voir ce qui se passe lorsque l'acquéreur ne remplit pas son engagement à l'époque fixée. Le créancier s'empare alors des biens du débiteur et réalise sous la forme convenue une quantité de leur valeur égale à celle à laquelle il a droit, c'est-à-dire qui lui appartient.

Quoi qu'il en soit, et c'est le but que nous voulons atteindre par cette analyse, il ressort de tout ceci que les acquisitions réalisées en se constituant débiteur, le sont en utilisant la valeur des biens qu'on possède sans s'en dessaisir, au moins pendant un temps plus ou moins long, qui permet de se procurer quelque chose à la convenance des personnes auxquelles on a affaire.

Acquérir un bien en se constituant débiteur, c'est offrir en échange une quantité égale de valeur de ses biens, sous la condition qu'on en restera détenteur jusqu'à une époque déterminée, à laquelle on s'engage à procurer une valeur égale sous une forme convenue. Voilà ce que découvre l'analyse des acquisitions faites suivant ce procédé.

Ceci ressort encore de la situation du débiteur, jusqu'à l'exécution de son engagement. Être possesseur d'une fortune d'une valeur totale de 125 en y comprenant un bien de 25 qu'on a acquis sans en avoir encore fourni d'équivalent, en se constituant débiteur, c'est assurément n'être propriétaire que de 100, tandis que 25 appartiennent au cédant.

Il est si vrai que, lorsqu'on fait une acquisition d'après ce procédé, on transmet en réalité la propriété de la valeur des biens qu'on possède, que l'on ne peut obtenir de biens à crédit pour une valeur supérieure à celle des biens qu'on possède, y compris le bien que l'homme constitue avec ses qualités et facultés. Ceci résulte de la deuxième condition requise pour que l'offre d'échanger une créance contre un bien soit acceptée.

Lorsqu'en échange de biens qu'on cède on se contente de devenir créancier de l'acquéreur pour une valeur égale, cela s'appelle faire crédit ; si l'on exige la garantie d'un gage, constitué par un bien d'une valeur durable, le crédit est réel, parce qu'il est accordé en raison de la qualité d'une chose (*res*) ; si on n'en exige d'autre garantie que la capacité de l'acquéreur, le crédit est personnel, parce qu'il est accordé en raison de la qualité du bien que constitue la personne même de l'acquéreur.

Grâce au crédit, soit réel, soit personnel, les acquisitions trouvent les plus grandes facilités ; la valeur d'échange, la puissance d'acquisition de tous les biens peut être utilisée à cet effet.

Il n'y a plus que les personnes d'une probité douteuse ou inconnue, ne possédant pas de biens susceptibles d'être gagés, qui soient obligées pour se servir de la valeur de leurs biens, de les échanger au préalable contre des biens monnaies et qui demeurent exposées aux inconvénients de cette obligation.

CHAPITRE IV.

RÉSUMÉ ET CONCLUSION.

Résumé des quatre modes d'acquisition. — Monnaies réelles. — Monnaies fiduciaires réelles et monnaies fiduciaires personnelles. — Trocs et achats-ventes.

Tels sont, avec leurs modes, les divers procédés qui permettent d'acquérir les biens dont on a besoin, en remplissant les trois conditions de toute acquisition : de procurer quelque chose qui convienne au cédant, qui soit de même valeur et qui ne dépasse pas l'étendue de son besoin.

Par le premier procédé, les acquisitions se font au moyen de biens concrets, suivant deux modes particuliers.

Suivant le premier mode, l'acquéreur procure un bien concret, répondant à un besoin spécial du cédant, et, par suite, agréé en raison de ses qualités spéciales.

Suivant le second mode, l'acquéreur fournit un bien concret, qui répond chez le cédant au besoin général, indéfini et permanent de faire des acquisitio ns, et qui est accepté ainsi en raison seulement de sa valeur d'échange.

Par le deuxième procédé, les acquisitions sont réalisées au moyen de valeurs dont la propriété est transmise, tandis que la possession en reste à l'acquéreur jusqu'à une époque convenue.

Suivant le troisième mode, l'acquéreur aliène une quantité déterminée de la valeur d'un de ses biens spécialement désigné, tandis que, suivant le quatrième mode, il aliène une quantité déterminée de la valeur de l'ensemble de ses biens, de sa fortune.

Ainsi qu'on l'a déjà remarqué, en son lieu et place, les biens couramment acceptés en échange des autres en considération de leur valeur d'échange seulement, d'après le deuxième mode d'acquisition, constituent ce qu'on appelle des *monnaies réelles.*

Les valeur sexigibles, conformément aux troisième et quatrième modes d'acquisition, à une époque fixée, sous une forme déterminée, qui sont reçues couramment en échange de tous les biens, constituent ce qu'on appelle des *monnaies de crédit* ou *fiduciaires*, parce qu'elles supposent la confiance des personnes qui les acceptent dans le débiteur et les biens qu'il possède.

Ce sont des *monnaies de crédit réel* ou *fiduciaires réelles*, si ces valeurs répondent actuellement à celle de biens déterminés individuellement, et des *monnaies de crédit personnel* ou *fiduciaires personnelles,* si elles répondent à la valeur de l'ensemble des biens, c'est-à-dire de la fortune des débiteurs.

Le fait pour des biens concrets et pour des valeurs, biens abstraits, d'être acceptés couramment en échange de tous les biens, les désigne comme moyens spéciaux d'acquisition, car il suffit d'en disposer pour être sûr d'obtenir ce qu'on veut.

En outre, de tels biens, reçus uniquement à cause de leur valeur, et de telles valeurs, biens abstraits, forment des moyens de libération tout indiqués, une dette étant une redevance de valeur.

On définira donc bien les monnaies : des moyens d'acquisition et de libération, ou, d'un seul mot, des moyens de payement, constitués par des biens, que l'on donne et que l'on accepte couramment en considération de leur seule valeur.

Les règles qui gouvernent les monnaies forment, après la théorie de la valeur d'échange et celle des procédés d'acquisition, la troisième grande théorie relative à l'acquisition des biens.

Les échanges dans lesquels chaque partie contractante obtient des biens concrets répondant à ses besoins spéciaux, reçoit ses biens en considération de leurs qualités particulières et de la destination spéciale à laquelle ces qualités les rendent respectivement propres, constituent ce qu'on appelle des *trocs*.

Les échanges dans lesquels l'une des parties contractantes donne un bien ayant un caractère spécial, tandis que l'autre fournit une monnaie réelle ou fiduciaire, constituent des *achats-ventes*, ce sont des achats pour les gens qui fournissent de la monnaie, et qui, par suite, sont qualifiés d'acheteurs; ce sont des ventes pour les gens qui fournissent d'autres biens et qui, par suite, sont qualifiés de *vendeurs*.

Lorsqu'un achat-vente est fait au moyen de monnaie réelle, il est dit *au comptant;* quand il est fait au moyen de monnaies fiduciaires, il est dit *à crédit*.

Les achats et les ventes sont également des actes d'acquisition : par les premiers on se procure des biens quelconques, par les seconds des biens-monnaies.

IIIe SECTION.

THÉORIE DE LA MONNAIE

CHAPITRE I.

DES MONNAIES OU MOYENS DE PAYEMENT.

§ 1. — Définition. — Nature essentielle des monnaies.

Qu'est-ce que la monnaie?

On désigne habituellement sous le nom de monnaie, dans un pays déterminé, *l'ensemble des instruments de payement*, pièces d'or, d'argent, de cuivre, de nickel, billets de banque, assignats, etc., *qui servent couramment à faire des achats et à éteindre des dettes et sont réunis dans un même système, dit système monétaire.*

La monnaie ainsi comprise et définie forme un tout complexe renfermant des éléments assez divers, entre lesquels il est indispensable d'établir des distinctions et qu'il faut étudier séparément pour en bien démêler la nature respective, avant d'aborder l'étude de l'organisation spéciale dans laquelle ils se groupent.

En examinant les difficultés relatives aux acquisitions par voie d'échange, nous avons été amené à constater comment naissent les monnaies et à les définir.

Les monnaies, avons-nous dit, sont des moyens de payement ayant cours ordinaire dans la société.

Et nous avons distingué trois sortes de moyens de payement ou monnaies : les monnaies réelles, les monnaies de crédit réel et les monnaies de crédit personnel, moyens de payement qui consistent respectivement dans des biens concrets réels, des créances réelles et des créances personnelles, reçues couramment en considération de leur seule valeur.

D'après cela, on pourrait encore définir la monnaie *un ensemble de moyens de payement* ou *monnaies diverses consacrées par un même système.*

On voit que ce mot « monnaie » répond à plusieurs idées et nécessite des distinctions nombreuses, dont aucune ne doit être négligée, si l'on veut éviter des confusions regrettables.

La seule définition importante au point de vue scientifique est celle d'une monnaie, *moyen de payement ayant cours ordinaire dans la société.*

Les autres définitions supposent celle-ci.

Avant donc d'étudier la monnaie définie comme on l'a fait au début, un ensemble de monnaies diverses réunies dans un même système, il faut d'abord préciser la nature essentielle des monnaies et les qualités et conditions requises de chaque espèce; nous verrons ensuite les qualités et conditions requises d'un ensemble de monnaies destinées à faire le service des échanges dans un pays.

Les analyses précédentes nous permettent de trancher rapidement le premier point.

La nature essentielle des monnaies consiste dans de la valeur d'échange, puisqu'en effet l'objet d'un payement est toujours au fond une valeur à transmettre en propriété et qu'une monnaie réelle, notamment, n'est monnaie qu'en raison de la valeur que renferme le bien concret qui la constitue.

Tantôt cette valeur est celle de biens réels déterminés; la propriété en est transmise en même temps que celle des biens eux-mêmes, qui sont procurés d'une manière effective dans les payements. Ces biens deviennent dès lors des monnaies réelles.

Tantôt cette valeur est celle de biens également déterminés, mais la propriété en est transmise sans celle des biens eux-mêmes, qui se trouvent demeurer aux mains des acquéreurs. Ceux-ci conservent, par conséquent, la possession de la valeur aliénée qui ne peut être séparée des biens eux-mêmes. Les valeurs dont il s'agit deviennent ainsi des monnaies fiduciaires réelles.

Tantôt cette valeur est celle d'un ensemble de biens, d'une fortune; la propriété en est transmise sans celle des biens variables qu'elle comprend; ces biens restent aux mains des acquéreurs, qui conservent la possession de la valeur aliénée. Les valeurs cédées de la sorte en propriété, en payement des biens, deviennent des monnaies fiduciaires personnelles.

Ainsi apparaît nettement la nature essentielle des monnaies, qui consiste dans de la valeur d'échange cédée en payement des acquisitions.

Examinons maintenant les qualités et conditions requises d'une monnaie pour remplir le rôle qui lui est dévolu dans la société. Nous ferons, chemin faisant, les observations que chaque qualité ou condition suscitera à l'égard des trois sortes de monnaies : monnaies réelles, monnaies fiduciaires réelles et monnaies fiduciaires personnelles.

§ 2 — Conditions requises des monnaies ou moyens de payement

Une monnaie est un moyen de payement; elle a pour but de procurer des valeurs, valeurs (prix) des biens objets d'acquisition, valeurs (montant) d'obligations, les unes et les autres exprimées en unités de valeur.

Pour remplir son rôle d'une manière satisfaisante, une monnaie doit posséder deux qualités essentielles : *la sûreté* et *la commodité* :

La sûreté, car on ne l'accepterait pas en payement si l'on ne pouvait faire fond sur sa puissance d'achat et de libération.

La commodité, car si elle était d'un emploi trop difficile dans les payements, la plupart des gens ne s'en servirait pas ; elle n'aurait pas cours.

Pour réunir ces deux qualités, une monnaie doit satisfaire à un certain nombre de conditions que l'on va passer en revue.

1. — Une monnaie doit tout d'abord *posséder de la valeur*, puisque c'est seulement à raison de sa valeur qu'on l'accepte en échange des biens ou en acquit des dettes.

Les monnaies réelles, étant des biens concrets, des choses reçues pour leur valeur propre, doivent en conséquence être formées de biens doués d'une valeur intrinsèque.

Les monnaies fiduciaires, étant constituées par la valeur même de biens dont les détenteurs conservent la disposition totale ou partielle, sous leur sauvegarde ou sous celle d'un gage, doivent correspondre à des biens doués réellement de valeur et assurés, entre les mains des personnes qui les détiennent, soit par une probité incontestable, soit par un gage sérieux.

2. — Reçue en considération de sa valeur d'échange seulement, une monnaie doit *posséder une valeur de bonne qualité*, c'est-à-dire durable, persistante, invariable ou tout au moins non sujette à diminution, afin qu'on puisse constamment trouver en elle une puissance d'achat et de libération au moins égale à celle pour laquelle on a consenti à l'accepter.

Les monnaies réelles doivent, en conséquence, être formées de biens à valeur fixe ou tout au moins non sujette à se déprécier.

La valeur d'un bien dépend d'éléments de grandeur variable, ainsi qu'on l'a vu précédemment ; elle est donc essentiellement instable, de sorte qu'aucun bien ne réalise l'idéal d'une fixité absolue de valeur.

A l'égard des monnaies fiduciaires, il y a lieu d'observer qu'étant formées purement et simplement de valeur d'échange, leur valeur ne saurait changer de leur propre fait, à la différence des monnaies réelles formées de biens dont la valeur est variable.

De même la force d'une machine peut changer avec les circonstances, tandis qu'une force déterminée est invariable en elle-même, c'est cette quantité de force et non une autre plus grande ou plus petite.

Cependant comme les monnaies de crédit, formées purement et simplement de valeur, ne peuvent être désignées qu'au moyen de la valeur d'un bien déterminé, par une quantité de ce bien, ces monnaies sont soumises aussi aux fluctuations de valeur des biens dont la valeur sert à les exprimer, à les mesurer.

Ainsi un achat peut se faire au comptant pour 100 grammes d'or, supposant l'or consacré comme monnaie réelle, ou à crédit pour 100 grammes d'or, supposant l'or consacré comme mesure de valeur. Dans le premier cas, ce qui est dû et ce qui est fourni, c'est 100 grammes d'or en réalité; dans le second cas, ce qui est dû et ce qui sera fourni, c'est seulement une valeur égale à celle de 100 grammes d'or, valeur à prendre sur les biens de l'acheteur qui s'est constitué débiteur.

Il est bien vrai qu'ultérieurement la dette d'une valeur de 100 grammes d'or pourra être éteinte au moyen de la livraison effective de 100 grammes d'or, mais peut-être le sera-t-elle autrement. Il en sera même ainsi le plus généralement pour les producteurs qui sont créanciers d'un côté et débiteurs de l'autre, en sorte que les valeurs qu'ils doivent sont balancées par celles qui leur sont dues, toutes se compensent sans intervention de monnaie réelle.

D'après cet exemple on se rend compte que l'or, monnaie réelle, changera de valeur en tant que bien, tous les biens étant de valeur variable, tandis que la valeur, monnaie de crédit, désignée par comparaison à celle de l'or, valeur qui ne devait pas changer de son propre fait, qui devrait rester constamment égale à celle de 100 grammes d'or au moment de l'acquisition, subira dans la suite les fluctuations de la valeur de l'or dont on s'est servi pour l'exprimer.

Il convient, par conséquent, de désigner les monnaies fiduciaires au moyen de biens dont la valeur est fixe ou au moins non sujette à se déprécier ; et la remarque générale que nous avons faite sur l'instabilité essentielle de la valeur des biens peut être ici renouvelée.

C'est là une des qualités requises des mesures de valeur, qu'elles soient fixes.

Une monnaie fiduciaire peut encore changer de valeur par trois causes : par l'insuffisance des biens du débiteur dans lesquels réside moins de valeur qu'il n'en a été détaché nominalement pour constituer cette monnaie ; par le manque d'honnêteté du débiteur qui ne remplit pas sa promesse de procurer cette valeur en biens réels, si on n'a pas d'autres moyens de la recouvrer ; enfin par l'insuffisance du gage dans lequel réside moins de valeur que n'en renferme nominalement la monnaie de crédit.

Il faut donc qu'une monnaie fiduciaire réponde à des biens de valeur suffisante, garantis par l'honnêteté constante des personnes qui les détiennent ou par un gage d'une valeur suffisante.

3. — Une monnaie doit avoir *cours forcé;* car, instituée comme moyen légal de libération, il faut que les créanciers puissent l'exiger et les débiteurs l'imposer en payement.

4. — Une monnaie doit avoir un *prix indiscutable.* S'il en était autrement, elle ferait l'objet de contestations sans fin; on n'arriverait jamais à s'entendre entre débiteur et créancier, acheteur et vendeur.

C'est à l'autorité publique qu'il appartient de fixer le prix d'une monnaie. Ce prix une fois déterminé, tout débiteur ou acheteur sait d'une manière certaine ce qu'il est tenu de fournir pour éteindre son obligation ou réaliser son acquisition; tout créancier ou vendeur sait ce qu'il a droit de recevoir.

5. — Une monnaie doit avoir *une valeur légale conforme à sa valeur réelle;* en d'autres termes, son prix déterminé par l'autorité publique doit être l'expression de sa véritable valeur; car c'est pour elle qu'elle est acceptée et non pour une valeur plus ou moins fictive.

6. — Une monnaie doit posséder autant que possible

un *prix invariable,* parce qu'il serait très gênant pour solder des comptes de se trouver constamment en présence de nouveaux éléments de calcul.

Cette gêne toutefois ne serait que relative. Il n'y a, en effet, d'inconvénient véritable à ce que le prix d'une monnaie change que si le fait se produit trop souvent. Que le prix soit de 6, par exemple, pendant un an, et que dans la suite il soit de 7, un tel changement ne saurait apporter aux calculs une difficulté pratique sérieuse.

Le prix d'un bien étant l'expression de sa valeur comparée à celle d'un bien choisi comme mesure, et la valeur des biens étant essentiellement variable, on ne peut assurer aux monnaies réelles, biens donnés et reçus pour leur valeur, un prix invariable qu'en consacrant en même temps comme monnaies réelles et comme mesures de valeur les mêmes biens, car dans ce cas leur prix, expression de leur valeur par rapport à elle-même, ne peut changer, doit demeurer immuable.

Que l'on consacre, par exemple, comme monnaie réelle le blé et comme mesure de valeur le fer, cette monnaie de blé vaudra tantôt plus tantôt moins de fer, suivant les changements respectifs de valeur des deux biens; cette monnaie sera d'un prix variable. Si, au contraire, on consacre comme monnaie réelle et mesure de valeur le blé, son prix, expression de la valeur d'une certaine quantité, soit d'un hectolitre, par rapport à la valeur d'une autre quantité, soit d'un litre, choisie comme unité de valeur, sera toujours égal à 100.

En fait, dans les systèmes monétaires, on s'est toujours inspiré de cette exigence pratique, si bien qu'on n'a jamais séparé les idées de monnaie et de mesure de valeur. De là est née cette opinion généralement répandue, mais fausse et dangereuse, que les monnaies sont des mesures de valeur.

En ce qui concerne les monnaies fiduciaires, qui sont purement et simplement de la valeur, leur prix n'étant autre que l'expression d'une certaine quantité de valeur au moyen d'une mesure de valeur, et non plus l'expression de la valeur d'une certaine quantité d'un bien, est nécessairement fixe.

Une monnaie fiduciaire d'un prix de 64 mesures de blé, c'est-à-dire d'une valeur égale à celle de 64 mesures de blé, sera toujours du prix invariable de 64.

Remarquons que le prix d'une monnaie réelle ou fiduciaire peut changer du fait d'une variation de sa valeur, mais nous n'avons pas à nous en occuper ici, car nous avons déjà indiqué que l'invariabilité dans la valeur est requise des moyens de paiement, et, en traitant de la condition de fixité du prix, nous supposons la précédente remplie.

7. — Pour qu'une monnaie soit d'un emploi facile, il faut *que les sommes,* valeur de marchandises ou montant d'obligations, *qu'elle a pour objet de solder, soient exprimées en unités de même nature que celle au moyen de laquelle son prix est énoncé.* Il faut ainsi que la valeur d'un bien payable en argent soit exprimé en valeur d'argent, 5 d'argent par exemple, et non pas que, payable en argent, elle soit exprimée en valeur de cuivre, 20 de cuivre par exemple.

Cette condition est requise pour deux raisons : d'abord parce qu'il serait très gênant pour solder un compte d'avoir à rechercher au préalable combien vaut l'une des deux unités par rapport à l'autre ; ensuite, parce que, en raison de l'instabilité de la valeur relative des biens qui seraient employés simultanément comme mesures de valeur, on ne pourrait faire fond sur la monnaie dont on se serait muni en prévision d'un achat à réaliser ou d'une dette à éteindre.

Il serait, par exemple, très incommode d'avoir à payer avec une monnaie réelle constituée par du blé ou avec une monnaie fiduciaire d'une valeur exprimée en mesures de blé, une dette dont le montant serait énoncé en mesures de vin, car il faudrait rechercher d'abord, et non pas une fois pour toutes, mais dans chaque occasion, la valeur relative des biens variant sans cesse, quelle quantité de blé vaut une mesure de vin, et en déduire la quantité de blé à fournir, opération préliminaire dont il importe de s'affranchir.

Que si, au contraire, la dette à éteindre en blé ou en monnaie de crédit de prix énoncé en mesures de blé, est elle-même formulée en mesures de blé, 72 mesures par exemple, ce nombre indique de suite sans calcul la quantité de monnaie, blé ou valeur de blé, qu'il y a lieu de fournir pour se libérer.

D'un autre côté, supposons qu'on ait l'intention d'acheter un objet d'un prix de 100 mesures de vin ou d'éteindre une dette d'une valeur de 100 mesures de vin, et qu'on se soit muni à cet effet d'une monnaie, de blé par exemple, pour une valeur de 100 mesures de vin ; la valeur relative des deux biens étant naturellement variable, il pourra se faire qu'au moment du marché ou de l'échéance, la provision de blé ne vaille plus que 95 mesures de vin, en sorte qu'on ne sera pas en état d'acheter ou de se libérer comme on se le proposait, ce qui présenterait une gravité exceptionnelle dans l'hypothèse d'un engagement à remplir à jour fixe.

Mais si le montant de l'obligation ou la valeur de l'objet est formulée en unités de même nature que celle au moyen de laquelle est exprimée la valeur de la monnaie, s'il s'agit par exemple de solder en blé une marchandise ou une dette de 100 mesures de blé, rien ne peut faire que, s'étant pourvu à l'avance de 100 mesures de blé, on ne soit pas en état de s'acquitter au jour du marché ou de l'échéance.

Il résulte, en définitive, de ces deux dernières conditions, que la consécration d'un bien comme monnaie réelle entraîne sa consécration comme mesure de valeur, pour l'expression de son propre prix et celle des sommes au payement desquelles il est destiné.

Il en résulte encore, à l'égard des monnaies fiduciaires, que leur prix doit être formulé en la valeur du bien même au moyen duquel sont exprimées les sommes, prix de marchandises ou montant d'obligations, qu'elles doivent servir à payer.

Il n'est pas inutile de remarquer ici que si une monnaie fiduciaire a sa valeur exprimée en un bien consacré comme monnaie réelle, les sommes formulées à l'aide de ce bien sont susceptibles d'être déclarées payables à la fois en deux monnaies différentes, en monnaie réelle ou en monnaie fiduciaire.

8. — Une monnaie doit être *mobilière*, et plus que cela, aisément *transportable*, afin qu'on puisse la transmettre facilement et en porter avec soi sans gêne une quantité suffisante pour satisfaire les besoins journaliers.

Dans ce but il est nécessaire que chaque monnaie possède sous un poids et un volume commodes *une valeur en rapport avec les sommes qu'elle a pour objet de solder.*

La réalisation de cette condition exige, en ce qui concerne les monnaies réelles, qu'on ne consacre comme telles que des biens doués, sous un poids et un volume commodes, d'une valeur proportionnée aux payements qu'elles sont respectivement destinées à effectuer.

Il n'est pas exact de dire, comme l'ont fait beaucoup d'auteurs, qu'une monnaie doit être constituée par un bien très précieux. De même qu'un bien très vil serait peu propre aux gros payements, un bien très précieux ne serait pas mieux approprié aux petits payements : l'un serait trop lourd et encombrant, l'autre trop léger et ténu.

Un système monétaire qui consacre une monnaie réelle ne peut se borner à cette seule monnaie, parce que, quelle qu'elle soit, bien de valeur déterminée sous un certain poids et un certain volume, elle conviendrait à un ordre de payements, mais non pas à tous. Le cuivre, par exemple, est propre aux petits payements mais non aux gros ; l'or, au contraire, convient aux gros payements et non pas aux petits.

En ce qui concerne les monnaies de crédit, qui sont purement et simplement de la valeur, elles sont plus que mobilières, puisqu'elles ne tombent pas sous les sens et leur transmission peut se faire avec une grande facilité, verbalement.

J'ai vendu à crédit un terrain et j'ai reçu en échange une valeur de 1,000 mesures de blé comprise dans les biens de l'acheteur; j'achète à crédit un tableau d'une valeur de 1,000 mesures de blé que je paie en attribuant ma créance au vendeur substitué ainsi en mon lieu et place dans mon droit.

Il est bon de faire observer ici que nous parlons en ce moment des monnaies fiduciaires en elles-mêmes, c'est-à-dire simplement de valeurs, comme nous parlons de monnaies réelles en elles-mêmes, c'est-à-dire de biens simplement, sans autre détermination des unes et des autres en ce qui concerne les formes sous lesquelles elles sont employées dans la pratique même des payements et dont nous aurons à traiter dans la suite.

9. — Une monnaie, ainsi qu'on l'a déjà indiqué, doit être *divisible*, afin qu'il soit possible en toute occasion d'en fournir exactement pour la valeur de la marchandise ou de l'obligation à solder.

Il ne faut donc choisir comme monnaies réelles que des biens susceptibles d'une division matérielle, comme sont les grains, les liquides, les matériaux, etc.

Quant aux monnaies de crédit, elles sont essentiellement divisibles, car il n'y a rien de plus divisible que la valeur en elle-même, abstraction faite des biens dans lesquels elle réside. Ces biens fussent-ils impartageables, qu'il serait toujours possible d'attribuer à quelqu'un telle quantité de leur valeur qu'on voudrait.

C'est ce que fait toute personne qui se constitue débitrice ; elle peut, quelle que soit la nature de ses biens, déléguer une quantité quelconque de leur valeur jusqu'à concurrence de leur valeur totale. Les dettes hypothécaires sont ainsi constituées sur des biens indivisibles.

10. — Une monnaie doit être *homogène*. Cette condition n'est que la résultante de deux conditions précédentes, savoir, qu'une monnaie doit avoir une valeur invariable et être divisible. Il n'y a en effet que les choses homogènes qui soient susceptibles d'être divisées en plusieurs parties sans que la valeur totale de celles-ci diffère de celle de leur ensemble avant le partage.

Il faut donc choisir pour monnaies réelles, des biens matériellement homogènes, comme sont plus spécialement les métaux.

Quant aux monnaies fiduciaires, simples valeurs, rien de plus homogène. Un certain pouvoir d'acquisition est assurément semblable à lui-même dans toutes ses parties. Une valeur de dix est exactement égale à la somme de deux valeurs de cinq : la première peut être divisée en autant de parties qu'on voudra, la valeur totale de celles-ci sera toujours égale à la valeur primitive de l'ensemble.

11. — Une monnaie doit être *de qualité et de quantité aisément reconnaissables.* Autrement, elle ne pourrait circuler avec la rapidité qu'exigent les affaires, étant incessamment arrêtée par des opérations de dosage et de mesurage ou d'estimation, et par les contestations sans nombre que soulèveraient ces opérations. Il résulterait de cet état de choses une grande incommodité et en outre un manque absolu de sécurité, parce qu'une monnaie difficile à apprécier exposerait ceux qui la recevraient à des mécomptes en raison des erreurs commises sur sa valeur ou sa qualité.

En ce qui concerne les monnaies réelles, il n'y a pas de biens qui satisfassent entièrement à cette condition, car en possédât-on un aussi simple que possible, c'est-à-dire parfaitement pur et homogène, il faudrait encore le peser dans chaque payement, ce qui constituerait une grande gêne.

Pour les monnaies de crédit, simples valeurs, ne tombant même pas sous les sens comme les biens monnaies réelles, elles ne peuvent être appréciées en qualité et quantité que plus difficilement encore.

Il faut, en effet, pour y parvenir, prendre des informations sur la solvabilité et l'honnêteté de la personne débitrice et sur la qualité du gage, s'il en existe un, et, au cas où la valeur proposée est offerte de seconde main, sur la véracité de la personne qui se prétend créancière d'une autre et vous propose de le devenir à sa place, et sur la solvabilité et l'honnêteté de ce débiteur peut-être inconnu ou la qualité du gage, s'il en a fourni un. Autant de causes d'erreurs. Il est donc nécessaire d'aviser, pour les monnaies de crédit, à éluder une difficulté de même nature que pour les monnaies réelles.

C'est de cette difficulté, commune à tous les biens et valeurs consacrés comme monnaies, de ne pouvoir se laisser apprécier aisément en qualité et quantité, que sont nés les instruments de payement, ainsi qu'on va le voir.

En résumé, pour remplir son rôle d'une manière satisfaisante une monnaie doit avoir de la valeur et une valeur invariable ou au moins non sujette à dépréciation, un cours forcé, un prix indiscutable et conforme à sa valeur réelle, un prix invariable et énoncé en unités de même nature que celles au moyen desquelles sont formulées les sommes qu'elle a pour objet de solder ; elle doit enfin être transportable, divisible, homogène et de qualité et quantité faciles à reconnaître.

CHAPITRE II.

DES INSTRUMENTS MONÉTAIRES OU DE PAYEMENT.

§ 1 Définitions : titres de monnaie réelle et titres de monnaie fiduciaire Espèces et papier. Leurs caractères Monnaies reelles et monnaies de billon. Monnaie de papier et papier monnaie

Tous les biens présentent, en raison de leur valeur d'échange, une certaine convenance au rôle monétaire, et sont, en principe, susceptibles d'être consacrés comme monnaies réelles, mais tous sont loin d'être sous d'autres rapports également propres à remplir ce rôle ; il n'en est même qu'un très petit nombre qui satisfasse suffisamment aux conditions requises d'une bonne monnaie.

Les métaux, surtout l'or et l'argent, paraissent seuls les réunir à un degré suffisant. Ils ont une valeur peu variable suivant l'opinion commune, peut-être discutable ; ils ont en particulier l'avantage d'être essentiellement divisibles et homogènes et assez aisément transportables. Ils présentent toutefois un grave défaut en ce qu'il est très difficile d'en estimer la qualité, les opérations d'essayage des lingots étant fort délicates et demandant une longue pratique à laquelle arrivent seuls les gens spéciaux. De plus, leur pesée doit être très minutieuse en raison même de leur grande valeur. On ne saurait évidemment imposer l'obligation de telles opérations au public, incapable en général de les mener à bien.

Ces inconvénients sont insurmontables puisqu'ils tiennent à la nature même des choses et, à moins de se priver de monnaies réelles ou de n'en user que dans des conditions très défectueuses au point de vue pratique, il faut chercher à éluder la difficulté.

Le premier moyen qui s'offre à cet effet consiste à n'employer les métaux précieux qu'en fragments de poids et de composition contrôlés par une personne sûre, par exemple en pièces fabriquées par l'État suivant des types définis. Mais cette solution n'est pas acceptable, bien qu'elle semble actuellement mise en pratique, car si ces fragments de métal, lingots définis, les pièces, étaient au moment de leur mise en circulation conformes à ce qu'ils devraient être, leur quantité, sinon leur qualité, ne tarderait pas à s'altérer par l'usage, leur poids diminuerait par le frai. Ils ne renfermeraient pas longtemps la quantité de métal qu'ils devraient exactement contenir.

Le seul moyen d'éviter les inconvénients dont il s'agit, c'est de remplacer dans la circulation les monnaies réelles, les métaux, par des titres qui les représentent et qui, en tout état de cause, donnent constamment droit à une quantité invariable de la monnaie réelle, du métal représenté, sous la garantie et la sauvegarde de la personne qui les contrôle, personne sûre et jouissant de la confiance publique, en sorte qu'ils puissent circuler librement. C'est à ce dernier parti qu'on s'est généralement arrêté, ainsi qu'on va le voir.

De même que tous les biens sont jusqu'à un certain point propres en raison de leur valeur à devenir des monnaies réelles, de même aussi toutes les valeurs peuvent en principe, être adoptées pour elles-mêmes comme monnaies fiduciaires, soit réelles, soit personnelles. Mais à leur égard encore les conditions requises d'une bonne monnaie restreignent singulièrement le choix.

Comme monnaies de crédit réel, les valeurs de biens durables et de valeur à peu près constante sont seules propres à être consacrées à cet effet.

Comme monnaies de crédit personnel, les valeurs de fortunes solides, c'est-à-dire appartenant à des personnes absolument honnêtes et capables de les conserver, de les entretenir et de les accroître, sont seules susceptibles d'être adoptées.

Ces deux sortes de valeurs conviennent donc au rôle monétaire sous le rapport de la sûreté, elles y conviennent encore en ce qu'elles sont essentiellement divisibles et homogènes.

Mais, à l'exemple des métaux précieux, leur qualité et leur quantité sont, ainsi qu'on l'a déjà remarqué, très difficilement appréciables. On ne saurait, en effet, sans de grands risques d'erreur, estimer la valeur d'un bien ou celle d'une fortune, tant en ce qui concerne leur solidité qu'en ce qui regarde leur grandeur. La difficulté est surtout considérable dans les cas où précisément il y a lieu le plus souvent de créer de la monnaie fiduciaire, lorsqu'il s'agit de la fortune d'industriels ou de commerçants. Seules des personnes également dans les affaires et dans le même genre d'affaires sont capables de porter un jugement exact. C'est ainsi que l'on voit les industriels et commerçants accepter entre eux en payement de telles valeurs représentées par des titres ou reconnaissances, par des effets qui dans le langage courant sont appelés simplement des valeurs.

Ces valeurs, différentes entre elles, tant par leur importance numérique que par leur sûreté, ne constituent pas encore de la monnaie fiduciaire, pas plus que les lingots d'or et d'argent, parce que les uns pas plus que les autres ne sont acceptés couramment en payement et n'ont cours forcé.

Elles se présentent vis-à-vis de la monnaie fiduciaire comme les lingots métalliques vis-à-vis des monnaies réelles; elles constituent la véritable matière fiduciaire monnayable. Ce sont des lingots de valeur, si l'on nous permet cette locution, et, comme pour les lingots métalliques, on rencontre à leur égard des difficultés d'emploi analogues.

Comme les lingots métalliques, en effet, les valeurs figurées par des reconnaissances offrent un grave inconvénient en ce qu'il est très difficile d'en estimer la qualité. Ces titres qui les constatent, signés de personnes le plus souvent inconnues au public, pour lequel la monnaie est instituée, ne font aucunement foi par eux-mêmes de leur authenticité et de leur solidité. En outre, l'appréciation de la solvabilité et de l'honnêteté d'un débiteur et de la sûreté de ses biens exige une sagacité peu commune, et d'ailleurs, les renseignements mêmes sur ces divers points peuvent faire complètement défaut aux personnes les plus aptes à porter un bon jugement en pareille matière. Pas plus que pour les lingots, on ne saurait imposer l'obligation d'apprécier ces valeurs ou les titres qui les constatent au public incapable de le faire avec quelque chance d'exactitude.

Le seul moyen d'éviter ces inconvénients consiste comme précédemment à substituer aux valeurs et aux titres divers qui les figurent, des valeurs représentées par des titres uniformes, donnant constamment droit à une quantité invariable de valeur, monnaie fiduciaire, sous forme de reconnaissances diverses, titres contrôlés par une personne sûre et jouissant de la confiance publique, en sorte qu'ils fassent foi sur tous ces points et puissent dès lors être acceptés sans difficulté.

C'est la tâche assignée à la Banque de France et à toutes les banques d'émission, qui substituent dans la circulation leurs billets de banque, titres de valeur, aux billets et effets de toute nature et de toute provenance qui leur sont présentés, comme sont présentés les lingots aux hôtels des monnaies.

Cette substitution, dans la circulation, de titres uniformes contrôlés représentant des quantités déterminées de valeur, monnaie fiduciaire, à des titres de valeur variés ou plus exactement aux valeurs de diverses qualités que figurent ces derniers, est une opération analogue à celle de la substitution de titres uniformes contrôlés, représentant des quantités déterminées de biens monnaies réelles, à des lingots de diverse qualité, de poids et de titres différents.

Les titres de monnaie réelle et de monnaie fiduciaire qui servent dans la circulation à effectuer les payements, au lieu et place des monnaies réelles et des monnaies fiduciaires elles-mêmes, constituent *les instruments de payement* ou *instruments monétaires*, que l'on peut opposer, pour les en distinguer, aux moyens de payement, monnaies réelles et monnaies fiduciaires, métaux et valeurs qu'ils représentent, et qui sont les monnaies mêmes.

Les instruments monétaires sont de deux sortes : en *métal* ou en *papier*; les uns ont la forme de disques ou pièces, ce sont les espèces, ainsi les pièces d'or, d'argent, de nickel, de cuivre; les autres ont ordinairement la forme de rectangles, c'est le papier, par exemple les billets de banque, les assignats. Ces deux expressions se rencontrent constamment dans la pratique; on paie en espèces ou en papier.

Parmi les espèces il y a lieu de distinguer entre les pièces fabriquées avec des métaux consacrés comme monnaies réelles et les pièces fabriquées avec d'autres métaux : les premières sont des *pièces de monnaie réelle* et les secondes des *pièces de monnaie de billon*, ou, comme l'on dit par abréviation, de la monnaie réelle et de la monnaie de billon, ou plus simplement encore, de la monnaie et du billon. Mais, pour éviter tout malentendu, il est nécessaire d'employer les locutions complètes.

Le métal dont les espèces sont formées constitue par sa valeur intrinsèque un gage d'un ordre plus ou moins élevé de la valeur pour laquelle elles ont cours. Le papier, au contraire, ne renferme en lui-même aucun gage, sa valeur intrinsèque étant insignifiante.

Ces instruments monétaires sont des titres de monnaie réelle ou de monnaie fiduciaire, quelquefois même tous les deux, selon qu'ils présentent les caractères suivants :

Un titre de monnaie réelle est, ainsi que l'indique son nom même, un signe qui représente de la monnaie réelle contre laquelle par conséquent on a la faculté de l'échanger en toute circonstance. Ce qui le spécifie donc, c'est de donner un droit immédiat sur la monnaie réelle qu'il figure et, suivant une expression consacrée, d'être remboursable à vue en monnaie réelle.

Un titre de monnaie fiduciaire est, ainsi que l'indique également son nom, un signe qui représente de la monnaie fiduciaire, de la valeur contre laquelle aussi on a la faculté de l'échanger en toute circonstance. Mais un pareil titre ne donne pas un droit immédiat à de la monnaie réelle ; il n'est pas remboursable à vue en monnaie réelle, et c'est par ce caractère qu'il se distingue du précédent.

D'après, cela un instrument monétaire est un titre de monnaie réelle, ou un titre de monnaie fiduciaire, suivant qu'il représente effectivement des biens, monnaies réelles, ou des valeurs, monnaies fiduciaires, contre lesquelles on a constamment la faculté de l'échanger; ou, en se plaçant au point de vue de la monnaie réelle seule, suivant qu'il est ou qu'il n'est pas remboursable à vue en monnaie réelle.

Une pièce de monnaie réelle est toujours, grâce au métal qui la compose, un titre de monnaie réelle au moins dans la mesure du poids de métal qu'elle renferme. Ce poids effectif peut être supérieur, égal ou inférieur au poids de métal de même valeur que la valeur nominale de la pièce, celle pour laquelle elle a cours. S'il lui est supérieur ou égal, la pièce est simplement un titre de monnaie réelle, constitué par le métal même auquel il donne droit et en quantité égale ou supérieure à celle qu'il représente. Le porteur d'un tel titre se trouve donc en même temps dépositaire d'autant ou de plus de monnaie réelle qu'il n'a droit de prétendre.

Si, au contraire, le poids de la pièce ne répond pas à sa valeur nominale, il peut se présenter deux cas, suivant que la personne débitrice de ce titre se reconnaît ou ne se reconnaît pas débitrice immédiate, à vue, d'un poids de métal d'une valeur égale à la différence. Au premier cas, la pièce est encore un titre de monnaie réelle, puisqu'elle est remboursable à vue intégralement, tant au moyen du métal qu'elle renferme qu'au moyen du surplus immédiatement exigible destiné à compléter l'insuffisance du premier. Au second cas, c'est un titre de monnaie de crédit dans la mesure de la différence entre sa valeur réelle et sa valeur nominale, car, pour cette différence, la pièce ne correspond effectivement à aucune quantité de métal monnaie réelle contre laquelle elle puisse s'échanger sans délai. Dans ce dernier cas, la pièce revêt donc un double caractère.

Les pièces de monnaie réelle ne sont pas, comme on le croit généralement, de simples lingots de poids et de composition contrôlés, ne valant que ce que vaut le métal qui les constitue ; car, renfermant ordinairement moins de métal que la quantité qui répond à la valeur pour laquelle elles ont cours forcé, tant à cause des inégalités de la fabrication qu'en raison de l'usure qu'elles subissent dans la circulation, elles ont un pouvoir légal d'achat et de libération supérieur le plus souvent à celui qu'elles tiennent réellement de leur composition.

Ce sont des titres de monnaie réelle donnant droit à une certaine quantité du métal même dont elles sont formées et ordinairement à plus de métal qu'elles n'en renferment, ou bien, pour la différence, elles sont des titres de monnaie fiduciaire.

Ce caractère apparaît bien lorsqu'une pièce de monnaie réelle passe la frontière. A l'étranger, cette pièce, n'ayant pas cours forcé, ne vaut que comme lingot, c'est-à-dire presque toujours moins que dans le pays d'émission. Elle ne recouvre sa valeur nominale que dans les payements faits entre les mains des sujets de ce pays.

Ce sont, en outre, des produits. Une pièce d'or n'est pas plus de l'or seulement qu'une épée en acier n'est de l'acier seulement, l'une et l'autre valent plus que la matière dont elles sont composées; la valeur du métal s'accroît des frais de fabrication.

Ainsi, en France, le kilogramme d'or monnayé vaut 3,100 fr., tandis que le kilogramme d'or en lingot vaut 3,093 fr. 30, soit 6 fr. 70, de moins répondant aux frais de fabrication; de son côté, le kilogramme d'argent monnayé vaut 200 fr. et le kilogramme d'argent en lingot 198 fr. 50, soit 1 fr. 50 de moins. Il s'agit ici des métaux précieux au titre de 900 millièmes.

Une pièce de monnaie de billon, étant formée d'un métal qui n'est pas consacré comme monnaie réelle, ne saurait avoir qu'un caractère simple. C'est un titre de monnaie réelle, si elle est constamment échangeable contre de la monnaie réelle pour une valeur égale à sa valeur nominale; c'est un titre de monnaie fiduciaire, si elle n'est pas convertible à vue en monnaie réelle. La valeur intrinsèque du métal qui la compose, bien que n'étant pas de la

11.

monnaie réelle, constitue néanmoins un gage plus ou moins sérieux.

Un instrument monétaire en papier est aussi un titre de monnaie réelle ou de monnaie fiduciaire, suivant qu'il peut ou ne peut pas être converti à vue en monnaie réelle. A la différence d'une pièce de monnaie de billon, la matière qui le compose étant sans valeur appréciable, il ne porte en lui-même aucun gage.

Le papier convertible à vue en monnaie réelle est désigné sous le nom de *monnaie de papier*, et celui qui n'est pas convertible sous celui de *papier-monnaie*.

Dans le langage ordinaire, on désigne moins par l'expression générique *monnaies*, au pluriel, les moyens de payement proprement dits, biens et créances, monnaies réelles et fiduciaires, affectés au service de la circulation, que les instruments monétaires, espèces et papier, titres destinés à les représenter dans les payements.

§ 2 Conditions requises des instruments monétaires.

Comme pour les moyens de payement et pour les mêmes motifs, les conditions requises des instruments de payement sont de deux sortes : conditions de sûreté et conditions de commodité.

Conditions de sûreté.

1. Tous les instruments monétaires étant des titres qui représentent soit des biens concrets, métaux, soit des valeurs, biens abstraits, figurés par des effets, doivent, comme condition primordiale de sûreté, être constamment convertibles en ces métaux et valeurs, être échangeables contre eux. Par suite, les personnes chargées de leur émission et responsables de ces titres doivent constamment tenir à la disposition des porteurs les quantités de métal et de valeur (1) qu'ils représentent.

Il doit donc toujours exister un dépôt d'or et d'argent ou de valeurs, correspondant avec exactitude aux quantités de métal ou de valeur représentés par les instruments monétaires en circulation, sauf déduction de la quantité de métal précieux qui entre dans la composition des espèces d'or et d'argent, titres de monnaies réelles correspondantes d'or et d'argent, suivant les règles posées tout à l'heure lorsqu'on a marqué le caractère des diverses espèces d'instruments monétaires.

(1) Nous employons ici le mot valeur pour désigner non pas la valeur même, mais ce que, dans le langage des affaires on nomme une valeur, c'est-à-dire un effet négociable. Pour être rigoureusement exact, il faudrait dire titres de valeur, mais cette locution gênerait l'exposition du sujet, les instruments monétaires fiduciaires étant des titres de titres de valeur.

Cette convertibilité des instruments monétaires assurera, en outre, la fixité de leur valeur en tant que cette valeur peut changer du fait de leur rareté ou de leur abondance. Une catégorie d'instruments monétaires, espèces ou papier, ne saurait en effet se trouver en quantité trop grande ou trop faible dans la circulation quand ils sont convertibles.

2. — Nous avons vu que les moyens de payement doivent avoir une valeur invariable; il en est de même des instruments de payement dont la valeur est sujette aux mêmes causes d'instabilité que les moyens de payement qu'ils représentent. Les titres de monnaie réelle varient comme les biens monnaies réelles, auxquelles ils correspondent; et les titres de monnaie fiduciaire, comme les valeurs monnaies fiduciaires, auxquelles ils correspondent. Mais il est nécessaire de rappeler ici cette condition, parce que ces instruments peuvent encore changer de valeur par des causes qui leur sont propres.

Les instruments monétaires sont d'abord susceptibles de changer de valeur suivant leur abondance ou leur rareté. Ils peuvent, en effet, prendre une valeur supérieure ou inférieure à leur valeur nominale, suivant qu'ils existent en quantité insuffisante ou excessive pour le service des payements auxquels ils sont destinés. A ce point de vue, il en est des instruments de payement comme de tous les biens et, en particulier, comme de tous les objets fabriqués.

Les titres de monnaie réelle, pièces de monnaie réelle ou de billon et de papier, sont par exemple susceptibles de valoir plus que le métal qu'ils représentent, si les titres de chaque nature n'existent pas en quantité suffisante pour le service des payements auxquels ils sont respectivement affectés. Par contre, ils ne sauraient évidemment valoir moins que le métal qu'ils représentent et contre lequel ils sont convertibles à vue.

Les titres de monnaie fiduciaire, pièces de monnaie réelle ou de billon et papier, sont également susceptibles de valoir plus que leur valeur nominale, s'ils n'existent pas en quantité suffisante pour les besoins de la circulation. En outre, ils peuvent valoir moins, s'ils se trouvent en trop grande abondance, mais leur valeur ne saurait tomber au-dessous de leur valeur intrinsèque, nulle en ce qui concerne le papier.

Il faut, en effet, remarquer que le métal en lingot ne fait pas concurrence au métal en pièces dans la circulation courante, parce que les pièces seules y sont reçues. La concurrence ne s'exerce que s'il est possible de transformer rapidement les lingots en espèces, ainsi que nous le verrons en traitant des conditions d'émission. Si donc il n'est pas fabriqué assez de pièces pour le service de la circulation, elles doivent prendre une valeur supérieure à celle de la quantité de métal qu'elles représentent et dont elles sont formées.

L'hypothèse inverse ne saurait se présenter en ce qui concerne les pièces, parce qu'en effet, quel que soit leur nombre, elles valent toujours au moins autant que le métal qu'elles figurent, par suite de leur convertibilité à vue en monnaie réelle.

Une pièce de monnaie réelle, titre de monnaie fiduciaire, c'est-à-dire non convertible à vue en monnaie réelle, pourra également valoir plus que la valeur qu'elle représente et dont le métal qui la constitue forme un gage, si les pièces de même nature n'existent pas en quantité suffisante pour les besoins de la circulation. Elle fera prime sur le lingot qui correspond à sa valeur nominale et lui sert de mesure sans le représenter.

Une telle pièce peut également valoir moins que la valeur qu'elle représente, que sa valeur nominale parce qu'elle n'est pas convertible à vue en monnaie réelle et ne figure que la valeur d'une certaine quantité de la monnaie réelle dont elle est formée et qui la mesure ; mais sa valeur ne saurait tomber au-dessous de celle qu'elle tient réellement du métal, monnaie réelle, qui la constitue.

Il en est de même des pièces de monnaie de billon.

Suivant qu'elles sont rares ou abondantes, elles peuvent valoir plus que le métal monnaie réelle, qu'elles représentent, si ce sont des titres de monnaie réelle, mais non moins, puisqu'en cette qualité elles sont convertibles à vue contre la quantité de métal représenté. Elles peuvent, d'autre part, valoir plus ou moins que la valeur, monnaie fiduciaire, qu'elles figurent, sans qu'elles soient susceptibles de tomber au-dessous de leur valeur intrinsèque.

Pour le papier, titre de monnaie réelle, il peut aussi s'élever au-dessus de la valeur de la monnaie qu'il représente, si, par exemple, préféré à la monnaie réelle même en raison de sa légèreté, il n'en est pas fabriqué suffisamment pour remplacer dans la circulation le métal qui le surcharge ; le papier fait alors prime sur le métal. L'hypothèse inverse n'est pas plus possible que pour les autres titres de monnaie réelle, à cause de la convertibilité à vue du papier en monnaie réelle.

Quant au papier, titre de monnaie fiduciaire, il est susceptible de prendre une valeur supérieure ou inférieure à sa valeur nominale, suivant qu'il en circule une quantité insuffisante ou excessive relativement aux besoins du public.

On peut citer des exemples des deux faits contraires. Le billet de la Banque de France a fait prime à l'étranger à une certaine époque, c'est-à-dire qu'un billet de 1,000 francs valait un peu plus de 1,000 francs, parce qu'on préférait un tel billet à 1,000 francs en or et que les billets de ce genre en circulation étant trop peu nombreux pour satisfaire cette préférence, on en payait la commodité un certain prix, la prime.

Les pièces d'argent mexicaines qui ont cours en Orient ont présenté aussi souvent une valeur supérieure à leur valeur réelle, parce qu'on préférait cette marque aux autres et que le nombre des pièces de cette marque était insuffisant.

Par contre, le billon sous l'ancien régime, les assignats au siècle dernier, et plusieurs billets d'État actuellement en Russie et en Autriche offrent des exemples d'instruments de payement dépréciés, n'ayant pas leur valeur légale.

Partout le change des monnaies de diverses marques attribue une valeur différente de leur valeur légale aux instruments monétaires.

De ce chef, c'est-à-dire en tant que produits fabriqués spéciaux, il faut donc, afin d'assurer une valeur fixe aux instruments monétaires, que leur fabrication soit proportionnée aux besoins de la circulation.

Une conséquence de cette condition, c'est que l'émission des instruments monétaires doit être faite sous l'initiative du public, présentant les métaux précieux et les valeurs qu'il possède au monnayage, ou, au contraire, les instruments monétaires qu'il détient à la conversion, suivant ses besoins et ses goûts, dont il est seul juge compétent.

3. — La troisième condition à remplir par les instruments monétaires pour qu'ils présentent toute sécurité, c'est qu'ils ne soient pas susceptibles d'être imités, parce qu'autrement leur authenticité pourrait toujours être mise en doute et qu'on ne serait jamais certain, du côté du public, d'en obtenir le remboursement en métal ou en créance, et, du côté de la personne ou de l'établissement émissionnaire, de ne pas rembourser de faux titres de monnaie réelle ou fiduciaire.

On évite les risques d'imitation par deux procédés différents : soit en fabriquant les instruments monétaires de telle façon qu'ils aient une valeur intrinsèque aussi voisine que possible de leur valeur nominale ; soit en les fabriquant avec une perfection si grande qu'ils défient la contrefaçon.

Examinons chacun de ces deux procédés relativement à chaque espèce d'instruments de payement.

Premier procédé. — En ce qui concerne les espèces, elles seront peu susceptibles d'imitation si elles renferment un poids de métal d'un prix exactement égal à leur prix nominal, parce qu'alors, l'espérance d'un bénéfice faisant défaut, on n'a aucun intérêt à en fabriquer.

Mais la fabrication des espèces ne saurait être si parfaite qu'avec un métal d'un certain prix on puisse obtenir des pièces contenant exactement un poids de métal d'un prix égal à leur prix nominal. Y parviendrait-on, d'ailleurs, que la circulation des espèces, en les usant, ne tarderait pas à leur faire perdre cette constitution parfaite.

Considérant que les hasards de la fabrication peuvent donner aux pièces plus ou moins de poids que le poids exact, il convient donc d'établir une tolérance en dessus et une tolérance en dessous de ce poids.

La tolérance en dessous doit être assez restreinte pour qu'on n'ait pas intérêt à contrefaire les monnaies dans le but de bénéficier du faiblage de poids.

La tolérance en dessus doit être fixée dans des limites assez restreintes également pour que les spéculateurs n'aient pas intérêt à fondre les pièces fortes pour bénéficier de l'excédent de poids.

La tolérance en dessus ne donne pas seulement plus d'aisance à la fabrication, elle permet encore des refontes moins fréquentes pour l'entretien des espèces, l'œuvre du frai devant être ainsi plus longue pour abaisser le poids des pièces de la limite de tolérance en dessus à la limite de tolérance en dessous, qu'elle ne serait si l'on n'admettait que cette dernière tolérance.

Malgré ce double avantage qui résulte de la tolérance en dessus de donner plus de facilités à la fabrication et de diminuer la fréquence des refontes, il y aurait peut-être avantage à ne pas l'admettre, à cause du profit que l'étranger trouve à accepter en payement selon leur poids légal des pièces fortes pour les refondre et en fabriquer ses propres espèces, bénéficiant ainsi non seulement de l'excédent de poids, mais des frais d'affinage. Si l'on juge, comme nous le croyons, que ce préjudice n'est pas compensé par les deux avantages précédents, on décidera que les espèces doivent être du poids exact ou d'un poids inférieur dans la limite d'une tolérance en dessous, c'est-à dire qu'il ne faut émettre que des pièces de poids droit ou, par tolérance, faibles.

Indépendamment des difficultés d'une fabrication rigoureusement exacte et des diminutions de poids qu'entraîne le frai, il est impossible de fabriquer des pièces qui aient constamment un prix réel égal à leur prix nominal, à moins que le métal dont elles sont faites ne serve en même temps de mesure de valeur.

Si, en effet, l'or étant choisi comme mesure, on confectionnait une pièce de cuivre par exemple, d'une valeur exactement égale à celle d'un certain poids d'or, et en conséquence d'un prix déterminé par ce poids d'or, cette pièce, quelque temps après, sans avoir changé de poids, n'aurait plus le même prix, n'équivaudrait plus au même poids d'or, à cause des changements incessants qui se produisent dans la valeur relative de biens différents. Une pièce en or, au contraire, ayant un prix déterminé par son propre poids, conserve toujours le même prix lorsque son poids ne change pas, si, comme nous le supposons, ce métal est mesure de valeur.

On sait déjà que les biens consacrés comme monnaies réelles doivent, par une raison de commodité sur laquelle nous reviendrons, être également employés comme mesures de valeur.

Les pièces de monnaie réelle peuvent donc être pourvues d'un poids tel qu'elles aient aussi exactement que possible un prix réel égal à leur prix nominal. Pour leur donner toute sûreté, il convient de les fabriquer suivant cette règle; le risque de les voir imiter est alors nul.

Quant aux pièces de monnaie de billon formées d'un métal qui n'a pas la qualité de mesure de valeur, il ne peut leur être assigné de poids exactement conforme à leur prix nominal. Si on réalisait cet idéal au moment de la fabrication, peu après elles vaudraient plus ou moins par suite des changements de valeur du métal dont elles sont formées ou du bien, mesure de valeur, qui sert à indiquer leur prix. Or si, d'une part, leur prix réel dépassait trop leur prix légal, on serait exposé à les voir fondre par les spéculateurs; si, d'autre part, leur prix réel était trop inférieur à leur prix légal, elles seraient imitées par des contrefacteurs. On serait ainsi exposé à l'inconvénient que nous cherchons à éviter.

Il convient donc d'assigner aux pièces de billon un poids tel, que suivant les prévisions de changement dans la valeur relative du métal dont elles sont formées et du métal qui sert à exprimer leur valeur, leur prix réel ne puisse s'élever ou s'abaisser au point de rendre avantageuse leur transformation en lingots ou leur imitation.

Les instruments monétaires en papier n'ayant aucune valeur intrinsèque, sauf celle qu'ils ont comme objets fabriqués, ne présentent par eux-mêmes aucune sûreté à ce point de vue. Ils ne peuvent trouver de garantie que dans le deuxième procédé que nous allons étudier.

Nous devons faire remarquer, en terminant sur ce point, qu'il existe une grande différence au point de vue de la sûreté entre les pièces fabriquées avec des métaux monnaies réelles et les espèces fabriquées avec d'autres métaux, et encore davantage avec le papier, parce que les premières, grâce à leur composition, assurent aux porteurs la possession de la presque totalité du métal monnaie qu'elles figurent, tandis que les secondes ne mettent entre les mains des porteurs qu'un gage plus ou moins inférieur en valeur à la monnaie réelle ou fiduciaire qu'elles représentent, et que le papier ne met entre les mains des porteurs aucun gage.

Deuxième procédé. — Le second procédé permettant de rendre les instruments monétaires aussi peu susceptibles que possible d'imitation consiste, avons-nous dit, à les fabriquer avec une perfection telle qu'ils défient toute contrefaçon. Cette perfection doit être atteinte spécialement dans l'empreinte des pièces et dans l'impression du papier.

Cette empreinte des pièces et cette impression du papier ont un double caractère. Elles sont à la fois une marque de fabrique et une signature, elles dénoncent en même temps le fabricant des instruments monétaires et le débiteur des titres que ces instruments constituent.

Il en résulte que la fabrication clandestine des instruments monétaires par d'autres que par les personnes qui en sont chargées et qui en assument la responsabilité, revêt également un double caractère : elle constitue une contrefaçon et un faux;

le fabricant est en même temps contrefacteur et faussaire, l'empreinte ou l'impression qu'il met sur les espèces ou le papier étant tout ensemble la marque de fabrique et la signature d'autrui.

Observons une fois de plus à cette occasion que les espèces monnaies réelles sont loin de constituer de simples lingots, comme on l'enseigne généralement; leur nature est beaucoup plus complexe que celle d'un poids de métal.

Conditions de commodité.

Pour être commodes, les instruments monétaires sont astreints à plusieurs conditions que nous allons passer en revue.

1. — Tous doivent d'abord avoir des formes et des dimensions qui permettent de s'en servir aisément; en un mot, ils doivent être maniables.

La forme de disques ou pièces pour ceux qui sont faits en métal et celle de rectangles pour ceux qui sont faits en papier semblent plus particulièrement propres à obtenir ce résultat.

Quant aux dimensions, il y a évidemment pour les pièces de métal comme pour les billets de papier une limite supérieure et une limite inférieure qu'on ne saurait dépasser sans les rendre incommodes. Mais il convient d'établir entre eux une distinction au point de vue de leur valeur nominale.

Les espèces, pièces de monnaie réelle ou de billon, devant avoir autant que possible une valeur intrinsèque égale à leur valeur nominale, les pièces de dimensions reconnues commodes auront une valeur d'autant plus grande ou plus petite qu'elles seront formées d'un métal de plus grande ou de plus petite valeur.

Pour le papier, au contraire, il n'existe pas de relation nécessaire entre ses dimensions et sa valeur nominale. Du papier de dimensions commodes peut donc figurer une valeur, monnaie fiduciaire, ou une quantité de métal, monnaie réelle, d'une valeur aussi grande qu'on veut.

2. — On se rappelle qu'un moyen de payement doit être aisément transportable, ce qui exige qu'il soit doué, sous un poids et un volume commodes, d'une valeur en rapport avec celle qu'il a pour objet de solder. Il suit de là que les monnaies réelles ne peuvent être employées en nature à des payements qu'entre les limites supérieure et inférieure marquées par les quantités au delà ou en deçà desquelles elles deviennent encombrantes ou bien échappent aux doigts. Au-dessus de la première limite, elles doivent être représentées par du papier, au-dessous de la seconde par du billon ou du papier, si tant

est qu'on veuille les utiliser pour le payement de sommes supérieures à la valeur de la première quantité ou inférieures à celle de la seconde.

3. — Rappelons seulement pour mémoire que le prix des moyens de payement doit être formulé en unités de même nature que celles au moyen desquelles sont exprimés le prix des marchandises et le montant des obligations qu'ils ont pour objet de solder. Cette condition s'impose aussi évidemment aux instruments monétaires.

4. — On se souvient encore que les moyens de payement doivent avoir un prix fixe, résultat qu'on ne peut obtenir, en ce qui concerne les monnaies réelles, qu'en consacrant à la fois comme monnaies réelles et mesures de valeur les métaux employés, tandis que pour les monnaies de crédit la condition est toujours remplie. Comme la précédente, cette condition est exigée des instruments monétaires et remplie de la même façon.

5. — Les instruments de payement doivent être d'un prix simple, afin d'éviter les calculs compliqués qu'il faudrait faire pour procurer le prix d'une marchandise ou le montant d'une dette.

Je suppose, par exemple, une somme de 78 francs, le franc étant l'unité de valeur, valeur de 5 grammes d'argent à neuf dixièmes de fin, à fournir au moyen de pièces d'argent du poids de 4 gr. 35 et valant par conséquent 0,87 centièmes de franc. A cet effet, on devrait chercher combien de fois 0,87 est contenu dans 78, — le calcul donne 89 fois et 65 centièmes, — et l'on devrait procurer 89 pièces de 4 gr. 35 plus une fraction. Mais il est clair qu'une telle opération ne saurait être menée à bien sans écriture et constituerait une grande gêne dans la pratique.

Si, au contraire, un instrument de payement a exactement une valeur égale à celle de l'unité au moyen de laquelle sont exprimées les sommes qu'il a pour objet de solder, le prix d'une marchandise ou le montant d'une dette indiquent par eux-mêmes le nombre qu'il en faut donner pour acheter ou se libérer, tout se borne à les compter.

Ainsi dans notre exemple 78 francs, payables avec des pièces d'argent de 5 grammes, c'est-à-dire du prix de 1 franc, se soldent au moyen de 78 pièces qu'il suffit de compter.

6. — De plus, comme une somme n'est pas toujours formée d'un nombre entier d'unités ou encore peut comprendre un grand nombre d'unités, il est nécessaire, pour pouvoir la fournir exactement ou plus rapidement, que le moyen de payement à employer à cet effet se présente non pas sous la forme unique d'un instrument d'un prix égal à l'unité, mais encore sous celle d'instruments

de prix divers, multiples et sous-multiples de l'unité et en rapports simples avec elle.

La série décimale $\frac{1}{10}$, $\frac{1}{5}$, $\frac{1}{2}$, 1, 2, 5, 10 plus ou moins étendue, est reconnue la plus propre à obtenir ce résultat. Il convient, en conséquence, de la réaliser pour chaque moyen de payement sous la forme d'instruments doués de valeurs en rapports décimaux entre elles.

On satisfait à ces deux conditions à l'égard des pièces de monnaie réelle, en les fabriquant de poids égal à celui dont la valeur est choisie comme unité correspondante, et de poids multiples et sous-multiples décimaux du premier.

Pour les pièces de monnaie de billon, il suffit dans le même but de leur faire représenter des valeurs ou des quantités de monnaie réelle de valeurs en relations décimales entre elles et de leur donner des poids tels qu'elles aient, autant que possible, dans les conditions indiquées précédemment, une valeur intrinsèque égale à leur valeur nominale.

Quant au papier, la condition est remplie de la même manière, en faisant figurer aux diverses coupures des valeurs ou des quantités de monnaie réelle douées de valeurs en relations décimales entre elles.

7. — Il ne suffit pas que les instruments de paye-

ment de chaque sorte aient des prix en rapports simples et surtout décimaux entre eux, il faut encore, autant que possible, que les prix des instruments de diverses natures, consacrés par un même système monétaire, soient en rapports simples et surtout décimaux entre eux, afin qu'on puisse, sans calculs compliqués, convertir des instruments d'une sorte en instruments d'une autre sorte, et solder indifféremment en instruments de deux sortes les sommes qui, en raison de leur grandeur, peuvent être également bien procurées de l'une ou de l'autre façon.

On ne saurait réaliser cette condition à l'égard des pièces de monnaie réelle de deux espèces différentes, par la raison déjà connue que la valeur relative de deux biens est essentiellement variable.

Pour échapper aux inconvénients résultant de l'impossibilité de fabriquer avec deux métaux différents, des pièces en rapports de valeur simples et fixes, il y a trois moyens.

Le premier consiste à n'admettre qu'un métal à la fonction de monnaie réelle et en même temps à celle de mesure de valeur servant à exprimer non seulement le prix des pièces qui en sont faites, mais aussi celui du billon et du papier, qu'on est tenu d'adjoindre aux espèces de monnaie réelle pour représenter celle-ci dans les payements de sommes trop faibles ou trop considérables pour que le métal consacré y soit commodément employé. C'est là le système anglais, le monométallisme, qui tend à se généraliser.

Le second moyen consiste à reconnaître autant de mesures de valeur que de monnaies réelles et à spécialiser chacune de ces dernières dans le service des payements de sommes énoncées au moyen de chaque mesure : Par exemple, deux mesures de valeur, l'or et l'argent, destinées respectivement à solder les sommes énoncées en valeur d'or ou en valeur d'argent. C'est le système qu'on désigne sous le nom de polymétallisme parallèle.

Le troisième procédé consiste à ne pas satisfaire rigoureusement à la condition, en établissant une valeur légale relative fixe entre les métaux, valeur toujours un peu différente de leur valeur réelle naturellement instable; mais qui, lorsqu'elle est bien choisie et que les circonstances sont favorables, ne diffère pas tellement de la valeur réelle qu'il en résulte d'inconvénients pratiques graves. Ce système est le polymétallisme à rapport constant : système français qui a reçu d'ailleurs de fortes atteintes depuis quelques années.

Nous n'avons pas à entrer dans le détail et la critique de ces systèmes, qui sortent du cadre des premiers principes.

En ce qui concerne les pièces de monnaie de billon,

titres de monnaie réelle ou de monnaie fiduciaire, dont la valeur en tout cas est exprimée par comparaison à la valeur d'un métal consacré à la fois comme monnaie réelle et comme mesure de valeur, il suffit pour remplir la condition de leur faire figurer des valeurs ou des quantités de monnaie réelle douées de valeurs en rapports simples, décimaux, avec l'unité de valeur et monétaire correspondante.

La même difficulté que nous avons rencontrée en ce qui concerne deux monnaies réelles, se présente aussi néanmoins à l'égard des pièces de monnaie de billon formées de métaux qui n'ont pas le caractère de monnaie réelle, soit dans leurs rapports entre elles, soit dans leurs rapports avec une monnaie réelle, parce que, quelle que soit la valeur qu'on fasse représenter à une pièce de billon, le métal qui la compose change par lui-même de valeur en dehors de cette détermination artificielle.

Le remède à cet état de choses est celui dont nous avons parlé à propos des conditions de fabrication relatives à la sûreté, c'est de donner aux pièces de billon des poids tels que, suivant les prévisions de changement dans la valeur relative du métal dont elles sont formées et du métal qui sert à exprimer leur valeur, leur prix réel ne puisse s'élever au-dessus de leur prix légal ou s'abaisser au-dessous au point de rendre leur fonte ou leur imitation avantageuse.

Ce faiblage de poids peut être d'autant plus grand d'ailleurs qu'elles sont fabriquées avec une perfection défiant davantage l'imitation.

Quant au papier, la condition est facile à remplir, puisqu'il n'a pas de valeur intrinsèque. Il suffit de faire figurer aux diverses coupures, dont la valeur nominale est exprimée au moyen de la valeur du même métal, à la fois monnaie réelle et mesure de valeur, des valeurs ou des quantités de monnaie réelle de valeurs en rapports simples et décimaux avec l'unité de valeur.

Remarquons qu'en ce qui concerne les pièces de monnaie de billon et le papier, elles ne peuvent être rattachés par des rapports de valeur simples qu'à un seul métal, monnaie réelle et mesure de valeur. S'il est consacré deux métaux à cette double fonction, la difficulté que nous avons vue s'élever à l'égard des valeurs relatives variables de deux métaux s'élève aussi à l'égard des valeurs relatives variables des instruments monétaires dont il s'agit, exprimées respectivement au moyen de chacun de ces métaux. Ces instruments monétaires suivent le sort du métal qui leur sert de mesure et la difficulté peut se résoudre par les mêmes procédés que ceux déjà indiqués.

CONCLUSION.

DE LA PERTE ET DE LA CONSERVATION DE LA RICHESSE.

Nous avons terminé l'exposé des premiers principes relatifs à l'acquisition de la richesse, objet de l'Économique; nous avons étudié les deux grands faits qui y conduisent : la Production, qui met les biens à portée d'être utilisés, et l'Acquisition, qui procure le droit de les utiliser. Il nous reste maintenant à montrer, pour conclure, ce que devient la richesse une fois acquise, c'est-à-dire comment elle se perd et comment elle se conserve. On le fera très brièvement.

De la perte de la richesse.

Lorsqu'on a la faculté de disposer d'un ensemble de biens, il est fort rare, pour diverses causes, qu'on la conserve intacte indéfiniment.

On peut perdre la richesse d'abord par des causes inverses de celles qui nous la font acquérir :

1° Par des causes ayant pour effet de mettre les biens hors de notre portée, c'est-à-dire :

a, par *l'abandon des biens* opposé à la prise de possession ;
b, par *la destruction des biens* opposée à la création ;
c, par *des actes anticommerciaux*, consistant à dissimuler l'existence des biens, leurs qualités et propriétés, leur convenance à des besoins déterminés, en sorte que les gens qui pourraient en user ne soient pas en état de les acquérir ; nous n'avons pas de terme spécial pour désigner de tels actes.
d, par *le transport des biens*, les éloignant des lieux où ils sont requis, au lieu de les y faire parvenir.

2° Par des causes ayant pour effet d'enlever à l'homme la propriété des biens, le droit de s'en servir, c'est-à-dire :

a, par *abandon* opposé à prise de possession ;
b, par *destruction* opposée à création ;
c, par *cession*, opposée à l'acquisition.

On trouve ainsi cinq causes de perte de la richesse :

1. Abandon.
2. Destruction.
3. Actes anticommerciaux.
4. Transports pour éloignement.
5. Cession.

Mais il y a lieu de remarquer que si la science doit signaler toutes les causes de perte de la richesse, elle n'a pas à s'arrêter à celles qui constituent soit des exceptions rares, soit des actes de l'homme ayant le caractère de l'absurdité. Or l'homme sensé n'a pas coutume d'abandonner, pour le pur plaisir de les perdre, les biens qu'il détient; il ne les détruit pas pour la seule fin de les détruire; il ne les transporte pas au loin dans le but unique de ne plus les avoir à sa portée; il ne fait rien pour empêcher ses semblables de les connaître et de les désirer; il ne les cède pas à autrui purement et simplement, sauf dans le cas de libéralité réfléchie, fait qui relève de la morale ou du droit, et non plus de la science économique. Celle-ci n'a donc pas à s'occuper de ces diverses causes de perte de la richesse, en sorte que de l'énumération précédente il ne reste plus que la destruction profitable des biens, c'est-à-dire celle qui est faite en vue de produire d'autres biens et qui n'est plus destruction pure et simple, mais *mise en œuvre*, et la *cession* profitable des biens, c'est-à-dire ayant pour but d'en acquérir d'autres.

Indépendamment de ces deux causes opposables aux causes d'acquisition de la richesse, il en existe deux autres d'un ordre différent.

La première consiste dans *la dégradation spontanée* d'un grand nombre de biens par l'effet du temps, qui les détruit et les fait échapper en tout ou en partie à la disposition de l'homme, et par conséquent l'appauvrit d'autant.

La seconde consiste dans *la consommation* des biens par l'homme en vue de satisfaire des besoins, consommation qui aboutit encore à une destruction, mais à une destruction justifiée.

En somme, il y a quatre causes normales de perte de la richesse, que l'on peut grouper sous deux chefs principaux d'après leur effet sur les biens :

1. —	Dégradation spontanée ..	Destruction.
2.	Consommation	
3. —	Mise en œuvre	
4. —	Cession	Transmission.

Présentons quelques remarques sur chacune.

1. *De la dégradation naturelle des biens.* Cette cause de perte de la richesse est peut-être la plus importante, ainsi qu'on va aisément s'en rendre compte.

Il y a des biens, tels que les métaux précieux, qui se conservent intacts à peu près indéfiniment, ce qui justifie la grande faveur dont ils jouissent. La plupart des biens, au contraire, se dégradent d'eux-mêmes et, s'il ne faisait rien pour les entretenir ou les renouveler, l'homme ne tarderait pas, par suite de leur disparition, à tomber dans l'état le plus misérable et même à périr faute de moyens de satisfaire ses besoins.

Parmi ces biens, celui qui mérite d'attirer le plus

l'attention, au point de vue qui nous occupe, est assurément la machine humaine. Tous les labeurs de l'homme ont, en effet, pour but la restauration incessante de sa machine corporelle incapable de subsister en bon état sans entretien pendant un temps très court, de sa machine qui se dégrade continuellement. Cette dégradation spontanée, rapide et continue de la machine humaine est la raison d'être de tout le mouvement économique. Si l'homme ne s'alimentait pas, ne se couvrait pas de vêtements, ne se logeait pas, il serait exposé à périr, parce que la machine corporelle sans laquelle il ne peut subsister se décomposerait, s'épuiserait, se dissocierait. De là la nécessité du travail pour arriver à produire et à s'approprier les biens de toutes sortes nécessaires à son entretien, à la satisfaction de tous ses besoins ; de là, en un mot, tout le mouvement économique.

La machine humaine se montre ainsi à la fois un bien d'une ressource très grande, comme moyen de production et d'appropriation d'autres biens, et un bien d'un entretien très grand en raison de sa dégradation incessante. L'homme trouve dans sa machine une cause puissante d'enrichissement, mais aussi une cause constante d'appauvrissement.

Si ce fait est vrai de la machine humaine, il est non moins exact du plus grand nombre des biens. Les aliments, les vêtements, les habitations, les outils, les machines, les matières premières, tous ou presque tous les biens s'usent d'eux-mêmes et se dégradent spontanément, sans même qu'on y touche et qu'on en tire le moindre parti. Ainsi que nous venons de l'observer, l'homme ne cesserait de s'appauvrir à ne rien faire, quand bien même il n'utiliserait pas pour satisfaire ses besoins les biens qu'il possède. Il lui faut incessamment veiller à les entretenir et à les renouveler.

2. *De la consommation des biens.* — Mais l'homme ne peut vivre et subsister sans satisfaire au moins ses besoins essentiels d'alimentation, de vêtement et de logement, et, dans ce but, il consomme les biens propres à cet objet, les aliments, les vêtements, les habitations. Il y a encore d'autres besoins moins impérieux, qui le sont encore assez cependant pour réclamer satisfaction. Ce sont les besoins intellectuels et moraux qui nécessitent aussi pour s'apaiser la consommation de biens divers tels que livres, spectacles, réjouissances variées.

Cette consommation des biens est plus ou moins lente ou rapide, selon leur nature et l'usage qui en est fait. Un aliment se consomme instantanément, un vêtement est plus durable; une machine, un outil, un véhicule, un cheval le sont encore davantage; un livre, un objet d'art sont presque perpétuels; de même en est-il des immeubles. Cependant, quelles que soient ces différences de durée, il n'y a pas de biens qui ne s'usent par l'emploi qui en est fait pour satisfaire les besoins. Ils échappent ainsi à la disposition de l'homme qui se trouve appauvri à proportion.

3. *De la mise en œuvre des biens.* — La mise en œuvre des biens dans la production a encore pour résultat, si on l'envisage en elle-même, d'appauvrir l'homme, de lui faire perdre la richesse, la faculté de disposer des biens détruits par l'usage qui en est fait.

La ménagère, qui brûle une quantité déterminée de charbon à cuire un aliment, perd assurément la disposition de cette quantité de charbon.

D'une manière générale, il y a appauvrissement dès qu'un bien cesse d'être à la disposition de quelqu'un. Il est vrai qu'un bien peut échapper à la disposition de l'homme par une cause dont le résultat final est un enrichissement, mais ce résultat ne détruit pas le fait de diminution de richesse en lui-même. Il prouve seulement que si la faculté de satisfaire des besoins s'est trouvée diminuée d'une part, elle a été accrue dans une plus grande mesure d'autre part, et qu'en somme il y a eu bénéfice, avantage sous ce rapport.

4. *De la cession des biens.* — Par cession des biens nous entendons leur emploi à en acquérir d'autres par échange, soit qu'il s'agisse d'un achat ou

l'on cède de la monnaie, soit qu'il s'agisse d'une vente où l'on cède un bien différent. Il est évident que l'achat ou la vente fait perdre la faculté de disposer des biens monnaies ou autres dont on se dessaisit, et la dépense de ces biens est une cause d'appauvrissement. Mais, comme pour la mise en œuvre, nous devons faire observer que toute cession judicieuse, tout achat ou vente bien compris, doit aboutir pour celui qui le fait à un enrichissement, à une augmentation de la faculté de disposer des biens répondant à ses besoins : c'est le but même qui est poursuivi dans l'une et l'autre opération.

Il convient de rappeler, en outre, qu'à la différence des causes précédentes de perte de la richesse, la cession des biens n'emporte pas leur destruction, mais simplement leur transmission, de sorte qu'au point de vue de la fortune sociale, de l'ensemble des biens possédés par la société, il n'y a de ce fait ni augmentation ni diminution.

Quant à la richesse sociale, c'est-à-dire à la faculté pour la société de disposer des biens répondant à ses besoins, elle doit être augmentée par le fait des échanges. Si les achats et les ventes sont judicieusement faits de part et d'autre, les contractants cèdent, en effet, des biens qui répondent moins directement à la satisfaction de leurs besoins pour des biens qui y répondent plus directement.

De la conservation de la richesse.

La situation de l'homme serait très misérable s'il était réduit à voir disparaître au jour le jour sa richesse acquise. Un léger retard dans la production et l'acquisition des biens compromettrait son existence, et sa vie serait pleine d'insécurité. Heureusement il n'en est pas ainsi, quoiqu'on puisse regretter que beaucoup d'êtres humains soient soumis à une telle condition.

Deux voies sont ouvertes à l'homme pour conserver et accroître sa richesse : *l'épargne* des biens durables et *l'entretien* des biens non durables, tous deux inspirés par l'esprit d'économie, qui l'incite à détruire moins de biens qu'il n'en produit et n'en acquiert.

A ce prix, l'homme peut augmenter sa richesse et arriver un jour à subsister de la seule gestion des biens sur lesquels elle porte.

Telle est la conclusion finale de l'Économique.

APPENDICE.

Nous plaçons à la suite des preimers principes un essai sur la question monétaire, écrit en 1886. Le problême y est envisagé, non pas au point de vue social, mais au point de vue purement économique et technique. Nous aurions aujourd'hui à apporter quelques changements aux moyens indiqués pour résoudre la question monétaire en France, et, encore plus que des changements, des additions et des considérations nouvelles. Mais nous préférons publier ce travail dans l'état où nous l'avons conservé, nous réservant de revenir ultérieurement sur ce sujet plein d'intérêt.

LA QUESTION MONÉTAIRE.

Malgré les nombreux travaux publiés sur la question monétaire depuis un certain nombre d'années, il ne semble pas qu'on soit encore parvenu à une solution définitive. Les discussions incessamment renouvelées sur ce sujet le prouvent de reste. Aucune opinion n'a réussi jusqu'à ce jour à grouper autour d'elle l'unanimité des suffrages et à réduire au silence l'opposition sincère, comme doit le faire toute doctrine portant la marque de la vérité.

Les partisans de la monnaie unique d'or ont assurément l'avantage à l'heure actuelle, mais à l'appui de leur système ils n'ont pas encore proposé d'arguments décisifs, capables d'entraîner leurs adversaires. On remarquera d'ailleurs que, sans vouloir l'avouer, les monométallistes, pour les désigner d'un seul mot, se trouvent quelque peu déconcertés par l'expérience de l'Allemagne qui, en plus de quinze années n'a pu accomplir entièrement la démonétisation de l'argent, malgré les masses d'or que la France lui a fournies après 1871, circonstance exceptionnellement favorable (1).

Quant aux champions du bimétallisme à rapport constant (2), la situation critique dans laquelle ce système a plongé les pays de l'Union latine (3), et spécialement la France, est venue jeter parmi eux un découragement manifeste. Aussi, après avoir été défendue avec beaucoup

(1) « Jusqu'en 1879, l'ancienne monnaie d'argent fut vendue à Londres et à l'étranger. L'empire avait retiré de la circulation environ 1 milliard de marcs; il vendit 7.404.895 livres 993 d'argent qui lui avaient coûté 663 621.428 marcs 89 au prix de 567 139.992 marcs 98; il perdit donc 96.481.435 marcs 91 dont 71 par la dépréciation du métal argent et 25 par le frai. Comme le prix de l'argent baissait constamment on cessa les ventes en 1879. » (Paul Muller — *L'Économiste français*, n° du 4 juillet 1885.)

(2) On appelle ainsi le système qui consacre l'or et l'argent comme monnaies et qui fixe d'une manière immuable leur valeur relative. Ainsi, d'après notre loi monétaire, l'or vaut à poids égal quinze fois et demi l'argent, quels que soient les changements que subit la valeur relative des métaux précieux dans le commerce. C'est ce qu'on nomme le quinze et demi.

(3) Association monétaire fondée entre la Belgique, la France, l'Italie et la Suisse, par une convention du 22 décembre 1865, à laquelle la Grèce a accédé ultérieurement.

d'ardeur pendant une courte période, la cause du double étalon se voit-elle de plus en plus désertée.

S'il est une chose qui doit étonner, c'est l'impuissance dont nous avons fait preuve jusqu'ici à l'égard d'un problème de cette importance; il n'est donc pas inutile d'examiner à quelle cause se rattache un pareil insuccès.

Un problème bien posé est à moitié résolu, dit-on; malheureusement le problème monétaire ne l'a jamais été dans les termes qu'il convient. Au lieu de prendre pour but de rechercher, au point de vue théorique et pratique, c'est-à dire en tenant compte à la fois des principes et des faits, quel est le meilleur régime monétaire, on s'est presque toujours borné à décider *a priori* s'il est préférable d'avoir une ou plusieurs monnaies, négligeant ainsi les éléments pratiques de la question, et on a opposé les avantages et les inconvénients des deux systèmes principaux actuels, le système anglais et le système français, dans le seul dessein de prendre parti pour l'un ou pour l'autre, alors qu'aucun d'eux n'est entièrement satisfaisant. En somme, absence de méthode, telle est, pensons nous, la source de nos divisions sur un sujet où la science économique ne devrait avoir qu'une voix.

Nous nous proposons dans la présente étude de montrer d'abord comment doit être posée la question monétaire envisagée d'une manière générale; nous analyserons ensuite les deux systèmes anglais et français, ce qui mettra en relief leur égale insuffisance; nous essaierons alors de donner la solution de la question monétaire générale, et nous terminerons par l'examen de la question en France, objet final de notre travail.

I.

Pour bien poser la question monétaire, il convient de jeter les yeux sur un ensemble de faits qui, pour n'être pas ignorés du plus grand nombre, n'ont pas néanmoins attiré l'attention qu'ils méritent à raison de l'enseignement qu'ils renferment. Voici ces faits :

Lorsque, en dehors des systèmes et des règlements auxquels ont donné lieu les monnaies, on cherche dans les usages à reconstituer leur histoire chez les divers peuples, on constate qu'elles subissent une transformation lente, qu'elles changent peu à peu avec la richesse croissante des sociétés. Au début, les sociétés étant pauvres, les monnaies sont formées de marchandises de peu de valeur qui suffisent aux payements sans importance qu'on a à faire; ce sont des graines diverses, blé, maïs, café, cacao, des coquillages, du sucre, de la verroterie, des peaux, du cuir, des métaux communs, fer, cuivre, étain, etc., selon les productions spéciales à chaque pays. Il existe alors d'habitude au sein de chaque société une seule de ces marchandises employée comme monnaie d'une manière prépondérante, et accidentellement on fait usage de quelques marchandises plus précieuses, étoffes, armes, argent, or, qui sont plus commodes pour quelques transactions importantes.

Puis, la richesse venant à grandir, les biens à se multiplier et le commerce à se développer, le moyen principal d'achat et de payement devient insuffisant, on le trouve lourd et encombrant pour des valeurs de jour en jour plus considérables; on commence dès lors à en user moins et, par contre, à s'adresser davantage à une marchandise de plus de prix, bien mieux appropriée au nouvel état de choses. Cette marchandise s'établit ainsi comme monnaie principale, tandis qu'occasionnellement pour des sommes très élevées on se sert de marchandises plus précieuses encore et que l'ancienne monnaie principale est réduite au service des petits payements. La richesse augmentant sans cesse, un moment vient où l'on est gêné par la dernière monnaie consacrée, et pour les mêmes motifs que précédemment la société s'en dégoûte peu à peu et fait appel à une marchandise encore plus précieuse qui, à son tour, devient avec le temps la monnaie principale, reléguant dans le service des payements d'importance trop faible pour qu'elle-même puisse y être commodément employée, la monnaie qu'elle a supplantée. L'ancienne monnaie déjà détrônée ne cesse pas néanmoins de servir comme telle pour les payements les plus petits.

Cette transformation progressive des monnaies doit logiquement se continuer ainsi sans arrêt par la consécration successive, comme monnaie principale, de marchandises d'une valeur de plus en plus grande, le service des payements les plus bas, auxquels elles ne sont pas appropriées, étant assuré par les monnaies antérieures de moindre prix. Et elle doit se continuer en se compliquant d'un phénomène inverse, l'abandon ou la démonétisation de marchandises de valeur infime, qui dans une société riche ne pourraient servir facilement à solder que des sommes si faibles qu'on préfère n'en pas tenir compte.

Les renseignements que nous possédons sur l'histoire des monnaies confirment l'exactitude de ces observations générales. Sans chercher des exemples ailleurs, qu'il nous suffise de rappeler ce qui s'est passé et se passe encore à l'heure actuelle en Europe à ce sujet. Les peuples de l'Europe, à une époque reculée, ont employé surtout le cuivre comme moyen de payement, l'argent et l'or n'étaient que des monnaies exceptionnelles. L'argent, depuis, a éliminé peu à peu le cuivre de la plus grande partie du service des payements, tandis que l'or tendant à se vulgariser n'en restait pas moins encore une monnaie de luxe. Enfin l'usage de l'or s'est repandu insensiblement, puis rapidement dans ce siècle avec la découverte de mines très riches en Amérique et en Australie, et a pris davantage chaque jour la place de l'argent. D'un autre côté, le cuivre trop vil a perdu son caractère de monnaie pour ne plus servir qu'à la fabrication de pièces, simples signes de valeur, destinés aux payements infimes. Quant à l'argent, il a lui-même perdu la qualité monétaire en Angleterre (1), en Allemagne (2), en Norwège, Suède et Danemark (3), et aux Pays-Bas (4), et on en réclame en ce moment la démonétisation dans les pays de l'Union latine. Ainsi la monnaie principale dans nos pays a été d'abord le cuivre, puis l'argent, qui se voit aujourd'hui remplacé par l'or : évolution dont on retrouve les traces jusque dans la langue qui se plaît à désigner la monnaie par la marchandise le plus généralement employée à en remplir la fonction Les Romains l'appelaient *æs*, c'est-à-dire airain ou *cuivre;* ils avaient dit auparavant *pecunia*, de *pecus*, bétail; de nos jours on l'a nommée *argent*. Avez-vous de l'argent? demande-t-on, pour dire : Avez-vous de la monnaie? et il est à prévoir que dans un temps assez rapproché on dira avec la même signification : Avez-vous de l'*or*?

Tels sont ces faits d'un intérêt considérable par la direction qu'ils doivent donner à nos recherches en nous montrant que, dans l'établissement d'un système monétaire, il faut se préoccuper avant tout de la transformation inévitable des monnaies, afin de rendre possible pour les sociétés le passage graduel et sans secousse d'une monnaie moins précieuse à une monnaie plus précieuse. La question monétaire ne consiste donc pas seulement, comme on paraît l'avoir cru jusqu'ici, à décider s'il vaut mieux avoir une seule monnaie ou deux monnaies simultanées, ce qui ne peut faire naître que des discussions

(1) En 1816.
(2) Loi du 4 décembre 1871.
(3) Conventions des 18 octobre 1872 et 27 mai 1873 entre les États scandinaves.
(4) Loi du 6 juin 1875.

théoriques devant aboutir à des conclusions également théoriques, sur lesquelles d'ailleurs presque tout le monde est d'accord ; *elle consiste aussi et surtout, en présence du fait inéluctable de la consécration successive de monnaies de plus en plus précieuses, à aviser au moyen de passer d'une monnaie à une autre le plus naturellement possible sans trouble et sans crise*, et par suite à imaginer une organisation telle que, pendant toute la durée de ce passage, la monnaie qu'on délaisse et celle qu'on recherche puissent vivre côte à côte sans difficultés pratiques sérieuses.

Or nous allons voir par l'analyse critique du système français et du système anglais, entre lesquels on agite en vain depuis longtemps la question qui nous occupe, qu'ils ne remplissent ni l'un ni l'autre cette condition essentielle et qu'ils ne peuvent, par conséquent, ni l'un ni l'autre être proposés comme solution du problème.

II.

La loi monétaire fondamentale de la France est du 7 germinal an XI (28 mars 1803).

Dans l'esprit de cette loi la monnaie constitue, suivant le langage de Bosc, orateur du tribunat, « une échelle arbitraire, composée de parties égales, inventée pour mesurer les valeurs respectives des choses qui se vendent. » Quant aux espèces métalliques, « elles ne sont que la réalisation avec des métaux précieux des divers degrés de l'échelle de la monnaie de compte. » En réalité, la monnaie de compte échelle des valeurs, c'est la mesure des valeurs, c'est à dire la valeur au moyen de laquelle on exprime le prix des marchandises et le montant des obligations, tandis que les métaux précieux, consacrés comme moyens d'achat et de libération, et servant à la fabrication des espèces, sont ce qu'on appelle des monnaies proprement dites, marchandises données et acceptées couramment en considération de leur seule valeur commerciale et abstraction faite de leurs autres qualites particulières Cette interprétation est confirmée par un autre passage de l'exposé des motifs où Bosc s'exprime ainsi : « La monnaie n'est point le signe des valeurs, mais l'échelle à laquelle on les mesure. Elle peut exister indépendamment de toute substance métallique, comme elle peut être réalisée avec les métaux, dont alors elle mesure la valeur tout aussi bien que celle des autres marchandises. » Cette façon de parler est assurément inexacte; mais il est facile d'en degager le véritable sens, ainsi que nous venons de le faire.

Les auteurs de la loi étaient tous convaincus, il suffit de lire leurs rapports et discours (1) pour le constater, que dans un pays il ne faut qu'une mesure de valeur. Ils choisirent, en conséquence, pour remplir ce rôle, la valeur de l'argent, car « l'unité monétaire, dit Lebreton dans son rapport du 2 germinal an XI, doit être représentée par le métal dont la valeur est le moins inconstante, la masse plus considérable, l'usage plus étendu, » toutes choses qui étaient vraies de l'argent à cette époque. Aussi la loi débute-t-elle par la disposition générale suivante :

Cinq grammes d'argent, au titre de neuf dixièmes de fin, constitue l'unité monétaire, qui conserve le nom de franc.

Mais si l'on n'admettait que la valeur d'un seul metal comme mesure, on n'en reconnaissait pas moins la nécessité de plusieurs sortes de monnaies. Le titre premier prescrit la fabrication d'espèces en or, en argent et en cuivre, c'est-à-dire la réalisation de l'echelle au moyen de ces trois métaux. « Dans le nouveau système monétaire, dit Daru, le franc est une monnaie réelle; ses multiples s'élèvent par une progression analogue à la

(1) Mavidal et Laurent, *Archives parlementaires* et *Moniteur Universel.*

progression décimale. Il y en aura quatre : les pièces de 2 francs, de 5 francs, de 20 francs, et de 40 francs. Les divisions du franc sont au nombre de six, le quart, la moitié, les trois quarts, les 2 centièmes, les 3 centièmes, les 5 centièmes du franc. » La loi dispose que les pièces de 1, 2 et 5 francs, un quart, un demi et trois quarts de franc seront en argent, les pièces de 20 et 40 francs en or, et les pièces de 2, 3 et 5 centièmes de franc en cuivre. Les pièces d'argent étant formées du métal même dont la valeur est prise comme mesure ont des poids fixés de telle façon qu'elles reproduisent exactement les degrés de l'échelle des valeurs auxquels elles correspondent. Ces pièces doivent, en conséquence, peser respectivement celle : de 1 franc 5 grammes, de 2 fr. 10 grammes, de 5 francs 25 grammes, de un quart de franc 1 gr. 25, d'un demi franc 2 gr. 50, de trois quarts de franc 3 gr. 75.

En ce qui concerne les pièces d'or, la valeur relative des marchandises étant variable, on savait qu'il était impossible de leur attribuer un poids tel qu'elles eussent toujours une valeur conforme à celle qu'elles devaient figurer. En effet, une pièce d'or d'une valeur égale à celle de 25 grammes d'argent, par exemple, au moment de sa fabrication et valant par suite à ce moment 5 francs, aurait valu plus ou moins dans la suite à cause des variations subies par la valeur relative des métaux précieux. Néanmoins, comme cette valeur relative ne paraissait pas sujette à de grands écarts, à des changements sensibles et durables, si ce n'est à la longue et au cours de périodes étendues, on considéra la valeur moyenne de l'or à l'époque et, suivant un usage constant, on lui donna un caractère légal, c'est-à dire qu'on attribua à ce métal une valeur fixe pour laquelle, à moins de disposition législative nouvelle, on ne pût le refuser dans les payements. Puis on détermina d'après cette valeur le poids des pièces d'or, de façon qu'elles réalisassent légalement sinon exactement, comme les pièces d'argent, les degrés de l'échelle auxquels elles correspondaient. Ce n'était là evidemment qu'un à peu près.

Il y avait plusieurs motifs de prendre une pareille décision. Tout d'abord, on devait fixer légalement la valeur de l'or par rapport à celle de l'argent, afin de supprimer les discussions et les abus qu'aurait suscités une monnaie dont le prix n'aurait pas été déterminé au regard de tous. Il est certain, en effet, que si dans chaque payement il fallait débattre le prix de la monnaie, les discussions ne prendraient pas de fin, et souvent, dans l'hypothèse présente, le créancier, pour obtenir sous forme d'or une valeur supérieure à celle qui lui est due, tirerait parti de l'impossibilité dans laquelle les circonstances pourraient mettre le débiteur de se procurer de la monnaie d'argent dont le prix est incontestable. Mais si ce premier motif, il est bon de le remarquer, justifie l'établissement d'un cours officiel de l'or, il ne peut être invoqué en faveur d'une fixation immuable et définitive de ce cours, qui n'était d'ailleurs pas dans l'intention du législateur.

On tirait un second motif du grand avantage qu'il y a, au point de vue pratique, à ce que le prix des espèces soit simple et fixe. Il eût été très gênant, en effet, de payer une somme avec des pièces d'or qui aurait valu tantôt plus, tantôt moins de 20 francs, 21 fr. 67 ou 19 fr. 13 par exemple, car dans chaque occasion, afin de savoir le nombre de pièces à fournir, on aurait dû calculer combien de fois la somme renfermait 21 fr. 67 ou 19 fr. 13, opération qui n'aurait pu être menée à bien sans ecriture et qui aurait constitué une grande difficulté dans les affaires. Or, une monnaie réelle étant une marchandise donnée et acceptée couramment en considération de sa valeur seulement, qui est variable par nature, on ne peut l'employer suivant un prix fixe à moins de lui attribuer non pas sa vraie valeur, mais une valeur de convention plus ou moins différente. Observons que ceci n'est vrai que des marchandises consacrées comme monnaies sans l'être en même temps comme mesures de valeur; ainsi l'argent, à la fois mesure des valeurs et monnaie dans notre système monétaire, possède un prix invariable, parce que ce prix, expression de sa valeur au moyen de la mesure, est l'expression de sa valeur par rapport à elle même, et ne peut changer. Dès qu'on a établi pour mesure de valeur la valeur de cinq grammes d'argent sous le nom de franc, 100 grammes d'argent considérés comme monnaie seront toujours du prix de 20 francs; au contraire, le prix de 100 grammes d'or sera d'un nombre variable de francs, parce que si le rapport existant entre la valeur de l'argent et la mesure de valeur qui est aussi l'argent ne saurait se modifier, le rapport de la valeur de l'or à celle de l'argent, mesure de valeur, est nécessairement variable. En définitive, s'il devait résulter quelques inconvénients de l'adoption d'un prix officiel de l'or un peu différent de son prix réel, on pensait, non sans raison jusqu'à un certain point, que l'avantage qu'on en pouvait tirer en fabriquant des pièces d'or de prix simples et fixes, les rachèterait largement.

On trouvait un troisième motif d'établir un cours légal de l'or dans le fait que les spéculations sur les métaux précieux, auxquelles devait prêter la différence entre ce cours et le cours réel, auraient pour effet de diminuer la différence même, en assurant par suite à la valeur relative de l'or et de l'argent une fixité plus grande. Ce dernier motif, développé avec talent par M. Wolowski (1), est fondé dans une certaine mesure. Voici positivement en quoi il consiste. Si l'on suppose, dit on, que le prix

(1) *La Question monétaire*, 1 vol in-8°. — *L'or et l'argent*, 1 vol in-8°; Guillaumin et Cie.

de l'or vienne à baisser dans le commerce, les débiteurs paieront en or qui coûte moins à se procurer que l'argent; mais la demande d'or qui résultera de cette préférence aura pour effet de relever le cours du metal. D'un autre côté, les spéculateurs sur métaux précieux vendront l'argent qu'ils détiennent pour avoir en échange de l'or qu'on peut se procurer dans le commerce en plus grande quantité que suivant le change légal et bénéficier ainsi de la différence; et cette offre d'argent et cette demande d'or auront encore pour résultat de déprécier le premier métal et d'augmenter la valeur du second, en ramenant le prix réel de l'or vers son prix légal. Il est clair que c'est le pays où règne un tel état de choses qui fait les frais de ces opérations très profitables à quelques spéculateurs nationaux ou etrangers. Ce pays, en effet, se présente comme un acheteur permanent, à un prix invariable, de tout l'or et de tout l'argent qui s'offrent sur le marché, et il n'achète en realité que le métal déprécié, le seul qu'on ait interêt à lui vendre, parce qu'il le prend à un prix supérieur à celui du commerce. Dans notre hypothèse, c'est l'or qui afflue sur son territoire, l'argent va à l'étranger acheter à bas prix de l'or qui sera monnayé et acquerra ainsi un prix légal supérieur à son prix d'achat. L'équilibre peut assurément se rétablir, et le prix commercial revenir au prix légal, si le métal en hausse devient si abondant a l'étranger qu'il en éprouve une dépréciation, ou si le métal en baisse s'y raréfie au point de subir un renchérissement; mais ce résultat ne peut se produire que dans une certaine mesure, dans la mesure où il est possible de soutenir et de relever le cours d'une valeur de bourse en se portant acheteur de tout ce qui s'en présente sur la place. Si l'on est assez riche pour tout acheter, l'opération est susceptible de reussir, sinon on est forcé de ne pas poursuivre davantage, et les cours baissent, quoi qu'on ait dejà fait. Néanmoins, malgré les limites restreintes dans lesquelles s'exerce cette action régulatrice de la spéculation sur la valeur relative des métaux précieux, il est permis de s'en prévaloir pour motiver l'adoption d'un prix légal de l'or.

En 1785 la valeur de l'or avait été arrêtée à quinze fois et demie celle de l'argent, proportion reconnue un peu forte, mais ne paraissant pas cependant avoir causé de dommages sérieux depuis cette époque; aussi pour éviter une refonte des louis de vingt quatre livres fabriqués suivant cette donnée, on adopta le rapport de 1 à 15 et demi et l'on consacra pour les pièces de 20 francs la taille de 155 au kilogramme, et pour les pièces de 40 francs celle de 77 et demi, ce qui donnait aux premières le poids de 6 gr. 452 et aux secondes celui de 12 gr. 904.

Qu'y aurait-il eu lieu de faire au cas où le prix légal de l'or se serait trop éloigné de son prix commercial? La loi est muette sur ce point. Il faut donc supposer, ce qui d'ailleurs est confirmé par les travaux préparatoires, qu'on entendait n'apporter aucune innovation en cette matière. L'usage voulait qu'on changeât le cours légal et qu'on procédât à une refonte des pièces d'or. Le changement de tarif est formellement prevu par Daru : « La loi, disait-il au tribunat, fixe la valeur de l'or, et elle la fixe pour un délai indéterminé, c'est-à-dire jusqu'à ce que les circonstances politiques ou commerciales nécessitent une nouvelle fixation, « observant d'autre part, que ce tarif avait changé beaucoup trop souvent au XVIIe siècle : 24 fois de 1603 à 1726, puis en 1773, puis en 1785. » Quant à la refonte, l'exemple de 1785 montre que tel était en effet le remède usité. Avant cette époque, l'or valait officiellement 14 fois 4 neuvièmes l'argent, cours trop faible, car dans le commerce son prix dépassait 15. Or, ayant adopté le cours de 15 et demi, on refondit les pièces d'or en diminuant leur poids, de façon que le louis de 24 livres, qui valait commercialement davantage, ne valut réellement que 24 livres.

Ainsi se trouvaient résolues les difficultés que soulevait la monnaie d'or. L'institution de pièces de cuivre en présentait de semblables ; mais il était admis depuis longtemps de ne pas donner à ces pièces le poids qu'elles auraient dû avoir pour réaliser exactement les degrés de l'échelle des valeurs qu'elles étaient chargées de figurer, parce que, le cuivre étant un métal de peu de prix, elles auraient été trop lourdes. La loi leur assigne un poids de deux grammes par centième de franc represento. Il est facile de remarquer qu'à la différence de l'or et de l'argent qui constituent des monnaies réelles, le cuivre n'est pas une monnaie dans le système français, c'est simplement un métal dont on fabrique des signes de valeur, les pièces de cuivre représentant la valeur de fractions du franc, mais n'ayant pas intrinsèquement cette valeur, comme les pièces d'or et d'argent.

D'après cette analyse de notre loi monetaire, on peut la resumer ainsi : d'abord une échelle ou mesure des valeurs, la valeur de l'argent, dont l'unité appelee franc, valeur de cinq grammes de métal à neuf dixièmes de fin, sert a exprimer le prix des choses et le montant des obligations, et dont les degres sont multiples et sous-multiples décimaux de cette unité ; puis des pieces d'or, d'argent et de cuivre destinées à réaliser, pour le service des payements, les divers degrés de l'échelle : les pièces d'argent étant douées réellement et légalement de la valeur pour laquelle elles ont cours ; les pieces d'or n'ayant cette valeur qu'au point de vue légal ; enfin les pièces de cuivre ne possédant cette valeur ni réellement ni legalement. Ou bien encore on peut dire que notre système monétaire consacre une mesure de valeur, l'argent ; deux monnaies, l'or et l'argent, celui-ci avec sa vraie valeur, celui-là avec une valeur légale plus ou moins differente de la réalité ; en outre, des signes de valeur en cuivre.

Il faut ajouter que l'attribution de la qualite monétaire

à l'or et à l'argent entraînait comme conséquence, au moins suivant l'opinion commune, le droit pour tout le monde de faire transformer ces métaux en pièces, tandis que, le cuivre n'ayant pas le caractère de monnaie, l'État s'en réservait avec raison la frappe. De plus, il était admis que les pièces d'or et d'argent pouvaient être données en acquit de sommes d'importance quelconque, tandis que celles de cuivre, n'ayant ni réellement ni légalement la valeur pour laquelle elles ont cours, ne devaient servir que pour les petits payements et surtout pour les appoints. Jusqu'en 1810 (1), époque à laquelle l'usage des pièces de cuivre fut limité au maximum de 5 francs, on put en composer le quarantième des sommes à fournir, si importantes qu'elles fussent.

Telle est l'économie de cette loi du 7 germinal an XI, encore assez mal connue aujourd'hui, même des personnes qui se sont plus spécialement occupées de la question monétaire. Examinons désormais quelle application en a été faite touchant les trois points fondamentaux, caractéristiques, *de l'unité monétaire* ou mesure des valeurs, *du cours légal de l'or* ou rapport légal de valeur entre les métaux précieux, et enfin *de la parité établie pour les payements entre les deux monnaies d'or et d'argent.* Nous commencerons par l'étude du second point concernant le rapport légal, qui facilitera celle des deux autres.

III.

I. — Depuis 1803 jusqu'à ce jour, nous avons, en ce qui concerne le cours légal de l'or, traversé trois périodes différentes. Jusqu'en 1851-52 environ, la valeur de l'or, au début un peu inférieure à celle que la loi avait consacrée,

(1) Décret du 18 août 1810.

lui est demeurée constamment supérieure dans la suite, variant de la moyenne de 15,50 à celle de 15,93 (1). De 1852 à 1866, au contraire, par suite d'une abondance très grande dans la production de l'or, due à la découverte des mines de la Californie et de l'Australie, sa valeur commerciale se maintint au-dessous de sa valeur légale, variant de la moyenne de 15,50 à celle de 15,20. Dans la première période, conformément aux prévisions, l'or coté trop bas s'écoula à l'étranger et la France fut inondée d'argent, sans néanmoins que le prix du métal jaune s'écartât beaucoup de son prix légal, puisqu'il n'atteignit pas le cours moyen de 16. Dans la seconde période, on assista au phénomène inverse; l'or étant coté trop haut, c'est l'argent qui passa la frontière; la France fut envahie par l'or, et le métal blanc devint si rare que la circulation fut exposée à manquer même de petite monnaie et qu'on se crut obligé, pour couper court à l'exportation des pièces de 20 et de 50 centimes, de 1 et de 2 francs, d'abaisser le titre de 900 à 835 millièmes. Ce fut l'œuvre de la loi du 25 mai 1864, généralisée par la convention du 23 décembre 1865 qui créa l'Union latine. Quant aux écus de 5 francs, ils ne cessèrent de prendre la route de l'étranger. Néanmoins la spéculation produisit encore son effet régulateur, en empêchant de tomber trop bas le prix de l'or, qui ne descendit même pas à la moyenne de 15.

Jusqu'en 1867 la loi fut donc, du moins en apparence, correctement appliquée au point de vue qui nous occupe, et le prix légal de l'or exerça son action modératrice sur les variations trop considérables que tendait à subir son prix dans le commerce. A partir de cette époque, au contraire, la situation changea complètement d'aspect. La découverte de mines d'argent d'une grande richesse en Amérique fit

(1) En 1843.

tomber rapidement le cours de ce métal, et le prix légal de l'or redevint trop faible, tandis que la spéculation, reprenant ses anciens errements, fit fuir l'or de France et l'y remplaça par de l'argent. En 1871 (1), l'Allemagne, adoptant l'étalon unique d'or, ferma ses hôtels des monnaies à la frappe de l'argent et commença à jeter sur le marché des quantités importantes de ce métal provenant de sa démonétisation, contribuant ainsi pour sa part à accélérer encore la dépréciation du métal blanc. Le cours de l'or, qui en 1867 avait atteint la moyenne de 15,57 et s'était maintenu vers celle de 15,60 jusqu'en 1871, reprit sa marche ascendante à la suite de la réforme allemande et passa à 15,63 en 1872, à 15,92 en 1873 et à 16,17 en 1874. En cette année de 1874, la France et les pays de l'Union latine, pour faire face à une situation aussi critique, qui menaçait de les priver complètement d'or, se décidèrent, par mesure conservatoire, à limiter la frappe des écus de 5 francs. Cette restriction nouvelle de l'un des débouchés principaux de l'argent ne fit que hâter encore davantage sa dépréciation et le renchérissement de l'or, qui atteignit la valeur moyenne de 16,58 en 1875 et de 17,84 en 1876, et la spéculation, surexcitée par cette grande différence entre le prix réel et le prix légal, tendit à faire disparaître complètement l'or des pays qui maintenaient même limitée la frappe de l'argent. La France (2) et la Russie fermèrent donc d'une manière absolue leurs hôtels des monnaies au métal blanc, exemple qui fut suivi par toute l'Union latine en 1877. La suspension complète du monnayage de l'argent en Europe eut pour résultat de précipiter sans remède sa chute à laquelle ne cessent de contribuer l'accroissement ininterrompu de la production des

(1) Loi du 24 novembre 1871, et décret du 12 août 1873 (en application de la première).

(2) Loi du 5 août 1876 et décret du 6 août 1876.

mines d'argent et la diminution relative de celle des mines d'or. De sorte qu'en ce moment l'or vaut environ 20 fois l'argent au lieu de quinze fois et demie comme la loi le prescrit.

Dès 1867 et certainement dès 1871, il était facile de prévoir que la baisse de l'argent et la hausse de l'or continueraient à s'affirmer à l'avenir, que par suite tout écart un peu considérable de la valeur réelle de l'or relativement à sa valeur légale avait un caractère définitif, qu'en somme on ne pouvait raisonnablement espérer de retour à l'ancien état de choses. Il aurait donc fallu dès cette époque aviser à mettre notre régime monétaire en harmonie avec les circonstances nouvelles. Si l'on avait suivi les intentions du législateur, on aurait dû modifier la valeur de l'or et la fixer successivement à 16, 17, 18, 19, 20 fois celle de l'argent. On aurait dû, d'autre part, ordonner des refontes successives, ou au moins, pour éviter les difficultés de telles opérations, élever le prix de la pièce de 20 francs à 21, 22, 23, 24, 25, 26 francs, valeur pour laquelle elle aurait été d'un usage obligatoire dans les payements, le franc d'argent de 5 grammes étant, qu'on s'en souvienne, l'unité de valeur de notre régime monétaire, l'unité au moyen de laquelle sont exprimés le prix des marchandises et le montant des obligations. Au lieu de cela qu'a-t-on fait? On a perdu complètement le sens de la loi, on a regardé la valeur de l'or qu'elle fixait comme sacrée, immuable et devant être conservée malgré tout, et l'on s'est contenté de restreindre, puis d'interdire la frappe de l'argent, flottant au milieu des idées les plus vagues et les plus incertaines sur la nature de la crise, sa durée probable et les résultats qu'elle entraînerait à sa suite. Le temps s'est écoulé et un *modus vivendi* créé par la force des choses, en contradiction absolue avec le régime légal, s'est établi, régime de fait dont il faudra bientôt se rendre compte.

II. — En ce qui concerne l'unité monétaire ou mesure

des valeurs, la loi ne fut pas mieux observée. On n'en retint qu'une chose dès l'origine, savoir, qu'elle déterminait la taille des pièces d'argent et d'or d'après un rapport de valeur de 1 à 15,5, de sorte que, sans s'inquiéter de la disposition générale qui consacrait comme mesure unique de valeur la valeur de 5 grammes d'argent, l'habitude de voir 20 francs réalisés sous la forme de vingt pièces d'argent de 5 grammes chacune ou sous celle d'une pièce d'or de 6 grammes 452, fit entrer de suite dans les esprits la croyance qu'un franc est indifféremment la valeur de 5 grammes d'argent ou du vingtième de 6 gr. 452, soit de 0 gr. 3226 d'or, croyance que venait fortifier la faculté laissée aux débiteurs de s'acquitter au moyen d'un certain poids d'argent ou d'un poids d'or quinze fois et demie moindre. En définitive nous avons constamment vécu avec l'idée qu'au lieu d'une unité de valeur la loi en consacrait deux, l'une d'or, l'autre d'argent, qu'elle déclarait égales pour les raisons de commodité que nous savons.

Cette altération de la loi par l'opinion, le législateur l'avait lui-même prévue dans la discussion relative à la fixation de la valeur de l'or, sans se rendre compte des conséquences qu'elle devait entraîner : « Partout où il circule des monnaies d'or et d'argent, disait Bosc dans l'exposé des motifs, c'est toujours le métal qui a le plus de valeur qui détermine le prix des choses vénales. Ainsi, s'il est bien réel que la proportion soit en faveur de l'or, c'est lui qui fixera le prix des denrées et des marchandises, parce que les grands spéculateurs, qui règlent toujours la valeur des choses et le prix du marché, doivent faire entrer dans les éléments de leurs calculs la certitude d'être payés avec le métal le moins évalué. » Tenir un pareil langage n'était-ce pas reconnaître deux unités monétaires contrairement au texte de la loi? Cela ne revenait-il pas à dire : « Bien qu'on n'institue pour mesure de valeur que l'argent, en réalité l'argent ne remplira ce rôle que s'il a une valeur inférieure à celle que la loi lui attribue; dans le cas contraire, les valeurs seront rapportées à l'or? » Suivant cette prévision, le mot franc répondant aussi bien à 5 grammes d'argent qu'à 0 gr. 3226 d'or, on fut porté à lui faire désigner tantôt l'un, tantôt l'autre, selon l'intérêt qu'on y avait; et, comme ce sont les débiteurs qui ont le choix et que leur intérêt est de s'acquitter avec le métal dont la valeur est au-dessous du tarif officiel, c'est avec ce métal qu'ils payèrent constamment, et c'est en somme à des unités formées de ce métal que correspondirent, suivant les circonstances, le prix des marchandises et le montant des obligations.

Dans la première des trois périodes que nous avons distinguées, l'or faisant prime, c'est en argent que presque tous les payements ont été effectués, le franc d'argent était l'unité. Dans la seconde période, pour une cause inverse, les payements eurent lieu en or, le franc d'or régna sans conteste. Aujourd'hui, dans la troisième période, nous devrions être de nouveau soumis exclusivement à l'unité d'argent si des mesures spéciales n'étaient venues arrêter l'exportation de l'or, en altérant plus profondément encore le système de l'an XI et en donnant, par contre, satisfaction à un vœu légitime de la société, satisfaction à laquelle les circonstances antérieures s'étaient jusqu'alors opposées. Voici de quoi il s'agit.

Une monnaie doit être d'un maniement commode, d'un transport facile, ce qui exige qu'elle soit formée d'une marchandise présentant sous un volume et un poids restreints une valeur en rapport avec les sommes qu'elle est destinée à solder. De même qu'une marchandise très précieuse ne convient pas aux petits payements parce qu'elle échappe presque aux doigts, de même une marchandise très vile n'est pas mieux appropriée aux gros payements à cause de son poids et de son volume excessifs. Or il est à remarquer qu'au delà d'un certain chiffre que l'on peut fixer vers 50 francs, répondant à 250 grammes d'argent, ce métal devient très embarrassant et que l'or lui est de beaucoup préférable. C'est pourquoi pour les sommes dépassant cette limite approximative, on a constamment cherché, à mesure que l'usage de l'or a été plus goûté, a ne se servir que de ce métal. Ce désir évidemment ne put être contenté pendant la premiere période où l'argent seul abondait en France. Dans la seconde période, au contraire, où régnait exclusivement l'or, il reçut pleine et entière satisfaction. Quant à la période actuelle, l'or faisant prime, nous serions de nouveau privés de ses avantages sans l'interdiction de la frappe de l'argent qui, en arrêtant l'exportation du métal jaune, a permis d'en conserver une masse suffisante pour satisfaire à tous les payements en espèces superieurs à la limite précédente; aussi, malgré le cours commercial de l'or, bien supérieur à son cours légal, le vœu de la société de ne plus être payé qu'en or au delà d'une certaine somme, se trouve-t-il encore réalisé dans une large mesure.

On a donc continué à se servir de l'or dans la majorité des payements un peu élevés, mais comme on n'a pu se faire à l'idée que, payant en or, on donnait une valeur supérieure à celle qu'on devait suivant la loi; que, fournissant pour une somme de 20 fr., c'est-à-dire pour une valeur egale à celle de 20 fois 5 grammes ou 100 grammes d'argent, une pièce de 20 francs en or, on procurait ainsi réellement plus de 25 francs, prix actuel véritable de cette pièce d'après l'unite légale; on a, sans tenir compte de la loi, pris l'habitude de regarder l'unité monétaire, le franc, comme répondant non plus à la valeur de 5 grammes d'argent, mais à celle de 0 gr. 3226 d'or, c'est-à-dire à la vingtième partie de la pièce de 20 francs. De là cette règle aujourd'hui incontestable, quoique depourvue de sanction, les dispositions de la loi lui etant contraires, à savoir que les sommes exprimées en francs ne le sont pas en francs d'argent, mais en francs d'or, et doivent être exclusivement acquittées en or. Cette règle nouvelle qui, on peut le dire, s'est généralisée sans exception dans la pratique, a détruit le fondement même de notre système monétaire En fait, ce n'est plus la valeur de 5 grammes d'argent à neuf dixièmes de fin qui constitue l'unité monétaire en France, c'est la valeur de 0 gr. 3226 d'or à ce titre. L'or s'est substitué à l'argent comme mesure des valeurs; l'usage a prévalu contre la loi.

En résumé, au lieu d'avoir suivi les prescriptions de la loi qui instituait le franc d'argent comme seule mesure de valeur ou unité monétaire, nous avons cru dès l'origine à l'existence de deux unités, l'une d'or, l'autre d'argent, qui suivant les circonstances ont régné chacune à leur tour, pour aboutir en fin de compte à ne plus reconnaître que l'unité d'or.

III. — Si maintenant nous examinons comment les deux monnaies d'or et d'argent, destinées d'après la loi à servir dans les payements sur un pied complet d'égalité, se sont réellement comportées dans la pratique, quel compte on a tenu de cette parité établie entre elles, nous constaterons que, sur ce point encore, la loi n'a guère reçu une application plus fidèle que sur les deux autres.

L'or et l'argent sont demeurés, il est vrai, jusqu'à ce jour des moyens de payement entre lesquels tout débiteur a conservé le droit absolu de choisir pour se libérer; mais, si l'on supportait sans plainte au commencement du siècle d'être payé en argent de fortes sommes, parce qu'on n'avait pas encore eu fréquemment l'occasion d'apprécier les avantages de l'or, monnaie rare à l'époque, aujourd'hui que nous avons traversé une période dans laquelle l'or a régné presque exclusivement, nous répugnons à recevoir de l'argent au delà de quelques écus, et, entre autres faits, nous sommes blessés de la pratique de l'État, qui systématiquement ne paie guère ses rentiers et créanciers qu'en monnaie d'argent, et de celle de la Banque de France, qui, d'une manière courante, refuse le remboursement intégral en or des billets qu'on lui présente. Cette monnaie ne se trouve donc plus sur le même pied que la monnaie d'or. Quelques économistes vont même jusqu'à prétendre, non sans raison, qu'en principe l'interdiction de la frappe de l'argent a eu pour effet d'enlever à ce métal la qualité monétaire et de réduire les pièces qui en sont faites à l'état de signes de valeur comme les pièces de cuivre. Une pareille thèse dénote suffisamment l'état général des esprits. L'opinion publique en France tend à refuser à l'argent le caractère de monnaie, comme déjà plusieurs pays le lui ont retiré officiellement; on ne veut plus d'argent au delà d'une certaine somme; et, dans la mesure où cette résistance est efficace, on peut soutenir que l'argent n'est plus de la monnaie, que l'or seul demeure tel. C'est là, on en conviendra, une atteinte profonde à nos institutions monétaires originaires.

Nous voyons, en définitive, que sur les trois points essentiels de l'unité monétaire d'argent unique, du cours légal variable de l'or, et de la parité des deux monnaies d'or et d'argent, la loi de l'an XI a été à peu près complètement mise de côté dans la pratique. Au système qu'elle consacrait on en a substitué deux autres qui ont régné, l'un jusqu'en 1867 environ, l'autre à partir de cette époque jusqu'à présent; le premier comportant : 1° deux unités monétaires ou mesures de valeur, non pas simultanées, mais alternatives, celle d'argent ayant dominé jusque vers 1850 et celle d'or jusqu'en 1868; 2° un cours légal de l'or immuable et non pas variable, 3° deux monnaies jouissant d'une parité presque entière dans les payements comme dans le système de la loi. Le second système, actuellement en vigueur, est constitué de la manière suivante : 1° une seule unité monétaire ou mesure de valeur, non pas le franc d'argent, mais le franc d'or; 2° il n'est plus question de cours légal de l'or; 3° une monnaie unique d'or.

Le sytème légal et ces deux derniers systèmes, qui l'ont successivement remplacé dans les faits, se trouvant bien définis, nous allons désormais examiner dans quelle mesure ils sont capables de satisfaire à la condition essentielle au point de vue pratique que doit remplir la solution de la question monétaire, *de permettre le passage sans trouble et sans crise d'une monnaie moins précieuse à une monnaie plus précieuse*, de l'argent à l'or dans la circonstance. Nous reconnaîtrons de la sorte si l'un d'entre eux peut être accepté comme solution du problème. Nous nous occuperons seulement pour l'instant du système légal et du système à unités monétaires alternatives, le premier qui lui ait été substitué dans l'application, réservant la critique du système à étalon unique d'or, pour la rattacher à celle du système monétaire anglais avec lequel, si l'on excepte quelques particularités tenant au régime antérieur d'où il est sorti, il se confond entièrement.

IV.

I. — La loi de l'an XI, mise en pratique telle qu'elle était, c'est à dire en usant du droit de modifier le cours officiel de l'or, organisait un régime qui assurément se serait plié sans difficulté au passage de la monnaie d'argent à la monnaie d'or. On aurait vu s'élever successivement le cours de l'or de 15,5 à 20 environ qu'il serait actuellement, en se conformant aux variations du cours commercial. A mesure que l'or aurait été mieux apprécié du public, plus il aurait été recherché au détriment de l'argent chaque jour délaissé davantage, en sorte que la valeur du métal jaune n'aurait guère cessé de croître et celle du métal blanc de décroître, jusqu'à ce que la substitution du premier au second dans la proportion des besoins de la circulation fût entièrement accomplie. L'argent déprécié, au lieu de prendre le chemin des hôtels des monnaies, aurait été utilisé sur une plus grande échelle par l'industrie, et même une partie notable des espèces d'argent existantes aurait été refondue pour la même destination, car la baisse n'aurait pas dû cesser tant que la masse d'argent monnayé n'aurait pas été réduite à la quantité simplement requise par la circulation. Ainsi le système monétaire établi par la loi satisfaisait à la condition essentielle que doit remplir la solution de la question monétaire générale, de permettre le passage graduel d'une monnaie moins précieuse à une monnaie plus précieuse; mais il laissait beaucoup à désirer sous un autre rapport.

Il présentait, en effet, un vice fondamental dans l'institution de deux monnaies dont l'une, l'argent, conformément aux principes, était douée d'un prix invariable, tandis que l'autre, l'or, était exposée à des changements de prix qui auraient entraîné de graves inconvénients pratiques. Tout d'abord, de deux choses l'une, en cas de changement de valeur, on se serait trouvé dans la nécessité de procéder à une refonte générale des pièces d'or, ou bien d'en changer le prix. Les refontes successives sont suffisamment condamnées par l'expérience des siècles passés pour qu'on nous dispense d'insister sur leurs difficultés. Il semble bien malaisé, en effet, de refondre de temps en temps toutes les monnaies d'or en circulation. Quant au changement de prix, il a le grave tort de conduire à des calculs plus ou moins pénibles pour payer des sommes exprimées en valeur d'argent. Ainsi pour procurer 1,750 francs en pièces de 23 fr. 15, on aurait dû chercher au préalable combien de fois 1,750 contiennent 23 fr. 15, soit 75 fois et 60 centièmes, résultat impossible à trouver par un simple calcul mental, ce qui aurait opposé un obstacle sérieux à l'expédition des affaires.

Mais ni les refontes successives ni les calculs compliqués ne forment le plus grave défaut d'une monnaie de prix variable. Il y a un bien autre inconvenient dans le fait qu'on ne saurait se fier à une pareille monnaie pour des achats futurs ou des échéances à venir. Supposons, par exemple, qu'on se soit pourvu de 1,000 francs en or dans le dessein d'acheter un terrain de ce prix ou d'éteindre une dette de cette importance, et que le prix de l'or vienne à baisser avant la réalisation de l'une ou de l'autre opération, en sorte que les 1,000 francs en or n'en vaillent plus que 900. L'occasion s'offrant d'un terrain à vendre ou l'échéance survenant, on n'est plus en état de conclure le marché ou de se libérer, ce qui, dans la seconde hypothèse surtout, présente une gravité exceptionnelle. Quel trouble, en effet, jeté dans toutes les relations que celui produit par l'incertitude de l'exécution des engagements! On voit donc que, si le système légal permet bien le passage de la monnaie d'argent à la monnaie d'or, l'institution d'une monnaie de prix variable, sur laquelle on ne peut compter, doit suffire à le faire rejeter.

II. — En ce qui concerne le système monétaire pratiqué jusque vers 1867 avec un rapport légal de valeur fixe entre l'or et l'argent, nous avons vu que cette fixité avait eu pour résultat, suivant les circonstances, de chasser du pays le métal en hausse et par contre d'y faire affluer le métal en baisse. Dans le cas actuel de la grande dépréciation de l'argent, ce métal s'est substitué à l'or dans la circulation au point de faire craindre la disparition complète de ce dernier, et nous serions réduits à la monnaie d'argent exclusivement sans les mesures spéciales décrites précédemment. Le système à rapport légal fixe, a donc amené ce résultat d'inonder notre pays du métal auquel le cours naturel des choses, sous un régime bien constitué, aurait dû retirer la plus grande partie du service des payements; au lieu de faciliter le passage d'une monnaie moins précieuse à une monnaie plus précieuse, il a produit l'effet inverse. C'est à lui que nous sommes redevables de la situation critique dans laquelle nous nous trouvons avec une masse considérable de métal blanc dont nous ne savons que faire. Encore moins que le système légal, par conséquent, le système à rapport de valeur fixe entre l'or et l'argent, ou bimétallisme à rapport constant, ne constitue une solution satisfaisante de la question monétaire générale.

V.

I. — Considérons maintenant le système anglais; à raison de sa simplicité, on peut le décrire très brièvement. Il dérive essentiellement de deux idées, l'une fausse, qu'une monnaie est une mesure de valeur (1), l'autre excessive, qu'un pays ne doit avoir qu'une mesure de valeur, partant qu'une seule monnaie. Le cuivre étant un métal trop vil et l'argent lui-même étant très encombrant pour de grosses sommes, on a consacré l'or comme monnaie unique, et, comme unité monétaire la valeur de 7 gr. 988 de ce métal au titre de 11 douzièmes de fin sous le nom de livre sterling. La loi anglaise ins-

(1) C'est là une erreur très répandue. La loi française cependant reconnaît une mesure de valeur, l'argent, et deux monnaies l'or et et l'argent. L'argent est ainsi en même temps mesure de valeur et monnaie, tandis que l'or est une monnaie sans être une mesure de valeur. Une monnaie et une mesure de valeur remplissent des fonctions différentes, elles ne sauraient être définies l'une par l'autre. En fait il est nécessaire que les marchandises consacrées comme monnaies le soient aussi comme mesures de valeur, et on a presque toujours obéi à cette nécessité, c'est ce qui a porté à commettre la confusion que nous relevons.

titue deux types de pièces d'or, les unes du poids de 7 gr. 988 qui réalisent l'unité de valeur, la livre sterling, et sont appelées souverains; les autres de poids moitié moindre, les demi-souverains. Le métal d'or ne permettant pas, à cause de son trop grand prix, de fabriquer des pièces d'un usage commode pour le service des petits payements, il est créé pour cet objet des pièces d'argent et de cuivre, simples signes de valeur, représentant des valeurs en rapport fixe avec l'unité. Il y a des shillings d'argent de 5 gr. 655 de métal à 37 quarantièmes ou 925 millièmes de fin, ayant cours légal pour un vingtième de livre, et des pence de cuivre correspondant à un douzième de ce que représente le shilling, c'est-à-dire à un deux-cent-quarantième de livre. Il existe, en outre, pour le commodité des payements d'autres pièces d'argent et de cuivre, formant deux séries régulières, rapportées respectivement au shilling et au penny, et figurant des valeurs proportionnées à leur poids. Dans ce système, l'or seul ayant le caractère de monnaie, le public peut en faire frapper à volonté, sans limitation aucune. En ce qui regarde, au contraire, les pièces d'argent et de cuivre, inexactement qualifiées de monnaies, et en réalité simples signes de valeur, l'État seul exerce le droit d'en fabriquer suivant les besoins de la circulation. D'un autre côté, pour les mêmes raisons, toute somme, qu'elle qu'en soit l'importance, peut être soldée en or ou en billets de banque représentant de l'or, tandis que les pièces d'argent ne sont admises en payement que jusqu'à concurrence de deux livres, et les pièces de cuivre jusqu'à concurrence d'un shilling.

II. — Ce système, qui consacre le même métal, et un seul, à la fois comme mesure de valeur et comme monnaie, semble bien être l'idéal et mériter tous les suffrages. Malheureusement il pèche par un point capital, en ce qu'il ne tient aucun compte de la transformation inéluctable des monnaies avec l'accroissement de la richesse sociale et la vulgarisation de métaux de plus en plus précieux, ni de la nécessité absolue qui en découle de faire coexister pendant un temps plus ou moins long deux monnaies, celle qui vient et celle qui s'en va. Que l'on découvre, en effet, un métal plus précieux que l'or, par conséquent mieux approprié aux payements élevés, comment ce métal, si l'or seul est admis comme monnaie, pourra-t-il s'introduire dans la circulation selon le vœu inévitable du public. On sera condamné à se servir indéfiniment d'une monnaie embarrassante, alors qu'on devrait jouir des avantages d'une autre plus commode. Pour nous placer dans une hypothèse qui fera mieux ressortir le vice du monométallisme, car c'est moins au système anglais lui-même qu'au principe du monométallisme ou de l'étalon unique en tant que solution pratique générale et absolue que s'adressent nos critiques, supposons qu'au lieu d'avoir adopté l'or comme monnaie, on ait choisi l'argent, comment à l'heure actuelle avec une circulation entièrement composée d'argent pourrait on passer à l'or? Il faudrait, pour demeurer fidèle au principe d'une mesure de valeur et d'une monnaie uniques, démonétiser du jour au lendemain l'argent et déclarer l'or seule monnaie, opération évidemment impraticable, il n'est pas nécessaire de le démontrer. Or, ce n'est pas là une pure hypothèse, cette organisation se trouve réalisée dans l'Inde, dont la situation monétaire préoccupe à juste titre le peuple anglais, car avec une circulation exclusive d'argent on ne peut prévoir à quelles conséquences entraînerait une débâcle de ce métal, le jour où l'opinion séduite par les avantages de l'or en réclamerait l'usage, à supposer qu'on refusât indéfiniment de mettre ce métal à la disposition du public, au moins dans des conditions convenables.

Il est bon d'ajouter, d'autre part, que le système à

monnaie unique d'or ne saurait être adopté par tous les peuples sans déterminer une véritable calamité publique, suivant l'opinion même d'un de ses partisans (1). La raison en est simple, c'est qu'une telle réforme aurait pour effet d'accroître dans des proportions incalculables la valeur de l'or par suite de la rareté que provoquerait la demande universelle, et cela au détriment et à la ruine de tous les débiteurs obligés néanmoins de se libérer au moyen des quantités fixes d'or qu'ils auraient promises. Ce serait une véritable révolution, un bouleversement complet dans les relations de débiteurs à créanciers, dans toutes les obligations.

L'expérience qu'a tentée l'Allemagne de ramener sa circulation monétaire au seul métal d'or et qu'elle a dû suspendre à cause de la baisse excessive que cette réforme, jointe à l'interdiction de la frappe de l'argent dans les autres pays, a déterminée dans la valeur de ce métal, suffit à démontrer l'impossibilité d'appliquer à l'heure actuelle le monométallisme or à tous les peuples.

Ainsi, le système monétaire qui entend ne consacrer comme monnaie que le métal le plus précieux, faisant en même temps fonction de mesure de valeur, ne renferme pas la solution de la question qui nous occupe; il ne peut être regardé que comme le dernier état vers lequel tendent et auquel doivent aboutir tous les systèmes par suite de l'évolution graduelle des monnaies, dont nous avons déterminé les conditions.

L'insuffisance des systèmes anglais et français à résoudre

(1) « L'effort général, dit M. Goschen, que l'on ferait de tous les côtés à la fois pour se débarrasser du métal argent pourrait occasionner les plus graves désordres dans la situation économique et produire une crise plus désastreuse que toutes celles dont le monde commercial a gardé le souvenir. »

(Procès verbaux de la conférence monétaire internationale de 1878, t. I, p. 72.)

la question monétaire générale se trouvant bien constatée, nous allons désormais indiquer la solution qui nous paraît découler naturellement des observations faites jusqu'ici à l'occasion de ces systèmes.

VI.

Nous avons montré précédemment que la question monétaire, envisagée d'une façon générale, ne consiste pas seulement à examiner lequel est préférable d'avoir une monnaie ou deux, mais encore et surtout, étant reconnu le fait inéluctable de la transformation des monnaies par le passage d'une monnaie moins précieuse à une monnaie plus précieuse, à aviser au moyen d'opérer ce passage le plus naturellement possible, sans trouble et sans crise. Sous la première forme, en effet, la question est purement théorique, et tout le monde est d'accord pour soutenir qu'une seule monnaie vaut mieux que deux; nous ne nous attarderons pas à en donner les raisons très connues. Sous la seconde forme, au contraire, la question est essentiellement pratique, c'est la seule véritable question monétaire, et, pour autant qu'elle a été étudiée, les opinions sont fort diverses à son égard; elle reste complètement ouverte et nous allons chercher à y répondre.

Pour raisonner sur des faits, nous prendrons la situation au milieu de laquelle la loi de l'an XI s'est produite en France, cette situation répondant bien aux conditions du problème, et nous tâcherons de déterminer quel système cette loi aurait dû consacrer.

Au commencement du siècle, les moyens de payement étaient de trois sortes comme aujourd'hui, il y avait des pièces de cuivre et de billon déjà considérées comme de simples signes de valeur et n'ayant plus, par conséquent, le caractère de monnaie; des pièces d'argent, qui constituaient la monnaie principale et servaient à effectuer la plupart des payements; enfin des pièces d'or, métal encore rare, ne formant qu'une monnaie exceptionnelle et de luxe, qui déjà cependant subvenait au tiers de la circulation d'après l'opinion de Bosc. En résumé, des monnaies d'or et d'argent et des signes de valeur en cuivre ou en bas alliage d'argent. Tout le monde reconnaissait la nécessité de conserver le caractère de monnaie à l'or et à l'argent; il s'agissait donc de faire vivre en bonne intelligence, dans des conditions pratiques, ces deux monnaies appelées à se partager longtemps encore le service des payements. Nous sommes donc bien dans les termes du problème : coexistence forcée de deux monnaies proprement dites. Les éléments de la question ainsi définis, une première résolution s'imposait tout d'abord.

On sait qu'une monnaie doit être d'un prix invariable, c'est-à-dire que sa valeur, énoncée en unités de même nature que celle qui sert à indiquer le prix des marchandises et le montant des obligations payables en cette monnaie, doit être invariable, afin qu'on puisse compter sur elle pour des achats futurs et surtout pour l'exécution d'engagements à échéance plus ou moins éloignée. Il faut, par exemple, comme on l'a déjà dit, que si l'on s'est pourvu à un moment donné d'une certaine quantité de monnaie valant alors mille francs dans le dessein d'acheter un objet ou d'acquitter une dette de mille francs, cette quantité de monnaie vaille encore mille francs au jour de l'achat ou de l'échéance. Or, en raison de l'instabilité de la valeur relative des marchandises, cette condition ne peut évidemment être remplie que si la marchandise, dont la valeur sert de mesure pour exprimer le prix des choses et le montant des obligations, est en même temps consacrée comme monnaie, ou, ce qui revient au même, si la valeur du métal consacré comme monnaie sert à énoncer le prix des choses et le montant des obligations que cette monnaie doit solder. Les énonce-t-on en valeur d'argent, en francs par exemple, il faut de toute nécessité faire de l'argent une monnaie qui servira spécialement à les procurer; car si l'on choisit une autre marchandise, un autre métal, sa valeur étant variable par rapport à l'argent, on ne peut faire fond sur lui pour acquitter lesdites sommes. Ou bien inversement, adopte-t-on l'argent comme monnaie, il faut que les sommes que l'on déclare payables en argent soient formulées en valeur d'argent, sans quoi le même inconvénient se présenterait, l'argent changeant de valeur par rapport à la marchandise quelle qu'elle soit au moyen de laquelle on préférerait exprimer ces sommes. *L'admission de deux monnaies impliquait donc celle de deux mesures de valeur correspondantes, et, en outre, l'affectation spéciale de chaque monnaie, au payement des sommes exprimées à l'aide de la valeur du métal, dont elles étaient respectivement formées.* La loi de l'an XI, consacrant comme monnaies l'or et l'argent, aurait dû instituer deux mesures de valeur, l'une d'or, l'autre d'argent.

Ce point admis, et on ne peut pas ne pas l'admettre, puisqu'il est commandé par la nature des choses, la nécessité de consacrer en même temps l'or et l'argent comme monnaies s'imposant dans les circonstances où l'on se trouvait placé et l'obligation étant inéluctable pour une monnaie d'avoir un prix invariable, ce qu'on ne peut réaliser qu'en faisant de la marchandise qui la constitue une mesure de valeur, ce point admis, disons-nous, il s'agissait alors de déterminer les unités d'or et d'argent. De même qu'on choisit la valeur de cinq grammes d'argent à neuf dixièmes de fin pour l'unité d'argent, sous le nom de franc, de même on aurait pu adopter la valeur de cinq grammes d'or au même titre pour l'unité d'or, à laquelle on aurait donné le nom de *louis*, en conservant une dénomination connue (1). On aurait ensuite prescrit la fabrication de

(1) Nous n'indiquons ces poids, de même que les chiffres qu'on ren-

pièces d'or réalisant cette unité, ses multiples et sous-multiples décimaux, comme on fit pour les pièces d'argent. Il y aurait eu ainsi des pièces de $\frac{1}{4}$, $\frac{1}{2}$, 1, 2 et 5 louis correspondant à celles de $\frac{1}{4}$, $\frac{1}{2}$, 1, 2 et 5 francs. Quant aux pièces de cuivre, simples signes de valeur, représentant des divisions du franc, la réglementation qui en était faite ne laissait rien à désirer, sauf en ce qui concernait la quotité de ces divisions et le poids des pièces qui depuis ont été améliorés.

En possession de ces moyens de payement, il restait à en régler l'emploi. Il faut d'abord remarquer à ce sujet que, disposant de deux unités de valeur, le prix des marchandises et le montant des obligations auraient été formulés en louis ou en francs et auraient dû être fournis spécialement en or ou en argent, suivant ce qui a été dit tout à l'heure. De même d'ailleurs que pour avoir du blé on ne stipule pas du seigle, de même ne doit on pas, comme on l'a fait jusqu'ici avec notre système monétaire défectueux, stipuler de l'argent lorsqu'on veut obtenir de l'or, ou de l'or pour avoir de l'argent. Une dette de 25 louis aurait été payable au moyen de 25 fois 5 grammes d'or au titre, une dette de 25 francs au moyen de 25 fois 5 grammes d'argent au titre; pour une marchandise de 7 louis, il aurait fallu donner réellement 7 louis d'or, pour une marchandise de 80 francs, 80 francs d'argent; de même encore, pour un objet de 2 louis 5 francs, 2 louis d'or et 5 francs d'argent; et non pas dans ces divers cas de l'or ou de l'argent à la volonté de celui qui paie. On aurait ainsi échappé à l'incertitude qu'a consacrée la loi touchant l'objet des obligations qui est indifféremment, suivant elle, un certain poids d'argent ou un poids d'or

contrera dans la suite, que pour l'exemple. Il y aurait peut être, en effet, des poids plus avantageux, mais une discussion sur ce point nous entraînerait à des développements trop étendus.

quinze fois et demie moindre, alternative d'où est venue notre mauvaise situation monétaire.

Ces deux unités auraient assurément entraîné une complication dans la comptabilité établie le plus souvent sur deux bases au lieu d'une, le louis et le franc, mais c'était là un inconvénient inévitable, puisque nous ne pouvions faire autrement que d'avoir deux monnaies et deux unités de valeur; il aurait fallu en prendre son parti. D'ailleurs l'exemple de l'Angleterre, qui compte en livres, shillings et pence, montre qu'il ne s'agit pas là d'un obstacle insurmontable en pratique. C'est moins commode qu'une comptabilité reposant sur une seule espèce d'unités, mais ce n'est pas d'une difficulté absolue.

Ce système déduit des principes, en partant de cette donnée première qu'on se proposait d'établir deux monnaies, ce système, disons nous, n'était pas susceptible d'une application intégrale, il réclamait un tempérament. Si, en effet, pour des sommes importantes on ne pouvait trouver gênant d'être tenu de se munir de la monnaie même que l'on devait procurer (et qu'en effet on aurait eue entre les mains parce que ç'aurait été la monnaie la plus commode en raison de l'importance de la somme), il n'en était pas de même à l'égard de sommes relativement faibles de un, deux ou trois louis, de vingt, quarante ou cinquante francs; pour de telles sommes on n'aurait pu vraiment forcer personne à fournir précisément de l'or ou de l'argent sans créer de grands embarras aux affaires courantes nombreuses, qui ne comportent pas les lenteurs du change. Pour acheter un objet de 10 francs par exemple avec un louis, ou un objet d'un louis avec des pièces d'argent, il n'eût pas été pratique d'être obligé de s'adresser préalablement à un changeur pour transformer le louis en pièces d'argent ou réciproquement. Il fallait donc laisser jusqu'à une limite maximum à déterminer, soit deux ou trois louis ou une cinquantaine de francs, la liberté de payer en or ou en argent indistinctement, et alors on retombait dans l'inconvénient que nous venons de chercher à éviter, le changement de prix des monnaies.

Pour etablir cette alternative, en effet, il y aurait eu lieu de fixer légalement le prix du louis en francs et celui du franc en louis, puisque pour des motifs déjà connus il n'est pas possible d'attribuer à l'or et à l'argent une valeur relative légale immuable, ni de livrer cette valeur aux débats des particuliers. Or, devant suivre autant que possible les variations commerciales, cette valeur n'aurait pas éte fixe, et les changements fréquents qu'elle aurait subis apportant des modifications incessantes dans les éléments de calcul et interdisant de faire fond sur la monnaie speciale qu'on aurait eue entre les mains, eussent créé une gêne intolérable. De plus, les variations commerciales portant sur des écarts très faibles, le tarif en les reproduisant aurait donné à la valeur de l'or ou de l'argent des prix d'une grande complexité entraînant pour les payements des opérations difficiles auxquelles peu de personnes sont aptes. Ainsi, pour recevoir 7 fr. 25 sur un louis au tarif de 18 fr. 22, il eût fallu rendre la différence 10 fr. 97 qu'on ne saurait guère calculer aisément. Il y avait là une difficulté en apparence insurmontable. Telle est l'objection dans toute sa force.

Pour y répondre, on peut d'abord remarquer que rien n'oblige en premier lieu à changer souvent de tarif, ni en second lieu à adopter un tarif compliqué, il suffit pour s'en convaincre de rappeler l'expérience de notre regime monétaire actuel. Pendant une soixantaine d'années, à partir de 1803, le rapport légal de 1 à 15,5 entre l'argent et l'or a pu sans inconvénients graves ne pas varier malgré les changements du rapport commercial, et ce n'est qu'a partir de 1867 qu'un ecart trop considérable s'est produit, entraînant la situation critique actuelle. Instruit par cette expérience, nous sommes en droit de soutenir que le tarif légal aurait pu n'être modifié qu'à la suite de changements *sensibles* et *durables* des cours commerciaux; de sorte que, ainsi qu'il résulte des faits, les changements, dans le système que nous venons d'exposer, auraient pu, d'une part, être rares, et, d'autre part, ne porter que sur des différences notables, d'un franc par louis par exemple (1). On aurait donc vu le tarif du louis passer par étapes successives de 15,5 à 20 environ qu'il serait actuellement, sans qu'il en fût résulté de difficultés sérieuses dans la pratique des petits payements. Quelle gêne y aurait-il eu, en effet, à recevoir, par exemple, 7 fr. 15 sur un louis de 19 fr.? La monnaie à rendre n'aurait exigé aucun calcul pénible, chacun voyant aussitôt que, pour aller de 7 fr. 15 à 8 fr., il faut 85 centimes, et de 8 à 19 fr., 11 fr., soit au total 11 fr. 85, et les calculs n'auraient jamais été plus compliqués.

Et maintenant est-il bien certain que ce tempérament apporté à la rigueur des principes aurait eu pour résultat d'empêcher qu'on ne pût compter sur les monnaies dont on serait muni pour faire face à ses engagements, ce qui est la raison principale pour laquelle on exige qu'elles aient un prix invariable? Nous répondrons sans hésitation par la négative. On peut, en effet, se placer dans deux hypothèses, suivant qu'il s'agit d'une somme supérieure ou inférieure à la limite au-dessous de la-

(1) Un tel écart paraîtra peut-être considérable au premier abord, nous ne le prenons d'ailleurs qu'à titre d'exemple, sans vouloir engager une discussion sur ce point. Quoi qu'il en soit, il n'est pas mauvais de rappeler que le changement de tarif de 1785 portait sur un écart plus grand encore, l'or valait auparavant 14 fois 4 neuvièmes l'argent et on éleva cette valeur à 15 fois et demie, ce qui fait une différence de plus d'une unité. De même aux États-Unis, le cours légal de l'or a sauté de 15 qu'il était depuis 1793 à 15,99 en 1837, c'est-à-dire d'une unité à un centième près. Sans autre examen on peut donc dire que l'écart de 1 fr. par louis n'était pas exagéré.

quelle le choix entre l'or et l'argent est permis. Au-dessus de la limite, le temperament n'intervient pas, l'objection ne peut porter. Si par exemple je me suis pourvu de 50 louis, il n'y a pas de changements dans la valeur relative de l'or et de l'argent qui puisse m'empêcher d'être en état de payer à l'échéance; 50 louis vaudront toujours 50 louis, représenteront toujours le montant de mon obligation, cela est évident puisqu'ils en sont l'objet même. Le raisonnement serait semblable pour une somme de 100 francs par exemple. Au-dessous de la limite, il faut remarquer que le temperament n'établit qu'une faculté de payer en un autre metal que celui qu'on a promis; par conséquent, c'est au débiteur à se pourvoir du métal même qu'il doit fournir. Que s'il a ete assez imprévoyant pour se munir d'argent dans le but de solder une somme stipulée en unités d'or, lui seul est responsable du dommage éventuel, d'ailleurs très peu important puisqu'il s'agit de faibles sommes, que lui causerait une baisse dans la valeur de l'argent, le privant au jour de l'échéance du montant total de son obligation. L'objection ne subsiste donc en aucun de ses points.

Tel est, en définitive, à notre avis, le système monétaire que commandaient les circonstances de l'an XI; il peut se résumer ainsi qu'il suit. L'or et l'argent en même temps mesures de valeur et monnaies; deux unités, l'une d'or, le louis, l'autre d'argent, le franc, valeurs de cinq grammes de métal précieux à neuf dixièmes de fin; des pièces d'or et d'argent, monnaies véritables, et des signes de valeur en cuivre rapportés d'une manière fixe à l'unité d'argent; le montant des obligations et le prix des marchandises énoncés en unités d'or ou d'argent et exclusivement payables en pieces de monnaie du même métal; les sommes d'importance moyenne pouvant par exception être soldees indifféremment en or ou en argent suivant un tarif legal du louis en francs, variable avec les changements durables des cours commerciaux et seulement par écarts de un franc.

Voyons maintenant à quelle situation un pareil système nous aurait conduits. L'or gagnant de plus en plus en faveur auprès du public, l'habitude se serait peu à peu répandue de compter en louis pour toute somme dépassant un certain chiffre et probablement même à partir de la valeur d'un louis, le franc ne servant désormais que pour les valeurs inférieures. L'or aurait été ainsi doucement chargé de la plus grande partie du service de la circulation, et l'argent n'aurait plus été employé qu'aux payements de faible importance, auxquels la cherté de l'or ne permet pas de satisfaire. En même temps la valeur de l'or se serait élevée et celle de l'argent aurait diminué graduellement, passant successivement par les rapports de 1 à 15, 16, 17, 18, 19, 20. En raison de ce changement, l'argent, au lieu de venir aux hôtels des monnaies se faire transformer en espèces, aurait pris le chemin des applications industrielles, et même une partie des monnaies d'argent anciennes aurait été refondue pour la même destination, selon ce qui a été dit à l'occasion du système légal de l'an XI. Et aujourd'hui, si nous nous en référons au goût de la majorité du public, notre circulation monétaire serait surtout formée de pièces d'or; en fait d'argent, il ne subsisterait que la quantité nécessaire au service des petits payements. Le passage d'une monnaie moins précieuse à une monnaie plus précieuse se serait effectué sans crise, sans trouble, comme il convient à toute évolution sociale. L'heure aurait alors sonné de procéder à la démonétisation de l'argent, en enlevant aux pièces de ce métal le caractère de monnaies pour leur donner celui de simples signes de valeur, auxquels on aurait attribué, comme en Angleterre, une valeur légale en rapport simple avec l'unité d'or, ce métal gardant seul et la qualité de monnaie et celle de mesure des valeurs. Mais n'anticipons pas. Voici comment les choses auraient dû se passer en France et comment elles devraient se passer dans les pays qui emploient encore simultanément l'or et l'argent. Au lieu de cela, nous avons établi le régime artificiel, connu sous le nom de bimétallisme à rapport constant, que nous avons analysé plus haut. C'est le moment d'envisager la situation qu'il nous a faite pour savoir comment se pose actuellement la question monétaire en France et d'aviser à une solution qui nous replace dans la vérité économique en cette matière.

VII.

Quelle est à l'heure actuelle la situation monetaire de la France? On peut l'indiquer rapidement d'après ce qui précède. En fait nous avons adopté pour unité de valeur le franc d'or de 0 gr. 3226, au lieu et place du franc d'argent de 5 gr. que consacrait la loi de l'an XI. Pour ce qui regarde la monnaie, l'or seul a conservé cette qualité; l'argent n'est plus dans l'opinion commune qu'un instrument d'appoint ou un moyen de payer de petites sommes. D'un autre côté, ainsi qu'on l'a vu, par le jeu même du régime mal defini auquel nous avons été soumis, l'or a quitté en grandes masses notre pays et y a été remplacé par de l'argent; le metal jaune aurait même complètement disparu si la suspension du monnayage du métal blanc n'avait mis un terme à la spéculation qui chassait l'or à l'étranger. Néanmoins, malgré cette mesure de préservation, une quantité considérable d'argent s'est accumulée entre nos mains, en excédent de ce qui nous est réellement nécessaire pour le service des payements auxquels cette monnaie convient. Il est facile d'en évaluer l'importance d'apres l'encaisse de notre premier établissement de crédit, la Banque de France.

La Banque, au point de vue monétaire, peut être regardée comme un appareil de condensation dans lequel viennent se déposer, en échange de billets, les métaux précieux qui ne peuvent rester dans la circulation, lorsque celle-ci est saturée, l'or aussi bien que l'argent étant très incommodes à manier et à transporter au delà d'un certain poids et d'un certain volume. A raison de ce fait, la Banque possède environ un milliard en or et un milliard en argent, contre-partie réelle, garantie effective des billets en circulation. Il y a lieu toutefois de distinguer entre ces deux masses métalliques. L'argent, en effet, est d'un emploi facile jusqu'à une certaine somme, au delà de laquelle on lui préfère l'or; de même, l'or ne présente pas d'inconvénient jusqu'à une certaine somme, au delà de laquelle on aime mieux la monnaie de papier, c'est-à-dire le billet de banque, qui à cause de sa convertibilité à vue et au porteur en monnaie, peut être regardé comme représentant de la monnaie. Il résulte de cette préférence accordée au billet sur l'or et à l'or sur l'argent, que le billet est le substitut de la monnaie d'or et non de la monnaie d'argent, qu'il ne doit correspondre qu'à de la monnaie d'or. Qu'on suppose une circonstance amenant tous les porteurs de billets à en réclamer le remboursement, c'est bien certainement en or, plus léger que l'argent, qu'ils voudraient être payés. Mais la réserve métallique de la Banque d'environ deux milliards est composée pour moitié d'or et d'argent. Notre pays possède donc un milliard d'argent qui tient la place d'un milliard d'or.

Ainsi la situation monétaire en France se résume dans ces trois faits : l'or substitué à l'argent comme mesure de valeur; l'argent privé de son caractère de monnaie; un milliard d'argent occupant la place d'une même somme en or. Etant reconnu que, dans l'œuvre de la transformation de nos monnaies, la substitution de l'or à l'argent devrait être entièrement achevée, toute la question monétaire se réduit désormais à imaginer un procédé propre à nous faire passer de la situation irrégulière dans laquelle nous nous trouvons à la situation normale dont nous aurions le bénéfice si, dès le principe, nous avions été soumis au régime décrit précédemment. Le problème comprend deux parties : constitution du système monétaire et liquidation du milliard d'argent qui excède nos besoins. Nous pouvons les traiter rapidement l'une et l'autre à l'aide des observations présentées dans tout le cours de cette étude.

En ce qui concerne le premier point, constitution du système monétaire, puisque la substitution de l'or à l'argent devrait être un fait accompli, on ne saurait songer à revenir au régime transitoire comportant deux monnaies et deux mesures de valeur, mais il s'agit d'établir le régime, définitif à raison des métaux précieux actuellement connus, du monométallisme or, avec signes de valeur en argent et en cuivre, comme en Angleterre. La pratique s'est chargée d'indiquer les résolutions à prendre à cet effet, car on ne saurait mieux faire, pour éviter de jeter la perturbation dans les affaires, que d'ériger en loi le système consacré par l'usage, en modifiant certains détails. Il faut, en conséquence, adopter d'abord comme mesure de valeur ou étalon l'or, et comme unité la valeur de 0 gr. 3226 de ce métal à neuf dixièmes de fin, unité qui règne en ce moment, en lui conservant le nom de franc. Il faut ensuite consacrer comme seule et unique monnaie ce même métal, l'or. Il faut enfin limiter l'emploi dans les payements des pièces d'argent, désormais dépouillées du caractère de monnaies et ne constituant plus que des signes de valeur, à une somme d'environ cinquante francs, maximum admis en Angleterre, de même que les pièces de cuivre ne peuvent déjà plus servir que jusqu'à concurrence de 5 francs. De ces dispositions il suit naturellement que la frappe de l'or doit être seule libre pour le public et que les pièces d'argent et de cuivre ne peuvent être fabriquées que par l'État, juge des besoins de la circulation à leur égard.

Voici donc quel serait notre régime monétaire : 1° le franc, valeur de 0 gr. 3226 d'or à neuf dixièmes de fin comme unité de valeur; 2° des pièces d'or de 5, 10, 20, 50 et 100 francs, de poids proportionnels, calculés sur la base de 0 gr. 3226 de métal à neuf dixièmes de fin par franc, susceptibles d'être employées en payement de toutes sommes et constituant seules de la monnaie véritable; 3° des pièces d'argent de $\frac{1}{5}$, $\frac{1}{2}$, 1, 2 et 5 francs, de poids proportionnels, calculés sur la base de 5 grammes de métal à neuf dixièmes de fin par franc et valables jusqu'à concurrence de 50 francs; 4° des pièces de cuivre de 1, 2, 5 et 10 centièmes de franc ou centimes, de poids proportionnels calculés sur la base de 1 gramme de métal par centième de franc et valables jusqu'à concurrence de 5 fr., 5° la frappe de l'or librement effectuée pour le compte du public dans les hôtels des monnaies; la fabrication des espèces d'argent et de cuivre réservée à l'État.

Ce premier point réglé, il reste à examiner ce qu'il doit advenir du milliard en argent renfermé dans les caves de la Banque de France. On remarquera tout d'abord à ce sujet que c'est en conséquence d'une loi mauvaise que notre pays est actuellement surchargé de ce métal, résultat du système défectueux qu'elle a constitué : c'est donc l'État qui seul doit supporter tout le dommage de la réforme monétaire, quel que soit le remède proposé. Cette réserve faite, on ne saurait avoir la prétention de vendre en une fois la masse d'argent qui nous embarrasse pour obtenir de l'or en échange. Une telle opération ne fournirait pas d'ailleurs de l'or pour un prix égal, la différence serait assez grande, même avec le cours actuel qui implique déjà une perte de 30 pour 100 environ. Ce qu'il y aurait de plus grave, ce serait la raréfaction subite des moyens de payement occasionnée par le retrait d'un mil liard et le renchérissement de la monnaie d'or qui s'ensuivrait en augmentant dans une forte proportion les charges des débiteurs et bouleversant tous les contrats. On ne peut cependant pas laisser les choses en l'état et maintenir une situation anormale qui, dans certaines circonstances, pourrait avoir des inconvénients sérieux. L'usage, sinon la loi, donnent en effet aux porteurs de billets le droit d'obtenir de l'or en échange et ce n'est que par l abus d'un texte, abrogé en fait, qui proclame l'égalité des monnaies d'or et d'argent, qu'ils sont obligés de subir à l'occasion un remboursement en espèces de ce dernier métal. Actuellement, il est vrai, on ressent peu encore les vices de la situation parce que la réserve d'or est assez considerable pour permettre de satisfaire au moins en partie à toutes les demandes. Mais qu'une crise politique ou financière grave pousse un grand nombre de porteurs de billets à les échanger contre des espèces, et l'on se rendra compte par l'irritation du public du danger qu'il y a à ne pas nous débarrasser de notre stock d'argent. Le mieux serait donc, à notre avis, puisqu'une vente totale est impraticable, d'échelonner la liquidation et la perte qu'elle doit entraîner. Dans ce but, il conviendrait de procéder lentement et avec beaucoup de prudence à la transformation des espèces d'argent en lingots pour les écouler dans le commerce. L'État achèterait chaque année à la Banque, suivant le taux légal de l'an XI, une quantité variable d'argent, déterminée d'après les masses nouvelles d'or frappées dans les hôtels des monnaies, en tenant compte autant que possible de la proportion dans laquelle ces masses répondent aux besoins croissants de la circulation ou arrivent en excédent de ces besoins, contribuant ainsi à augmenter le prix de toutes choses. Par mesure transitoire, on accorderait à la Banque, dans les circonstances critiques prévues tout a l'heure, ou bien le cours forcé de ses billets ou bien la faculté de les rembourser en espèces d'argent.

La réforme monétaire, pratiquée dans ces conditions, s'opérerait assurément sans secousse; et, suivant toute probabilité, le public ne s'en apercevrait même pas, puisque, d'une part, elle consacrerait le système monétaire qu'il a lui même établi malgré la loi, en s'inspirant seulement de ses besoins et de ses préférences, et que, à moins d'une circonstance exceptionnelle, la Banque ne serait pas amenée à user du droit exceptionnel qu'on lui aurait concédé.

Nous arrivons ainsi à la fin de cette étude, d'où se dégage cet enseignement que dans l'examen de la question monétaire, comme d'une façon générale dans l'examen des problèmes touchant à la société, il ne faut pas seulement rechercher ce qu'il y a de meilleur au point de vue théorique, mais envisager encore les conditions pratiques des choses. Si, en effet, personne ne le conteste d'ailleurs, il serait désirable de n'avoir qu'une monnaie et qu'une mesure de valeur, c'est là un idéal le plus souvent irréalisable, étant reconnu que les peuples tendent nécessairement avec l'accroissement de la richesse à se servir de monnaies de plus en plus précieuses et que pendant la période de transition, période plus ou moins longue, on ne peut se soustraire à l'emploi simultané de la monnaie qui s'en va et de celle qui vient. Ne pas tenir compte de ce fait, c'est s'exposer à des crises de la nature de celle que nous traversons et qui sont d'autant plus pernicieuses que l'état de gêne et de malaise qu'elles déterminent n'est pas habituellement rapporté à sa véritable cause, en sorte qu'on laisse le mal empirer sans y remédier d'une manière convenable. Il est bien vrai que la coexistence de deux monnaies dans un pays entraîne pour les payements et la comptabilité certaines complications auxquelles l'usage d'une monnaie unique aurait le don de faire échapper. Mais, outre que ces complications, nous l'avons montré, n'opposent pas aux affaires des difficultés insurmontables, le système du monometallisme a le grave tort de ne pouvoir être appliqué pendant le passage d'une monnaie à une autre.

En toute manière, pour conclure, il faut savoir se contenter des commodités que comporte la nature des choses; à vouloir obtenir davantage on crée des situations factices pleines de danger.

FIN.

TABLE DES MATIÈRES.

LIVRE Ier.

DE LA PRODUCTION DES BIENS.

LIVRE II.

DE L'ACQUISITION DES BIENS

(Circulation des biens.)

Ire Section — Théorie de la valeur.

2e Section — Théorie des procédés d'acquisition

APPENDICE

LA QUESTION MONÉTAIRE

FIN DE LA TABLE DES MATIÈRES.

www.ingramcontent.com/pod-product-compliance
Ingram Content Group UK Ltd.
Pitfield, Milton Keynes, MK11 3LW, UK
UKHW020606230726
13926UKWH00005B/2227